地域社会と情報環境の変容

地域における主体形成と活性化の視点から

吉岡 至 編著

関西大学出版部

はしがき

関西大学社会学部教授
関西大学経済・政治研究所
地域社会と情報環境研究班

主幹　吉岡　至

　本書は、関西大学経済・政治研究所「地域社会と情報環境研究班」の調査研究の成果をとりまとめたものである。
　本研究班は、研究テーマに「地域社会の主体形成と活性化にかかわる情報環境の整備」を掲げて、2010年4月から研究活動を開始し、第Ⅰ期（2010～2011年度）と第Ⅱ期（2012～2013年度）の4年間にわたり、「コミュニティとメディアとのかかわり」を検討してきた。当初のねらいは、戦後一貫して首都圏に政治・経済・文化の諸活動が集中する一方で、中央にたいする地方の衰退が問題となってきたことをふまえて、地域社会を維持、発展させる情報環境に焦点を当てて調査・研究を行うことにあった。研究活動の途上、2011年3月11日に東日本大地震が発生し、東北地方を中心に地域社会そのものが崩壊する事態に直面した。地域社会の存続の危機に際して、その後の地域社会の復興に向けて、メディアになにができるのか、を強く意識することにもなった。本書はこうした問題意識をもって、各研究員が取り組んだ研究成果を収めている。

　現在、私たちはさまざまな情報メディアに囲まれて暮らしている。テレビ、ラジオ、ケーブルテレビ、ホームビデオ、新聞、雑誌、（電子）書籍、映画、ビデオゲーム、CD・DVDプレーヤー、ビデオカメラ、デジタルカメラ、（携帯）電話、メール、スマートフォン、パーソナルコンピュータ、インターネット、カーナビゲーションなど、情報を処理するメディアは多種多様である。各

種のメディアが提供する情報によって構成される空間は、私たちが日常生活を送るうえで必要とされる一つの環境（情報環境）になっている。

かつて平野秀秋と中野収（1975）は、「情報空間自体が生活条件すなわち環境になっている側面」（情報の環境化）と「ものの世界それ自体が情報つまり記号の性質を帯びはじめる側面」（環境の情報化）の二つを合わせて「情報環境」と呼んでいた。これは、情報という次元に独自性を与え、情報を軸に私たちを取り囲む環境そのものの変化をとらえようとしたものだった。また、室井尚（2002）の説明によれば、「情報環境」という用語は、「人がさまざまなメディアを通して、いかにして快適に情報にアクセスできる環境を作るか」といった意味で使われることが多いようだが、「コンピュータやインターネット、あるいは携帯電話や携帯端末などの普及によって、人間にとっての環境世界が大きく変化しつつある現状を考えると、従来の自然環境や都市環境といったとらえ方に加えて、情報（の）環境という概念がますます重要性を高めている」のである。つまり、「いつでもどこでもあらゆる情報を手にすることができる、無数の情報の飛び交う空間が、人間にとっての新しい環境世界になりつつある」という指摘である。そうした情報環境の変容が個人や社会に何をもたらしてきたのか、もたらしていくのか、を検討していく必要があるだろう。

さて、地域社会における情報環境を検討するうえで具体的な研究対象となるのは「地域メディア」ということになるだろう。

便宜的にメディアの情報様式とその特性と関連づけて、上に挙げた多種多様な情報メディアを念頭におきながら、地域メディアとして活用されているもの、活用されていくものを例示すると、以下のようになる。

　印刷メディア：新聞、雑誌、ミニコミ紙、フリーペーパーなど
　放送メディア：地上波・衛星テレビ、ケーブルテレビ、ラジオ AM・FM、
　　　　　　　　コミュニティ放送、臨時災害 FM など
　電子メディア：インターネット上のポータルサイトやソーシャル・ネット
　　　　　　　　ワーキング・サービス（Social Networking Service：

SNS)、モバイルメディア、拡張現実感（Augmented Reality: AR）など

　情報通信技術（Information and Communication Technology: ICT）の革新によって、新聞記事やコミュニティ放送などがインターネット上で利用可能なように、これらのメディアは相互に融合・連動している側面があり、地域社会において重層的な情報環境が構築されているといえる。

　また、研究対象となる「地域メディア」は、「地域」をどうとらえるかによってその位置づけが異なってくるだろう。寄藤昂（2003）によれば、日本では一般的に「地域」は市町村と同程度あるいはやや広い範囲までを指すようで、市町村より狭いと「地区」、県より広いと「地方」といった漠然とした使い分けがなされているようである（p.55）。地理学では「地域」という言葉には大きさの規定は含まれておらず、基本的には「何らかの意味のある空間的な広がり」およびその集合を「地域」と呼ぶのだという（p.56）。メディア事業が対象とするサービスエリアからその「地域」を設定することは可能だとしても、地理的範域から「地域メディア」を位置づけることは容易ではない。

　さらに、一口に「地域社会」といっても、上で指摘されているように、行政区域（都道府県レベル－市町村レベル）によっても「地域」の範域は異なるし、都市の規模（巨大都市－大規模－中規模－小規模—限界集落）や地域特性（地理的特性、人口構成、歴史・文化、政治・経済など）によっても、「地域」はそれぞれに多様性をもった一つの社会ないしは共同体として存在している。おそらく、離島や山間の僻地と首都圏・人都市圏といった都鄙の位置づけによって、情報環境自体のあり様も著しく相違するだろう。

　くわえて、情報環境の変容にみられるように、メディア自体が多様化するなかで、さまざまなメディアから多種多様な情報を享受できる環境になってきているので、①特定地域をサービスエリアにしている、②地域関連情報を発信・提供している、③地域資本によって事業が運営されている、といった条件などから「地域メディア」をとらえることには限界があり、「地域メディア」とい

う概念自体を再検討する必要もあるだろう（寄藤 2003, p.56-57）。

　このように「地域社会」と「情報環境」とを関係づけて論じることはきわめて難しい状況にあるといえるが、本研究班は、いくつかの具体的な地域社会を調査対象として、その地域で活動しているメディアが果たしている社会的役割や地域活性化への貢献などに焦点を当てて調査研究を行ってきた。以下では、本書の構成と内容にしたがって、調査研究で取り上げた地域とメディアについて若干触れておきたい。

　第Ⅰ章と第Ⅱ章はともに宮崎の地域社会を対象にした調査研究である。第Ⅰ章では、畜産県宮崎で発生した「宮崎牛口蹄疫感染」問題を取り上げ、県紙やローカル放送局がその問題をどのように報道したのかを分析し、全国メディアの報道との対比のなかで、地域ジャーナリズムの特質やその役割について考察している。他方、第Ⅱ章は、宮崎における地域メディアの利用者側に視点を移し、独自に実施したアンケート調査結果によって、県紙の購読、ローカル放送局の番組接触、地域メディアへの評価などを中心とした利用実態を分析し、とくに今後の地方テレビ局の在り方について検討を行っている。

　つづく第Ⅲ章は、北海道地域を対象に、地域社会とメディアのかかわりについて考察を加えている。とくにローカル民放局の北海道テレビ放送（札幌市）と、道東エリアの地域紙の発行を手がける十勝毎日新聞社（帯広市）の活動を取り上げて、地域メディアとしての情報提供や事業展開の手法を確認し、両メディア事業者がどのようなかたちで地域貢献をなしているかを分析している。

　第Ⅳ章は、地域メディアとして沖縄の地方新聞2紙（『琉球新報』と『沖縄タイムス』）を対象としてローカルジャーナリズムの立ち位置について検討している。具体的には米軍基地移設にかかわる「普天間問題」の報道を取り上げ、その社説や記事の分析から、沖縄の新聞ジャーナリズムが、問題を抱える当事者の側にたった民意の代弁者として活動をしているという点に注目している。

第Ⅴ章は、東日本大震災後に、被災地の東北３県（岩手・宮城・福島）を中心に相次いで放送が開始された臨時災害放送局を対象としたものである。30局に及ぶ全放送局の調査を実施し、それぞれの放送局の設立経緯からこれまでの活動実態を明らかにし、その放送が地域にもたらしたものや、被災地での地域メディアの役割や運営のあり方など、現段階での評価と課題について検討を加えている。

　最後に第Ⅵ章は、前章までの対象地域を特定した調査・分析とは異なり、スマートフォンのアプリケーションの地域的活用を検討している。現実空間をバーチャルにする「拡張現実感」によって作り出される場所感覚を「セカンドオフライン」と呼び、それに関連する新しいサービスや地域活性化政策などを紹介し、地域観光アプリケーションの活用事例を取り上げ、その可能性や課題について考察している。

　また、各章の論考とは別に、５つの事例研究を収録している。これらは、研究班が実施した公開セミナー（研究会）での報告内容や研究員が個別に調査した研究成果をとりまとめたものである。

　本書全体を通してみると、対象とする地域メディアは、ローカル放送局・地方紙といった既存のマスメディアや、ケーブルテレビ・地域紙・臨時災害放送局といったコミュニティメディアが中心になっている。対象とする地域社会は、研究班の問題意識との関連から、「中央」にたいする「地方」に焦点が当てられており、分析の軸は、取り上げる地域メディアとの関連で、都道府県レベルであったり、市町村レベルであったりしている。また、電子メディアを利用したアプリケーション開発と地域への活用という新たな側面の検討も行っている。他方で、具体的な地域での従来型の地域メディアの分析が中心になっており、インターネットやモバイルメディアなどが地域メディアとしてどのように利活用されているのかについては十分に検討できなかった。

　くわえて、個別には、それぞれが対象とする地域やメディアの特性をふまえ

て、地域社会におけるメディアの役割や貢献について一定の考察が加えられているが、全体として、地域社会における「情報環境」の整備はどうあるべきか、地域社会にとって「メディア」をどう位置づけ活用していくのか、といった総合的な考察は十分になしえなかった憾みがある。ほかにも今後の研究課題として残されたものも少なくないが、本書に収められた研究成果が「メディア」と「コミュニティ」の関係を考えるうえで少しでも役立つのであればうれしく思う。

引用・参考文献

平野秀秋・中野収（1975）『コピー体験の文化――孤独な群衆の後裔』時事通信社

室井尚（2002）「情報環境」（北川高嗣・須藤修・西垣通・浜田純一・吉見俊哉・米本昌平編集委員『情報学事典』弘文堂）

寄藤昂（2003）「地域メディアと地域調査」（田村紀雄編『地域メディアを学ぶ人のために』世界思想社）

謝辞

　4年間にわたる調査・研究の活動およびこの度の本書の刊行では、関西大学研究所事務グループ、とりわけ経済・政治研究所担当のスタッフのみなさんには一方ならぬお世話になった。事務グループの方々の手厚い協力がなければ、すべてが実現しなかったといってよい。あらためてここに記して、深く感謝の意を表したい。また、出版事情が厳しい状況のなかで、関西大学出版部より書籍としての刊行を認めていただいたことにも厚くお礼を申し上げたい。くわえて、原稿の執筆が滞り、原稿の提出が大幅に遅れ、編集業務に支障を来すことになり、関係者の方々には大変なご迷惑をおかけした。ここに深くお詫びする次第である。

付記

　本書は平成23〜25年度科学研究費助成事業（学術研究助成基金助成金（基盤研究（C）：研究代表者・吉岡至、課題番号23530710））の研究成果の一部である。

目　次

はしがき

第Ⅰ章　口蹄疫報道と「災害文化」の醸成
　　　　　　　　　　　　　　　　　　　　　　　　　黒田　勇
　　はじめに …………………………………………………………… 1
　1　「口蹄疫」と宮崎の経験 ……………………………………… 4
　2　メディアは口蹄疫をどのように報道したか ………………15
　3　「災害文化」の醸成と地域メディアの役割 …………………44
　　おわりに ……………………………………………………………59

第Ⅱ章　地方都市における地域メディアの役割とその受容実態について
　　　　　―県域民放2局の宮崎を事例として―
　　　　　　　　　　　　　　　　　　　　　　　　　森津　千尋
　　はじめに……………………………………………………………65
　1　宮崎県の歴史と現状……………………………………………66
　2　宮崎県の地域メディアの特質…………………………………68
　3　地域メディア利用実態調査……………………………………72
　4　ローカルワイド番組の取り組み………………………………86
　　おわりに……………………………………………………………88

第Ⅲ章　地域社会とメディアのかかわり
―北海道における事業展開と地域貢献について―
深井　麗雄

　　はじめに……………………………………………………………………91
　1　北海道テレビについて…………………………………………………93
　2　十勝毎日新聞について…………………………………………………99
　3　北海道テレビと十勝毎日新聞社の今後と課題………………………119

第Ⅳ章　沖縄の言論空間と地方新聞の役割
―ローカルジャーナリズムの立ち位置について―
吉岡　至

　　はじめに：節目の新聞報道から…………………………………………133
　1　地域社会における新聞の布置：全国紙と地方紙……………………136
　2　ローカルジャーナリズムの言説空間：「報道の温度差」を
　　　手がかりにして…………………………………………………………139
　3　沖縄における新聞ジャーナリズムの特質：「普天間問題」報道を
　　　事例として………………………………………………………………143
　4　「基地問題」と「当事者」ジャーナリズム……………………………156
　　おわりに：ローカルジャーナリズムがめざすべきもの………………163

第Ⅴ章　被災地メディアとしての臨時災害放送局
―30局の展開と今後の課題―
市村　元

　　はじめに……………………………………………………………………177
　1　震災当日から設立された「臨時災害放送局」………………………179
　2　30局の「臨時災害放送局」が生まれた背景…………………………190
　3　臨時災害放送局は何を伝えたか………………………………………193

 4　「緊急時の放送」から「復興を支える放送」へ……………………197
 5　3年目の臨時災害放送局 ……………………………………………206
 6　放送局の運営はそう容易くない ……………………………………213
 7　臨時災害放送局のこれから …………………………………………219
 まとめ：臨時災害放送局とは何か ……………………………………225

第Ⅵ章　地域社会の情報化と新しいメディア利用に関する研究
　　　　―スマートフォン向け地域観光アプリケーションと
　　　　　「セカンドオフライン」―

富田　英典

 はじめに …………………………………………………………………231
 1　インターネット利用の展開 …………………………………………232
 2　スマートフォンを利用した新しいサービス ………………………233
 3　スマートフォンを利用した地域活性化政策：スマート革命 ……236
 4　モバイルメディアに関する社会学研究 ……………………………240
 5　スマートフォン向り地域観光アプリケーション …………………245
 6　『恋するフォーチュンクッキー』と地域活性化……………………249
 おわりに …………………………………………………………………254

【事例研究】
事例研究Ⅰ　地域文化と「スロー放送」を考える
　　　　　―東京のまなざしとローカルのまなざし―

黒田　勇

 スロー放送という考え方 ………………………………………………261
 スローフードとスロー放送のはざまで ………………………………262
 ローカルの『まなざし』と「自転車飯」 ……………………………265

スロー放送、作り手の立場から ……………………………………266

事例研究Ⅱ　宮崎と新婚旅行ブーム
　　　　　　　　　　　　　　　　　　　　　　　　森津　千尋
　　はじめに ………………………………………………………………269
　1　大衆化する「新婚旅行」 ……………………………………………270
　2　島津夫妻の新婚旅行 …………………………………………………273
　3　皇太子夫妻の宮崎訪問 ………………………………………………275
　　おわりに ………………………………………………………………277

事例研究Ⅲ　長野県の信州・市民新聞グループの特異性と普遍性
　　　　　　　　　　　　　　　　　　　　　　　　深井　麗雄
　1　はじめに ………………………………………………………………281
　2　なぜ信州・市民新聞なのか …………………………………………282
　3　信州・市民新聞の概要 ………………………………………………282
　4　信州・市民新聞と近隣地区の地方紙、地域紙 ……………………283
　5　信州・市民新聞の紙面内容 …………………………………………283
　6　紙面の特異点 …………………………………………………………284
　7　読者へのアンケート調査結果 ………………………………………287
　8　広告主以外の情報発信者による信州・市民新聞への認識や評価 ……288

事例研究Ⅳ　沖縄県宮古島市の地元紙やテレビ局の独自性と
　　　　　　地域社会での役割
　　　　　　　　　　　　　　　　　　　　　　　　深井　麗雄
　1　はじめに ………………………………………………………………293
　2　宮古毎日新聞の概要 …………………………………………………294
　3　宮古毎日新聞の紙面内容 ……………………………………………294

4	紙面の特異点―論説機能について	297
5	宮古毎日のミニニュースについて	298
6	宮古テレビについて	300
7	制作体制や自主番組について	301
8	地域の新聞やテレビ局の今後について	302

事例研究Ⅴ　過疎・高齢化地域の地上テレビ放送デジタル化への対応
―福島県昭和村の全戸調査から―
市村　元

- 過疎・高齢化が進む村 …………………………………………303
- 減少する新聞購読、ラジオは聞こえない ……………………304
- テレビと固定電話に頼る生活、デジタル化への不安 ………307
- デジタル中継局の建設　共同受信施設のデジタル化 ………308
- 予想以上に普及したデジタル受信機 …………………………310
- 全戸に光ファイバーを引く ……………………………………311
- なお残る課題 ……………………………………………………313

第Ⅰ章　口蹄疫報道と「災害文化」の醸成

黒　田　　勇

はじめに
1　「口蹄疫」と宮崎の経験
2　メディアは口蹄疫をどのように報道したか
3　「災害文化」の醸成と地域メディアの役割
おわりに

はじめに

　本稿は、2010年に発生した宮崎県の口蹄疫に関わって、メディアが口蹄疫をいかに報道したのか、そして、それがどのような社会的なインパクトをもたらしたのか、また同時に、口蹄疫およびその報道が地域のメディアにとって何をもたらしたのかを振り返ることで、「災害」に関わっての地域メディアの役割を考察する目的を持っている。

災害文化

　林春男は、アメリカの研究を紹介しつつ、「災害文化」という概念を提起している。林によれば、定義は以下のようなものである。「災害文化とは災害常襲地のコミュニティに見出される文化的な防衛策と定義され、災害前兆の発見から、被災時、その後の復旧までの間、コミュニティと住民がとるべき対応計画として働くものである。災害文化も他の文化と同様に、コミュニティ住民の間に共有されている価値、規範、信念、知識、技術（工夫）、伝承などといっ

た諸要素から構成されている[1]」

「災害常襲地にみられる文化的な防御策」とは、「災害前兆の発見から、被災時、その後の復旧までの間、コミュニティと住民がとるべき対応計画として働くもの」と、期間が限定されているが、そのあとの諸要素に「伝承」もあるように、かつての「稲村の火」の伝承がそうであり、三陸海岸における津波被害に対する《てんでんこ》の考えの伝承もその一つであり、また、日本各地には、高潮や津波の襲来を警告する石碑が立っている。このような伝承は、次の災害に備えるものとして「災害文化」を構成するものである[2]。

したがって、本論では「災害文化」を一つのキーワードとするが、その定義はより広いものとしたい。上記の定義に加えて、「災害文化」とは、「その地域・コミュニティに見いだされる災害に関わって構成される文化全般であり、地域の歴史や記憶の共有により、地域の文化的アイデンティティを構成するもの」も付け加えたい。

そして、現代においては、地域の伝承に加え、学校教育における地域学習、地方自治体の社会教育や行政広報、そしてマス・メディアがこの災害文化の醸成に一定の役割を果たしているだろう。

地域、あるいはローカルメディア

かつて、各県域で相当数の発行部数を持った県域新聞も、全国紙および、テレビの普及、そして近年のインターネット普及に伴って発行部数は減少し、経営的に苦しい状況にある。ただ、他章でも論じられているように、各地方の課題を明らかにするのに県域紙のジャーナリズムの果たす役割は相変わらず大きい。

一方、新聞とともに地域のジャーナリズムを担ってきた地上波県域放送局は、60年代後半の大量の免許交付による開局ラッシュ当時は、地域の経済の活性化、地域文化の活性化の担い手として期待されたものの、キー局主導のネットワーク完成後は、東京を経由した全国ブランドの広告媒体としての役割が大

きくなっていった。ネットワークというよりは、東京キー局を中心とした系列化は、まず何よりも東京キー局による日本の放送市場の寡占支配だといえるのだが、ローカル局を独立した事業体として考える立場からも、理想とは異なるとしても、それはローカル局にとっても経営上必要なことだという認識がある。というのも、キー局にとって、ローカル局はキー局制作の番組経費を回収し、利益を上げる装置である一方で、ローカル局にしてみれば、キー局からの番組配給は、放送全時間を自力で番組制作と番組編成を行なえないローカル局には経営上必須のものである。

　ローカル局が系列全国紙やキー局によって縛られ、自立的な地域ジャーナリズムを発揮できないという批判は、この間絶えずなされている。例えば、鈴木健二は、地方局の再生には「地域密着」が長年叫ばれながら、地方局はその反対方向を歩んだと批判する。ローカル局は「地域密着」を放棄して、「在京キー局の中継局に成り下がり、合理化と称して、経費節減と人減らしに走ってきた。」[3]

　もちろん、各ローカル局は、放送文化の担い手として、また地域ジャーナリズムの担い手として努力をしたとしても、結局のところ、視聴率の低い深夜帯や午前などでローカル番組を編成するしかなく、ニュースも各局夕方に限定されている。しかし、ローカル局経営の立場からは、たとえキー局依存であっても、自社制作率10％前後でローカル文化に貢献できる局が同一県内に複数あることを評価する立場もある。中央の文化、全国文化が圏域に普及するのと同時に、それを流すことによって経営が成立し、その結果たとえ少なくとも複数のローカル文化が成立しているとする。つまり、もし、キー局依存がなければ、ローカル局の存立基盤は完全に崩壊し、結局ローカルなレベルでの放送ジャーナリズム、放送文化も成立しないというものだ。[4]

問題意識

　こうした地域ジャーナリズム、地域メディアの現状の下で、宮崎で口蹄疫が

発生した。宮崎県は県域紙としては宮崎日日新聞が独占している。全国紙は各紙が宮崎版を設定しているものの、その部数は限定され宮崎日日新聞の影響力は依然強い。また、放送においては、NHKと民放二社体制であり、TBS系の宮崎放送（MRT）と、クロスネットのテレビ宮崎（UMK）との二局体制であるが、これら地域のメディアは口蹄疫をどのように報道し、また全国メディアとどのような違いを持っていたのか、言い換えれば、口蹄疫という「災害」とどのように向き合ったのかを検証する。さらに、口蹄疫終息後、口蹄疫の記録と記憶にメディアがどのようにかかわるのか、さらに、そうした実践は宮崎県という地域社会にどのような意味を持つのか、そして口蹄疫の記憶と記録が、地域の災害文化として構築されていくのかについて考察する。

1　「口蹄疫」と宮崎の経験

(1)　宮崎の畜産とその歴史
歴史と現状

　明治以前、日向国として小藩が分立していた宮崎県は、廃藩置県によって、小さな県が成立するが、その後1873年に旧日向国の領域をもって宮崎県（初代）が設置された。その後、鹿児島県に合併されたが、西南戦争などを経て、1883年5月太政官達示により再び宮崎県が設置された。この頃から、士族への殖産という政策により、酪農、畜産が始まったとされる。

　ただし、「宮崎牛」としての産業化はそれほど古いことではない。宮崎県経済連によれば、1971年（昭和46年）、肉用牛の子牛を生産し他県に販売・移出していた状況から、宮崎県内で子牛を肥育して食肉処理までを一貫して生産する体制を開始している。さらに、1991年の牛肉の自由化に先立ち1986年（昭和61年）10月、「より良き宮崎牛づくり対策協議会」が組織され、正式に「宮崎牛」とは「食肉販売店等が宮崎牛として表示販売を行うことのできる牛肉は、最長飼育地が宮崎県の黒毛和種で、（社）日本食肉格付協会による格付にお

て、肉質等級が4等級以上のもので、血統が明らかなもの」と定義され、その呼称が使用されるようになっている[5]。

ブランド化と宣伝

　先の「より良き宮崎牛づくり対策協議会」の組織を「ブランド化」の開始とすれば、現在まで28年ほどの歴史を持つこととなるが、この協議会は、「宮崎県の肉用牛の生産から流通、消費に至る県内の関係機関及び団体が一体となって「より良き宮崎牛づくり」の推進と宮崎牛肉の消費拡大を促進し、本県の肉用牛経営の健全な発展を図るため」設立されたとする[6]。組織は、宮崎県、JA宮崎経済連、県農協中央会、市長会、町村長会、畜産協会、郡市畜連、物産振興センター、県消費者団体連絡協議会、県地域婦人連絡協議会、ミヤチク等、33団体で組織されている。名誉会長に宮崎県知事、会長は県経済連会長、副会長には農政水産部長、県経済連副会長とし、監事として畜産協会専務理事、消費者団体連絡協議会長を据えていることから見ても、宮崎県と宮崎の畜産業界を挙げてのブランド化であったことが分かる。

　畜産県として基本的な広報活動は行われてきたが、1990年代には、宮崎牛のブランド化は全国に認知されていたとは言い難い。その状況は宮崎県においても変わらず、宮崎観光の中で、「宮崎牛」は写真が掲載されている以上の扱いはされていない。

　同協議会のHPにも、「【第9回全国和牛能力共進会】で宮崎県勢が日本一に！」との見出しで、次のように書かれている。

　　平成19年10月11日より鳥取県で4日間にわたり開催された、和牛のオリンピック「第9回全国和牛能力共進会」（鳥取全共）において、宮崎県勢が出品部門全9区のうち、7部門で首席となり、種牛の部及び肉牛の部の両部門において、内閣総理大臣賞を受賞という快挙を成し遂げました。全共開催後、「宮崎牛」は各種メディアで日本一の牛として取り上げられ、宮崎牛の購入希望、問い合わせも殺到

し、宮崎牛をはじめとした宮崎県産牛への注目度が急激に高まった記念すべき大会となりました。
　当協議会では、今後も生産者、関係機関と一体となり、より良い宮崎牛づくりに向けた取り組みを進めてまいります。」

　このブランド化の努力が開始されてから2000年の口蹄疫発生までの10年間で、全国紙の朝日新聞を例にとれば、「宮崎牛に」関して21件の記事しか掲載されておらず、そのうち10件が宮崎県内の記事である。1999年3月17日付の西部本社版では、「JAL国際線ファーストクラスの機内食に宮崎牛（青鉛筆）」の見出しで、以下のような記事が掲載されている。

　▽日本航空（JAL）が国際線のファーストクラスの機内食で、四月から宮崎牛のステーキを出す。メニューにも日本語と英語、フランス語で「宮崎牛」と記載される。▽喜んだのは宮崎県。さっそく「JALは一昨年まで、輸入牛肉を使っていた。これまで宮崎牛ブランド確立のため、関係者が一体となって取り組んだ成果」と発表した。▽ただし、一年間の期限付き。今年度は鹿児島牛だったそうで、JAL宮崎支店も「その後はどうか、と言われても……」。同県の思惑も乗せて、とりあえず世界へテイクオフ。

　この記事からも、「宮崎牛」がそのブランドを確立しているとは言い難く、ブランド化の努力の過程にあることが読み取れるだろう。
　さらに、2000年の口蹄疫、2001年の狂牛病騒ぎの後の2002年から2009年まででは160件の記事が存在する。なかでも2007年以降、東国原知事就任後に関連記事は増加し、また、先の品評会後に、ブランド牛として脚光を浴びることになった。
　品評会直前の2007年7月31日付朝日新聞東京本社夕刊には、朝日新聞の会員サービス「アスパラクラブ」のホームページで実施したアンケート調査、「案

内人と決める「日本一」は？」（回答総数2万3,236人）という記事が掲載されている。

その調査では、1位松阪牛（三重）15,086人、2位神戸牛（兵庫）11,634人、3位米沢牛（山形）9,259人であり、10位 宮崎牛（宮崎）835人に過ぎない。

つまり、先の品評会直前においても、全国的にはマイナーなブランドであった。その点では「宮崎牛」のブランディングに果たした東国原知事の役割は大きいといえる。そして、「宮崎牛」はメジャー化して4年ほどで大きな試練を味わうことになった。

2000年の口蹄疫・鳥インフルの経験

2010年の口蹄疫の前、2000年に宮崎県は、日本で92年ぶりに発生した口蹄疫騒動を経験している。朝日新聞は2000年3月26日の全国版で次のように報じている。

宮崎市の和牛、口蹄疫感染か　92年ぶりに殺処分

宮崎県畜産課は二十五日、宮崎市内の肥育農家の和牛が悪性の伝染病、口蹄疫（こうていえき）に感染した疑いがあると発表した。十頭に発熱、食欲不振などの症状が現れ、血清検査の結果、八頭から口蹄疫ウイルスの抗体が見つかったため、すべて殺処分した。感染が確認されれば、国内では一九〇八年以来九十二年ぶりになる。人体への影響はない。農水省家畜衛生試験場で調べたところ、口蹄疫ウイルスの抗体が検出された。ウイルス自体は確認されなかった。

その後、口蹄疫の患畜・疑似患畜の殺処分が実施され、畜産農家への立ち入り検査をへて、移動制限地域が、5月2日には解除されている。この間の口蹄疫発生を宮崎県内での数頭に抑え込んだ経過については、以下のように評価されている。

「口蹄疫発生が半年間で清浄国に復帰するという世界でも例を見ない形で暴圧できたのは、県内全畜産農家の協力や関係機関の懸命の努力によるもののほか、種々の要因が挙げられる」として、1.獣医師の慧眼と勇気、2.農家、関係機関一丸となっての努力と順法精神、3.台湾の前例を教訓にした危機管理体制、4.日常からの衛生管理体制といった要因を挙げている[7]。

　また、他の文献で当時の口蹄疫の記載を見ると、「3.25宮崎市冨吉で和牛10頭から92年ぶりに家畜伝染病の口蹄疫ウイルス抗体を検出[8]」

　「宮崎市冨吉の農家・肉用牛10頭から口蹄疫がみつかる。4/3には高岡町五町の農家の肉用牛6頭と同町倉永の農家の肉用牛16頭の汚染も判明、畜産大国・宮崎を震撼させた[9]」

　と記載されているが、記事は小さく、「抑え込み」に成功した記憶として語られている。

鳥インフルの危機とその後の復興　風評被害

　本稿に関係して、もう一つ、宮崎県の農業にダメージを与えたのは、2007年に発生した「鳥インフルエンザ」であった。2007年1月12日付朝日新聞朝刊は「鳥インフルエンザか　宮崎で750羽死ぬ」と見出しを打ち、さらに社会面でも「他地域へ波及、警戒　宮崎で鳥インフルの疑い　韓国でも発生、04年と酷似」また同日夕刊では、「鳥インフルエンザ、強毒性か　宮崎の大量死で全国緊急検査へ」「鳥インフル、「風評」にピリピリ　同業者不安、「冷静に」呼びかけも　宮崎の大量死」、さらに西部本社版では、「全国養鶏場、検査へ　宮崎で鳥インフルエンザの疑い　強毒性の可能性」【西部】、「養鶏業者ら対応懸命　小売り・外食は冷静　宮崎で鳥インフルエンザの疑い」【西部】

　このようにして始まった「鳥インフルエンザ」騒ぎは、東国原知事の就任直後でもあり、全国メディアに繰り返し登場した。

　こうして当時、養鶏業には大きな打撃を与えたが、一方で全国的に「宮崎地鶏」のブランドの認知を拡大させることにもなった。

(2) 2010年4月の口蹄疫発症と事実経過

本節については、2011年1月に出された「調査報告書[10]」を参考にして、2010年の口蹄疫発生の事実経過を振り返る。

(a) 発生前の状況

まず、口蹄疫発生以前は、農林水産省が海外での発生状況等に関する情報を各都道府県、関係団体等に対する通知やホームページなどで提供し、2010年には、1月7日の韓国での口蹄疫発生事例に関して、1月8日付で発生情報が提供された。

その後、韓国での発生の頻発状況を受け、宮崎県では、1月22日に県内の市町村家畜防疫担当者、農業関係団体の担当者等を集め、「家畜防疫会議」を開催した。また、各家畜保健衛生所では、県内の獣医師(産業動物を取り扱う指定獣医師)に対して研修会を開催し、韓国での口蹄疫の発生状況や症例等の情報提供、衛生管理の強化や異常のある場合の早期通報についての指導等を直接行っている。

関係者の中では宮崎での口蹄疫が疑われていた10日にも、「韓国で肉牛に口蹄疫」(朝日新聞東京本社4月10日付朝刊)という小さな記事が掲載されている。

報告書によれば、農家へのヒアリング等で、「近年の鳥インフルエンザ、豚コレラなど具体的に想定される伝染病のイメージがある鶏や豚に関しては一般的に防疫意識が高い一方、牛については前回の口蹄疫発生から10年を経過しており、防疫意識は比較的低い」状況であったという。上記の「家畜防疫会議」の情報が各農家に伝達されたケースは少なく、「大半の農家は韓国で口蹄疫が発生していた事実は知っていたものの、これが身近に起こりうるものとして、危機感・緊迫感を持っていた状況では無かった。」

こうして、10年前の口蹄疫の「記憶」が、今回の発生に対して何らかの「楽観的な」対応をさせる要因の一つであったということが調査報告書の中からも

(9)

読み取れる。

(b) 感染確認と初動対応

このような状況の下で、第1例目肉用繁殖牛16頭の感染確認がなされる。
4月7日発熱（40.3°）と食欲不振で獣医師への往診依頼。（流涎があり、活力ないが口腔内は異常なし。）
4月9日牛の口腔内（上唇）で潰瘍、表皮の脱落が確認され、獣医師が口蹄疫を疑い家畜保健衛生所に通報。同日、家畜保健衛生所が立ち入ったが、他の牛に異常が確認できないため経過観察とした。
4月16日他の牛の発熱等により獣医師へ往診依頼。当該牛の口腔内でびらんを確認。当該牛以外の流涎も確認し、家畜保健衛生所へ通報。
4月17日16日に流涎のあった牛の発熱等により獣医師への往診依頼。2頭にびらんを確認。家畜保健衛生所が検体を採取。
4月19日検査によりブルータング等、類似する口蹄疫以外の病気が陰性だったため、家畜保健衛生所が再度農場に立ち入り、口蹄疫検査用の検体を採取、動物衛生研究所へ送付。
4月20日農林水産省から宮崎県に、口蹄疫感染確認の連絡があった。

(c) 防疫対策の体制

最初の都農町における口蹄疫感染確認後、宮崎県は直ちに本庁内に口蹄疫防疫対策本部、宮崎家畜保健衛生所内に現地防疫対策本部、さらに都農町役場内にも町の防疫対策本部を設置し、ここにも県職員を派遣し連絡調整業務に当たった。

宮崎県は農林水産省とも協議しつつ、「家畜伝染病予防法」、及び「口蹄疫に関する特定家畜伝染病防疫指針」に基づき、発生農場につながる道路の封鎖、移動・搬出制限区域を設定した。さらに、口蹄疫確認当日4月20日には、制限区域内の幹線道路4カ所に消毒ポイントを設置し、関係車両の消毒を開始し、

空港や港湾など、直接海外から人・物の出入りが想定される箇所での消毒など消毒箇所を増設した。

　口蹄疫の発生に関する情報提供について、宮崎県は、第1例目の感染が確定した4月20日に記者会見を行い、発生農家の情報については、農場の規模のほか、農場の所在地については地区名の公表に限定し、農家の具体的な名前は公表しなかった。

　また、口蹄疫に関する情報を広く県民に提供するため、宮崎県は4月20日には口蹄疫に関する情報提供のコーナーを設置し、県のホームページの「緊急情報」の欄に掲載している。20日の記者会見にしたがって、全国紙のすべてが初めて宮崎の口蹄疫発生を報道している。また、県域紙である宮崎日日新聞は、「都農で口蹄疫疑い」「繁殖牛3頭陽性反応　2000年にも本件で発生」という見出しの下で、以下のようなリード記事と本文を掲載している。

　県は20日、都農町の繁殖牛農家で牛3頭がウイルス性の家畜伝染病、口蹄疫（こうていえき）に感染した疑いがあると発表した。家畜伝染病予防法に基づき、3頭を含む農家飼育の前16頭は殺処分される。国の口蹄疫に関する防疫指針などにそって、農家から半径10キロを家畜移動制限区域、同20キロを搬出制限区域にそれぞれ指定した。口蹄疫と確認されれば、国内では2000年に本県と北海道で発生して以来となる。（宮崎日日新聞2010年4月21日）

(d)　感染拡大の状況

　第1例目の疑似患畜の殺処分は感染確定当日4月20日の夜に終了、第2例目以降第6例目までの疑似患畜の殺処分については、すべて感染確認から2日以内に終了した。第6例目までは、農場の飼養規模も牛16頭〜118頭と小規模であり、報告書においても、「迅速な措置が行われた」と評価しているが、その後4月26日確認の第7例目（725頭）、28日確認の第8例目（1,019頭）の大規模農場への感染、そして28日、豚への感染が確認された第10例目の時期以降、

殺処分・埋却に遅れが出てきた。報告書は、「この殺処分の遅れや豚への感染により、発生地域でのウイルス量は爆発的に増加したと推測され、更に感染拡大が加速した」と総括している。

　最初の川南町、都農町内での発生から、4月28日えびの市、5月16日高鍋町、新富町、5月21日西都市、木城町へと感染拡大し、この「想定外」の感染の拡大に対し、宮崎県庁に設置された防疫対策本部は、5月1日に県外獣医師等支援班、同4日に埋却支援班を設置するなど、増員しつつ体制を拡充した。また、発生当初、現地対策本部を宮崎家畜保健衛生所内に設置した後、感染の拡大に伴い、川南町に現場本部、都城家畜保健衛生所に現地対策本部、新富町にも現場本部を設置するなど各地域に対策本部を設置していった。

　5月20日には、県の防疫対策本部に総合支援部を設置し、防疫業務や関連業務への支援、対外的な調整等の業務を全庁的、総合的に実施する体制を敷いた。

　口蹄疫発生が確認された4月20日に、農林水産省内に国の口蹄疫防疫対策本部が設置されていたが、感染の拡大に伴い、5月17日には内閣総理大臣を本部長とする政府口蹄疫対策本部が、また、宮崎県庁内には現地対策本部が設置された。現地対策本部には、山田農林水産副大臣、その後篠原副大臣が常駐し対応に当たった。この間の政府の対応については、後述するように、赤松農水大臣が外遊し対応が遅れた等、メディアからは批判されている。

(e)　**防疫対策の拡大と非常事態宣言**

　第1例目の感染確認当初、県指定の4カ所からスタートした消毒ポイントは、その後、市町村や関係団体等が独自に消毒ポイントを設置するなど、感染が拡大した5月初旬から急速に箇所を増やし、最大で403カ所（7月当初）に及んだとされる。

　感染拡大とともに、殺処分・埋却処分の作業は難渋した。5月以降の感染の急速な拡大により、処分を待つ疑似患畜数も急激に増加し、殺処分・埋却に対

応する人員は、5月下旬～6月中旬のピーク時には、毎日700～900人の規模となった。適切な埋却地の確保、効果的な人員の配置、的確な資機材の搬出入など、困難を極めた。

以上のような疑似患畜等の殺処分・埋却及びその関連作業、さらに消毒ポイントでの車両消毒等々の防疫作業に、行政職員、JA職員、自衛隊員等、延約158,500人がかかわった。

また、県のブランド牛である「宮崎牛」をはじめとする肉用牛を生産する上で基盤となる種雄牛の制限区域からの移動が喫緊の課題となったが、精液ストローの生産を一元的管理してきた宮崎県家畜改良事業団から、種雄牛のうち主力の6頭の移動制限区域外への搬出について5月10日に知事から農林水産大臣に対して要望を行い、12日には遺伝子検査の結果がすべて陰性であることを確認した上で、13日に移動を行っている。

14日には家畜改良事業団で飼養されていた後代検定牛への感染確認がなされたが、これに関連する上記6頭の種雄牛の殺処分は行われなかった。その後、移動した種雄牛の検査を継続し、5月21日、その中の1頭「忠富士」がPCR検査で陽性を示し、殺処分されたが、残り5頭の種雄牛は、別に飼養管理していたこと等を理由に、殺処分は行われていない。

そして、5月18日、宮崎県初の「非常事態宣言」が出され、口蹄疫の早期撲滅を最優先し、感染防止対策の徹底を図るとされ、ワクチン接種が何よりも急がれた。非常事態宣言に先立つ5月4日、農林水産省との協議を開始し、ワクチン接種対象農家への補償と経営再開への支援の方向を確認したうえで、5月21日にワクチン接種実施受け入れ決定し、翌22日からワクチン接種を開始した。ワクチン接種対象となった家畜は、3市5町の約125,700頭（接種後疑似患畜となった分を含む）だった。ワクチン接種は、そのほとんどを5月26日までの5日間で終了し、6月5日から接種した家畜の殺処分・埋却措置を開始し、6月30日に終了した。この間、ワクチン接種や予防的殺処分及び当該措置に対する補償等を定めた「口蹄疫対策特別措置法」及び関係政省令の整備、6

月4日に公布・施行している。

　これに関連して、唯一民間の種雄牛所有農家に、県側が特例として殺処分を行わない方針を示し、後述のように、これも全国メディアで、「政治スペクタクル化」して、解決に時間を要した。民間種雄牛は7月17日に殺処分が行われた。

(f) 感染の終息

　ワクチン接種以降、殺処分・埋却の防疫措置が6月30日の終了段階では、飛び火的に感染した数例以外に新たな発生はなく、エリア内に家畜がいない状態となった。移動・搬出制限区域は家伝法に基づき順次解除され、7月27日には県内全域での制限区域が解除されると同時に、口蹄疫非常事態宣言も解除された。県内全域での清浄性の確認ののち、8月27日に、最終的な「口蹄疫終息宣言」を出している。

　そして、終息の方向が見えてきた6月28日に「宮崎県口蹄疫復興対策本部」を設置し、宮崎県の農業及び経済・産業の復興・再生の取組みを開始した。復興対策本部は、関係市町及び関係団体等との意見交換を行いながら、「口蹄疫からの再生・復興方針」を取りまとめた。この方針では、再生・復興の取り組みに向けて、1.「早急な県内経済の回復、県民生活の回復」2.「全国のモデルとなる畜産の再構築（本県畜産の新生）」3.「産業構造・産地構造の転換」という基本目標を掲げている。

　これらの中で、「特に緊急を要する課題」としては、畜産経営の再開支援（観察牛の導入による清浄性確認、家畜防疫体制の強化など）や埋却地の保全管理、雇用の維持確保、イメージアップ対策など、商工業、観光など広い範囲での取組みを進めるとしている。

2 メディアは口蹄疫をどのように報道したか

(1) 宮崎日日新聞の報道とその特質

(a) 口蹄疫発生

　宮崎日日新聞（以下「宮日」）は、2010年に発生した口蹄疫についての報道も県域の最大で唯一ともいえる日刊新聞として精力的に取材を行った。口蹄疫発生の疑いが発表された翌日、宮日の最初の報道は前節で紹介した記事のほか、「過剰反応はいけない」「過去の経験生かす」との大きな見出しのもとで、東国原知事の記者会見の模様の写真を掲載、記事中でも「10年前の口蹄疫やその後の鳥インフルエンザ発生などの経験から、2000年とは違う。今回は最悪のシナリオを想定して動いた」と初動体制に自信ものぞかせた。（宮崎日日新聞

図Ⅰ-1　宮崎日日新聞（2010年4月21日1面）
※宮崎日日新聞による転載許諾済

2010年4月21付)

　当時の編集局報道部次長・小川祐司によれば、「発生後の感染初期は抑えめのトーン」で記事は掲載され、「宮崎県は10年前に発生した前回口蹄疫の際、わずか3例、牛35頭の被害で感染を終息させたにも関わらず、風評被害に悩まされた苦い経験などから「冷静な報道からスタートしよう」という編集方針」になったという[11]。

　ところが翌日「川南でも口蹄疫疑い」「2例計牛9頭陽性」と大きな見出しのもとに防護服姿の関係者の写真、また「制限区域」の地図が掲載され、また別ページでは、「拡大か農家驚き」や「イベント中止相次ぐ」という記事も掲載され、事態が大きく動くことが予感される記事構成となった。

　前出の小川は「県民に危機感を共有してもらい、連帯感を醸成するにはどうしたらいいのか。農家の実情、苦しみを知ってもらうことが最善だと考え、最も感染が広がっていた川南町の現状を伝えることにした[12]」と県域での「危機感の共有」を強調している。

　口蹄疫発生報道から二日後、23日以降、宮日の口蹄疫関係の記事は続くが、4月末までの記事の見出しは、以下のようなものであった。

　23日「財政支援、心のケアを」「都農、川南両町長　農家の声代弁　現地入り知事へ要望」、さらに「川南で新たに二頭」、25日「来月の競売り困難か」、26日「川南でまた牛4頭」「感染疑い7例目　処分、最大の725頭に」、27日「感染疑い確認1週間」「〈封じ込め〉今週ヤマ場」「処分対象最悪の1,110頭」、28日「県、埋却地確保に苦慮」「知事　自衛隊要請も視野」「豚にも感染か　5頭症状486頭殺処分へ」、29日「「まさか…」不安現実に」「疲労感増す関係者」「隣県巻き込む戦いへ」「えびのへ感染疑い拡大」「鹿児島、熊本も移動制限」「封じ込め　より厳密へ」、30日「事態悪化に焦燥感」「川南で11例目感染疑い」「復興に万全対策　農水副大臣知事と会見」

　以上のように、21日からの10日間、宮日は連日複数の記事を掲載、事態の悪化を報道、初期の封じ込めに希望を持った報道から、解決の展望の見えない

「焦燥感」に重点が移動していく。

　5月に入っても拡大傾向は変わらず、報道でも「新たに」という見出しが続く。

　5日「新たに豚1万8,000頭処分へ」、7日「新たに16農場感染疑い」、8日「新たに8例1万4,212頭」

　5月8日付の社説では「口蹄疫封じ込め　冷静な判断とみんなの力で」との見出しで、「畜産は本県の基幹産業であり、多くの人たちの努力で育てられてきた宝である。厳しい状況だが、終息へと前進するため、一人でも多くの力を貸してほしい。」と県民への呼びかけで結論付けている。

(b)　編集方針の変更

　この社説をきっかけに、取材編集の方針に変化がみられる。小川によれば、これ以降の編集の基本としたのは、「農家、県民に徹底して寄り添う」「県民一丸となって難局を乗り切るために役割を果たす」の2つだったという。

　小川は次のようにこの経過を説明する。

　「まずは県民に農家の実情、苦しみを知ってもらうことが最善だと考え、ゴールデンウイーク明け（9日）から連載記事と単発記事で農家の実情や悲痛な心の叫びを伝えた。連帯感を醸成するため、同時並行で「絆メッセージ」と題した投稿欄を設け、紙面を介して、県民と読者が思いをやりとりする双方向性を実現しようとした。[13]」

　9日「あんな鳴き声初めて　処分作業　農家ら叫び悲痛」との見出しで、殺処分にかかわる農家の声を掲載し、情緒面からのアプローチを初めて行った。

　「注射を打たれた豚は鳴くんです。あんな鳴き声を聞くのは初めで胸が詰まった」「処分されるとわかって飼い続けている。今は餌を食べられるだけ食べさせてあげたい。味わったことのない気持ちだ」

　その一方で、政府への不信を初めて農家に語らせている。

「国から見捨てられているとさえ感じる。この緊急事態に農水大臣が外遊に行

くなんてあり得ない話」「国の対応は遅すぎる。対岸の火事ぐらいにしか思っていないのではないか」

その後も、被害拡大の記事とともに、農家の救済に焦点を当てた記事が増加する。11日「処分家畜は全額国補償」「赤松農相来県　農家　体力、気力ない　生産者涙ながらの訴え」、12日「被害農家へ生活費支援」「融資　県全域に拡大」、13日は一面トップで「今は生き地獄」という見出しで、「激震口蹄疫川南町の叫び」として、情報不足にいら立つ畜産農家の声を取材し掲載している。その他のページでも、「生活費支援県内全域畜産農家に　借入　県が利子補てん」「被害農家元気づけたい」「再起願い署名、募金　宮大農学部生が支援活動」

13日から14、15日と連日一面トップで特集「激震口蹄疫川南町の叫び」の続報を掲載し、「なぜこんなことに」「無力感、黙々と作業」という見出しのもとで畜産農家の声を報道した。

そして、5月22日付の紙面では、一面に母豚の脇で眠る子豚たちの写真と、感染死して豚舎の床に並べられた子豚たちの写真を掲載した。どちらも同じ農場で撮影されたものだが、これに、農場の女性が宮日に送った手紙も添えた。さらに、読者からの意見も紙面に掲載している。読者からの意見を総括して、小川は、「口蹄疫問題をきっかけに読者は「食の向こう側」に関心を向け始めており、それを発展させる取り組みも続けた」としている。

その後も、ワクチン接種に納得できない胸中、補償内容への不安、再起への誓いなど畜産農家や関係者の思いを随時掲載企画として、「伝えたい　畜産農家はいま」と題して掲載している。さらに6月下旬からは随時掲載「向き合う　周辺の現場から」で、獣医師や殺処分に従事した町職員など畜産農家以外にもスポットを当てるなど、地域メディアとして、「徹底して農家、県民に寄り添う」という基本スタンスを堅持したという自負を表明している[14]。

また、防疫措置の監視と検証という意味からは、宮日は、当事者としての農家の惨状を追うだけではなく、発生から1週間後には、「殺処分した家畜の埋却地の確保」が今後の課題としていち早く提起、政府による防疫措置の「緩衝

地帯の創出」という方針について実現が困難であると、専門家の言葉を借りて見直しを求めている。

(c) **現場取材の自粛と宮日の態度、地域メディアの特質**

今回、口蹄疫報道の現場取材がすべてのメディアで許されなかった。小川によれば、当初から「マスコミがウイルスを拡散させている」といった風評が流れ、初期の段階から、記者やカメラマンには消毒薬や靴底消毒用のトレーを携行させ、必要な場合は防護服を着て取材がなされた。ただ、発生農場近くの取材は発生3例目までは発生現場近くでの取材がなされたが、その後は「自粛」し、主として農家への電話やメールによる取材が中心となったという。あるいは、安全な場所に出てきてもらっての取材もあり、農家の実情や口蹄疫の拡大の問題はそうした取材を通してフォローできたという判断を宮日はしている。

ただし、ジャーナリズムとしては、現場に行って取材をするは大原則であり、現場の記者たちの葛藤は相当のものだったとされる[15]。それでも、まずは「防疫を優先する」という宮日の地域メディアとしての方針があり、現場取材はしないという原則のもとに動いたと振り返る。さらに、行政がこの「防疫」について絶対的権限を持ったので、地域の安全と利害の保護のもとで、取材が制限されることには宮日の中でも批判があり、「取材におけるルール作り、行政を交えた取材協定が必要」とも指摘している。

(d) **県域紙としての自覚**

宮日は、農家の実情を伝える記事と、当事者である農家の投稿の同時掲載といった工夫により、当事者と読者がともに情報を発信・交換する「双方向性」を実現した。また、インターネットも活用しての、県外への情報発信を実施した点を、「県民、読者と共に紙面をつくり、世論を形成する作業は、貴重な経験となった[16]」と総括している。

また、感染終息後の報道としても、検証記事を5部38回にわたり連載してい

る。感染拡大の原因や背景、行政対応の問題点、法律や制度の不備など問題を深掘りする中で、家畜伝染病予防法の改正や防疫指針の改訂をにらみ、具体的な提言を盛り込むことを課したという。さらに、その後は宮崎の畜産、宮崎の農業の復興の道筋を考える連載を3部20回にわたり掲載した。小川は、こうした復興特集の編集方針を次のように述べている。

「復興は「再生」ではなく「新生」であるべきだという点です。このため、連載では行政や農業関係者、消費者らに価値観の転換を強く訴えました。「畜産物の価格が低迷すれば、農家は衛生コストの圧縮を図り、その結果、病気への感染リスクが高まる」といった負の連鎖を断ち切り、畜産をはじめとする農業が持続可能な産業であるための土台をつくる好機と考えたためでした。[17]」

以上の宮日の報道に対して、四方は、畜産農家の視点からの口蹄疫報道を、地域の主体意識、共同体意識の醸成という観点から、次のように評価している。

「弱者の立場に追い込まれがちな畜産農家の声を県民に伝え、口蹄疫問題を県民全体の問題として提起したこと、県民皆で口蹄疫問題を乗り越えようという地域の意識の醸成を目指したことは、宮崎日日の功績である。[18]」

しかし、その一方で、県域メディアとしての宮日の報道について、いくつかの点で疑問を呈し、正確な情報の不足と報道が煽情的になった傾向を挙げている。その例として、「東国原英夫知事が口蹄疫以前から用いていたスローガン「県民総力戦」と重なって戦時下の言論空間を彷彿とさせる面も見られた。「(県民が)やれることは募金だけ」という決意や、防疫に協力しない人を非難する投書が掲載された」ことをあげ、一方で「原因解明・防疫を含めた口蹄疫に関する情報、感染拡大の責任の所在および追及に関する情報の少なさ」を指摘している。さらに、正確な情報の必要性として、「具体的な防疫方法を含む

日常生活に必要な情報と「世界の状況を含む感染ルートの解明などの社会問題としての情報」の両方が不足し、その結果として悪質なデマや風評被害を生み出したとする[19]。

もちろん、これは四方も認めるように、宮日に限った問題ではない。地域レベルでの固有の災害文化をいまだもちえていない状況では、地域メディアは手探りにならざるを得ない。日本のメディア状況を見渡す中での、口蹄疫報道についての四方の指摘は、あるべき災害報道への助言の一つとして受け取るべきであろう。

もう一つの批判は、「県に甘い県域紙としての宮日」という批判である。「県に対する批判をしないという印象を受けた。「種牛問題」に関しても県側の立場で報道していた。宮崎県は10年前にも口蹄疫被害が出ているほか、昨年は種牛の精子盗難事件が起きている。地域が抱える問題点を指摘する場合には、県の危機管理体制についても切り込む必要があった[20]」との四方の批判に対し、この記事の掲載雑誌の翌月号で、小川自身が「現在第三部を終えている検証記事を読んでいただければ、その指摘は当たらないと自信を持っている[21]」と反論している。そして、宮日自身が口蹄疫報道についての紙面づくり、報道体制について、県域紙としての機能と自覚を、外部の「紙面診断」を借りて表明している。

一連の口蹄疫問題の報道を通して、宮日は、同じメディアでありながら全国紙やブロック紙とは違う側面を持つことを私たちは知った。つまり同じ県民として、怒りや悲しみ、喜びを共有する『絆』で結ばれた仲間であることだ。県民との信頼に裏打ちされた今後の宮日の報道スタンスのありようを示すものとして期待を込めて私は確信している[22]。

(2) MRT 宮崎放送の報道とその特質

宮崎県には、NHKのほか、県域民間放送として、MRT宮崎放送とUMKテレビ宮崎があり、全局に対して聞取り調査をしたが、本稿では、MRTの報

道を取り上げる。

(a) **口蹄疫報道の経過**

　口蹄疫についてのMRTの取組みは、創立以来の全社を挙げてのものになった[23]。

　「がんばろう宮崎！キャンペーン」を展開し、報道では夕方のニュースで何度も特集を組み、報道特別番組やドキュメンタリー番組を放送した[24]。さらに、無観客試合となった高校野球宮崎県大会を深夜に放送するなど、「当事者」としての放送を心がけたという。

　MRT報道部は、口蹄疫報道について、部長、デスク2人、記者11人、カメラマン11人の取材体制で当たったが、連日の感染確認の発表にギリギリの体制だったとし、三頭目の発生確認までは、消毒ポイントの設置場所、消毒の徹底といった、宮崎県からのプレスリリースの内容を中心にストレートニュース的な報道内容であったという[25]。

　さらに、発生初期段階では、その後の危機的な状況になることは想定しておらず、「口蹄疫は人に感染することはないこと、感染した肉を食べても、人体に健康被害を与えないこと」と、風評被害の抑止を意図して、県民に冷静な対応を求める報道にも注意を払ったという。

　これらの比較的楽観的な報道については、前節で触れたように、2000年の口蹄疫発生に関して、宮崎県内で3件の発生、殺処分された家畜も牛35頭と早い終息を迎えたため、「今回も大丈夫」「防疫をしっかりすればすぐに終息するだろう」との考えがあったことは否めないと振り返っている。

　しかし、今回、連日のように児湯地域で発生が確認され、2000年とは異なる感染拡大に対し、MRTは、取材ルールやマニュアルを作成し、感染を拡大させないための対策を実施した。それは、発生農場周辺には近づかない、児湯地域の取材には、放送機材や車両、人体や靴底などの消毒の徹底、さらに状況によっては防護服も着用するなどというものだった。

第Ⅰ章　口蹄疫報道と「災害文化」の醸成

表Ⅰ-1　MRTの取り組み記録

4月20日	10年ぶりの発生受け、ラジオ・テレビで口蹄疫報道開始
5月10日	感染の爆発的拡大を受け、社内に口蹄疫対応策チームを設置
5月11日	ラジオ・テレビで統一キャンペーン「がんばろう！宮崎」スタート
5月14日	ホームページで義援金募集バナーの掲載開始
5月15日	MRTグループ社員でボランティア消毒作業開始
5月18日	国に支援求める署名活動を社内でもスタート
5月22日	テレビで緊急報道特番「口蹄疫撲滅に向け総力戦」(30分)
5月24日	MRTニュースNextで、口蹄疫特集「畜産王国に激震！」を開始（計38回）
5月26日	社内・支社に義援金募金箱を設置
5月31日	ラジオで口蹄疫特番「がんばろう！宮崎」OA（1時間）
6月1日	宮崎ゆかりのタレント・著名人による応援メッセージOA開始
6月3日	JNN各局ホームページに「義援金募集バナー」の掲載を依頼
6月18日	取材用防護服とは別に社員用防護服100着・手袋・雨靴を発注
6月21日	ラジオカー「スピーク」の稼働自粛（〜7月27日再開）
6月23日	山田農水大臣がMRTニュースNextに生出演
7月15日	MRTアナ・スタッフが作詞・作曲・演奏した応援ソング「酔芙蓉の坂」が完成
7月28日	報道特番「口蹄疫100日の戦い」OA（19時〜1時間）
8月12日	JNN九州ネット「ハーブ」で口蹄疫テーマ「なぜ感染は拡大したのか・口蹄疫感染爆発までのカウントダウン・」OA
8月27日	復興支援企画として、MRTオリジナル「みやざきが好きやっ茶」を販売開始 ラジオ・テレビで復興支援の新キャンペーン「Love Miyazaki・絆」がスタート
8月28日	口蹄疫復興番組「イタダキッズ拡大版」を焼き肉フェスタ会場から生放送(45分) 口蹄疫復興報道特番「どう描く宮崎の未来図」OA（1時間） ラジオは慰霊祭会場から生リポート

出所）MRT宮崎放送『2010宮崎見えざる脅威口蹄疫〜メディアとしての闘い〜』2011年、12頁より

(ア)　**口蹄疫特集**

　こうした中、口蹄疫への感染は、ゴールデンウイーク後のさらなる感染拡大を受けて、ニュースで発生状況を伝え続けるだけでなく、口蹄疫ウィルスの脅

威とは何なのか、防疫体制は十分なのか、なぜ殺処分が難航しているのか、なぜ感染拡大をとめられないのかなどについての掘り下げた報道の必要性を認識し、発生確認から1か月後の5月24日から、38回に渡るシリーズ企画を開始した。それらは、前半の口蹄疫被害に苦しむ畜産農家の実態を伝えるものと、後半の口蹄疫感染拡大の原因の検証とに分かれている。

第一回目として、「発生農家の悲痛な叫び」(2010年5月24日放送)は、発生農家を取材し、農家の不安な声を伝えることに集中したものとなっている。

(一瞬ですもんね、ほんと一瞬ですよ、43年の苦労が一瞬にして終わりました)[26]
　家族と一緒に43年にわたり牛を育ててきた西都市の黒木輝也さん、口蹄疫の感染が広がりになった三日前、自分が飼育される牛が口蹄疫の疑いを確認されました。
(口蹄疫が入って、今は頭が真っ白、親の死に目に会うよりも悲しい、200頭なんですよ、200頭、全部殺された)

黒木さんは、県の宮崎銘柄牛枝肉共進会でグランドチャンピオンに輝いた牛を育てた農家。全面的な防疫作業をつづけただが、ウィルスの侵入を防ぐことできず、処分により牛200頭失いました。

(俺たちの牛はまだ元気だった、口蹄疫にかかった牛以外はね、毎朝話しかけながら、養うんですよ、牛を、元気か？もっと飯食えやとか、その牛が全くいない、なさけない、たまらない、仲間ばたばたいっている、牛を返してくれ、牛を。補償金なんていらない、補償なんていらない。手塩にかけた1年半かけた、その牛を返してほしい)
　これは感染疑いが確認された牛舎今日の様子。川南町の繁殖農家、江藤宗武さんが撮影しました。(以下省略)

第Ⅰ章　口蹄疫報道と「災害文化」の醸成

　続いて翌日放送の「あの時…獣医師の告白」（5月25日放送）においては、口蹄疫の発見に関わった獣医や、宮崎大学の動物感染学研究者を取材し、今回の発祥の発見と対策の遅れの原因について振り返っている。報道のニュアンスでは、発見と報告の遅れの原因が獣医師や保健所の怠慢によるものではなく、発症の確認が微妙で難しいものであることを強調している。

（この宮崎県には一つにウイルスに向かって一つになってもらいたい）
　都農町で動物病院を関与するこの男性、口蹄疫1例目の牛を診察した獣医です。この獣医今回私たちのインタビューに応じた理由はあるメッセージを伝えたいということです。
（みんな苦しんだんだ、みんな仲間で、闘うべき相手はウィルスで、こんな不幸な思いをこれ以上広げないという、そういう思いを県民の皆さんが一体となって持っていただければ、）
　先月七日、都農町の繁殖牛農家であった「熱があって餌を食べない牛がいる」と農家から連絡、
（熱があって、よだれが出る、口の中をその時は見たけど何の異常もなく）
　この日は治りかけの風邪と診断、翌日（8日）も大きな変化なし、そんな牛にわずかな異変が現れたのは最初診たときから二日後のことです。
（上唇の歯茎の根元の部分に、ひとつちょんと直径3ミリくらいのかいようが一つあって、その病変を見た瞬間にドキッとして、少しの間、心を落ち着かせてそれから家畜保健所に通報しました。）（後略）

　「迫るウィルス…畜産農家の不安」（5月27日放送）の回では、ワクチン接種と全頭殺処分という方針決定を経て、長年畜産農家を経営してきた二軒を取材し、経営的な不安という点に焦点を移して報道している。

（そりゃ痛いですよね、でも幸い、あまり鳴かなくてよかった。）

(25)

ワクチン接種を終えた今、森田さんの頭に考えたのは今後の生活。補償について、国から明確な説明なし、畜産農家の不安を増えています。
（補償は再開できるような財源にはならないのでは…元牛を導入する時に半額補助など出してほしい。早めに国は何らかの表示をしてもらわないと、それまで、みんな不安…）
　畜産団地が広がる国富町深年、この地区は口蹄疫の発生地の中心とした、半径10キロから20キロまでの搬出制限区域に入っています。
（ここは繁殖牛舎内の今の様子です）
　牛およそ220頭飼育している笹森義幸さん47歳。高校卒業後、わずか6頭を畜産はじめ30年でここまで飼育しています。
（誰よりも牛が好きということに関し負けない自信はある）

　この、第三回目以降、「種牛・種豚　伝統と危機」（6月3日放送）、「酪農家の苦悩」（6月17日放送）、「被害農家再建への思い」（6月22日放送）、「畜産周辺産業の苦悩」（6月29日放送）と、宮崎の畜産業の危機として、経営的な面に焦点を当てた特集が組まれていく。
　その中で、以下のように、種牛の歴史も語られる。

　その始まりはおよそ100年前。もともと農作業に使われた牛の中でも、体力がよく丈夫な雄を種牛として、県内で育成し始めたのは大正九年。その後、全国食肉文化が広がり、昭和20年ごろに、日本で4頭の銘牛が出る。現在の黒毛和牛はほとんどはその子孫です。すでに殺処分されたエース級種牛「忠富士」は一代目から66年かかっています。30年間家畜人工授精師として多くの種付けをした河野明義さんはこう語ります。

　この後、養豚農家にも目を向け、宮崎県の主要産業としての畜産業の歴史とその産業が宮崎県に果たしてきた経済的、社会的意義が、畜産農家の声を通し

て語られ、この畜産業の再建が宮崎県の最大の課題であることが提示されていく。さらに、養豚も宮崎の歴史の中に位置づけられ、「街づくり」といった語も用いられることで、歴史と空間の共有という点から、畜産農家と県民たちの共同性が想起されるような表現がなされている。

　豚舎、一か月前、ここには5,000頭以上の豚がいました。口蹄疫が発生したあの日までは（JA尾鈴養豚部会長、遠藤威宣（56歳）：それはもう断腸の思い、今までのものすべてなくなってます）

　口蹄疫は遠藤さんが36年かけて築いたすべて一瞬で終わりました。遠藤さんは養豚業を始めたのは20歳の時、豚20頭からスタート。その後、36年で、豚5,200頭、従業員8人を抱えるほど遠藤さん。しかし先月22日、悲劇。豚1頭に口蹄疫の疑いが確認されたのです。

（中略）

　これまでの設備投資で数億円の負債が抱えている遠藤さん、今後の生活に不安も過る中、遠藤さんは心の支えがありました。それは全国各地から届いた応援メッセージです。
（この応援が一つの励み、応援をいただいた皆さん方においしい牛肉、おいしい豚肉が提供できる街づくりをしていくと、必ずできますよ）

　日本三大開拓地の一つ、川南町、畜産農家たちは開拓精神で、今日も口蹄疫と戦っています。

(イ)　口蹄疫発生の検証

　七月に入ると、口蹄疫の終息が見えてきたこともあり、下記の「初動態勢の問題点」（7月19日放送）のように、改めて口蹄疫の拡大を許した防疫体制の検証へと報道の重心が移っていく。

（この県道を交通止めにしてほしかったですね）

(27)

口蹄疫の発生以来、最前線で防疫対策に取り組んできたJA尾鈴畜産部の松浦寿勝部長。今回の初動の問題点として、松浦部長がまず指摘しているのは、道路封鎖の遅れです。一例目の確認から二日後4月22日、口蹄疫の疑いがあったが確認された農場が県道ゾーンにありました。
（そこは交通量が大変多い道路ですから、通行止めしてほしいとお願いしたんですけど…）
　JA尾鈴により、確認された22日に「封鎖」要請でしたが、実際封鎖は3日後。結果的に、県道ゾーンにある多くの農場でその後口蹄疫が発生し、感染が広まりました。（以下略）

　こうした初動の防疫態勢の不十分さの指摘に続いて、消毒ポイントが全体で4か所であり、畜産関係車両の通行の多い農道などには設置されなかったという不備等が指摘される。
　さらに、口蹄疫に関する情報共有の問題も課題とされ、個人情報保護法によるとの理由で、情報の公開・共有が遅れた点も指摘、その検証の必要を主張している。続く「口蹄疫の初動対応は…獣医師が証言」（7月21日放送）においては、上記初動態勢の遅れの最大の原因となった、発症牛の診察と確認・報告についての検証が行われている。ここでも、症状確定の難しさとともに、獣医たちも含め専門家たちの認識の甘さが示唆され、「口蹄疫ウィルスを封じ込める最重要ポイントともいえる「早期発見」、今回の教訓を生かすためにも、検査体制の改善が求められそうです」と結ばれる。
　さらに翌日の「口蹄疫どう広がった？感染ルートを追う」（7月22日放送）では、いまだ解明されていない、感染源・感染ルートについても取材している。疫学調査チームの見解を交えながら、1例目の発生が確認された農家や国や県の検討の結果、初発とされている水牛農家や大規模農場も取材し、当時の飼育状況や人や物が運んだとされるウイルスの動きなどの検証を試みている。
　これらの特集の放送にしても、前述のように、畜産農家への取材制限により

記者自身が現場で実態を取材できず、発生当初は県から提供された写真などだけで報道するという限界もあった。そうした限界の一方で、畜産農家にデジタルカメラを渡して、代わりに撮影してもらうという新たな取材方法が否応なく開発された。この方法で畜産農家たちの叫びを映像で伝えられることになった。これは、NHKやUMKにも共通したものだった。そして、第三節で述べるように、これは口蹄疫の記憶をより当事者のまなざしから記録するものとして、新たな報道の在り方を示すものともなった。

さらに、これらの報道についてMRT関係者は、次のように地域局の報道を総括した。

「報道機関が専門的・科学的根拠などは得られるはずがなく、原因を追及することができないのは当然のことだったのですが、全国、いつ、どこで発生してもおかしくない口蹄疫問題について、地方メディアとして、できる限りのことはしてきたと思っています[27]」

確かに、地域局にとって、専門的な疫学的調査、あるいは検証は困難であろう。ただ、前述のように、その検証不足を指摘する声もある。地域メディアが単独で実施することは困難であるにしても、例えば、今後は行政や研究機関との日常的なネットワークの構築の可能性も視野に入れることができるかもしれない。これも「災害文化」の構築の一つであるが、これについては後述する。

(b) MRT口蹄疫報道の総括

口蹄疫が吹き荒れた2010年を締めくくる年末の特別番組として、「今そこにある危機－口蹄疫から見えた国の姿－」が2010年12月18日に放送されている。この番組は、県域のローカル局が県内で発生した災害、危機状況をどのように総括したかを理解する好材料であると思われる。ここでは、総括番組でもあり、より明確に基本ストーリーとして、①危機との遭遇・不安⇒②悲劇との直面・苦悶⇒③克服⇒④再生（への努力）という展開がなされる。

(29)

(ア)　防疫対策の遅れ
　番組は畜魂碑の前での慰霊祭のシーンから始まり、口蹄疫発生、発症一例目の畜産農家のインタビュー、畜産業の視点からの口蹄疫とその被害の解説、英国の事例、英研究者や農家のインタビュー、政府の危機管理体制、日本の場合の国の対応の遅れ、などが描かれていく。そして、とりわけ、「バイオセキュリティ」先進国としての韓国と英国の取り組みとは対照的に、日本政府の対応の遅れと、畜産農家の心情への無理解が強調される。

　日本でも早い封じ込めに成功した例があります。宮崎と北海道が発生した10年前の口蹄疫、この時は与党の国会議員が農林水産省に対し、積極的に関与し、感染確認から10日に国が100億円の緊急対策費を示しました。このうち実際使われた35億円、結果として発生は四件、殺処分家畜は740頭に止まりました。今回の日本のケースはどうでしょうか？
(赤松：連日お疲れだと思いますがしっかりがんばって)
　赤松農林水産大臣が口蹄疫発生後、初めて宮崎入りしました。
(古川禎久衆院議員：5月10日です、今日は第一例が発症しましてから3週間に当たるんですね、この間拡大が…
　赤松：そういって発言し始めると各議員の人みんな自分の発言をしたいという話になっちゃうんで、与党も野党も…
古川：何しに来たんですか
赤松：知事をはじめ関係の人と話しに来た)
赤松大臣は口蹄疫の発生が続いた4月30日からおよそ十日間、中南米を外遊しました。
(赤松：ぜひかわなみちょうに行ってほしいとか
(発言者不明)：かわみなみちょう
赤松：ごめんかわみなみちょうに…行ってほしい)
この時、すでに感染疑い家畜が7万6,852頭に達していました。およそ一週間後、

赤松大臣が外遊中に農水大臣臨時代理だった福島大臣が現職閣僚として初めて川南町を訪れました。
(川南町民：川南町から農家が消えるんですよ。遅いですわ、来てもらうのが赤松さんにしても、私は川南町、都農町は見捨てられたと思ってます、国から見捨てられた)

　鳩山総理を本部長とする政府対策本部が発足したのは、発生からおよそ1ヵ月後のことでした。

(イ)　畜産政策の不備

　さらに、海外での日常的な防疫対策に比べて、宮崎での発生当時の対応のまずさによる感染拡大が改めて指摘される。その中心は、殺処分された家畜の埋却地も含めて、現状に合わない法律の不備の指摘であり、他国に比べ防疫体制の未熟さに焦点があてられる。さらに防疫対策、危機管理を伴わない、畜産規模の拡大政策と、効率至上主義が生む「蜜飼い」（密集飼育）の拡大という、長期的な政策への疑問も表明される。

(東国原：もう現場の対応はこの法律では、このガイドラインでは指針ではカバーできない)
東国原知事が見直しを求めた家畜伝染予防法。およそ60年前に定めたこの法律では、発生農家が家畜殺処分と埋却を行うよう定められています。
　口蹄疫が発生した川南町の繁殖牛農家江藤宗武も牛76頭殺処分し、自分の農地に埋却しようと考えました。しかし、
(「埋却予定地の」隣にお茶が植えてあったので、そこへんには迷惑かけたくないなあと、「茶畑の所有者も」反対というわけじゃなかったんですけども、やっぱり迷惑はかけるよねっていうとこがありまして)
　結局江藤さん最初の候補地を断念、その後別の土地を探しましたが、最終的に決まるまでにおよそ十日間かかりました。多くの農家が埋却地の確保に時間を要

しました。

(宮崎大学後藤義孝教授：埋却しないで感染あるいは感染疑いの動物をそこにおいておくことはそこでウィルスを培養するようなものですから、感染を広げてしまっている要因の大きなひとつになります)

　感染拡大の要因は埋却地の問題だけではありません。県内の畜産はここ半世紀で飼育数が飛躍的に増加。一戸あたりの飼育数は肉用牛で26頭豚で1,364頭と劇的に増えています。高度経済成長期一貫してすすめられてきて規模拡大政策が狭い範囲に多くの家畜を飼育する密飼いにつながり、伝染病発生した際の危険性を高めてきました。

さらに、英国においては、口蹄疫確認時に厳重なバイオセキュリティが実施されるが、それ以上に、日常的なセキュリティ管理が重要であるとのコメントを受けて、日本においては家畜をみる産業動物獣医師は4割近く減少しているとの指摘など、畜産業政策全体の遅れがさらに指摘される。

　(ウ)　当事者としての宮崎県対政府・民主党

　口蹄疫の最初の確認から4週間を経て、感染疑い家畜数は12万頭に上っていたが、政府と宮崎県でウィルスの封じ込め策についての対立が生じていた。この件については、全国メディアでも大きく報道され、地域メディアとしては、宮崎県、畜産農家という当事者としての「われわれ」と問題解決能力をもたない「政府＝かれら」という構図のもとで問題を把握していたと考えられよう。

(東国原：だからそれを検討しているんです、話し合っているんです、一生懸命、毎日寝ずに。我々は一生懸命やっているんです。地元の方たちも一生懸命やっているんです。以上です。帰ります。)

　県はウィルスを封じ込めるため、感染疑い地域の全頭殺処分を検討するよう国に要望していましたが、国は予防的殺処分を認めず、これまでの防疫措置を継続

するという方針がなかなか崩しませんでした。しかし、収まる気配を見せない感染拡大に国は大量殺処分につながるワクチン接種を突如決めます。
(赤松：殺処分を前提としたワクチン接種を行い)
　国は発生農場から半径十キロ以内の牛や豚について感染を防ぐためのワクチン接種を行ったうえで全頭殺処分することを決めたのです。
　これに対し地元の町長たちは
(川南町内野宮正英町長：あんまり唐突すぎる、事前に話し合いが無かった。全然説明が無くて、ポンといったもんですから、われわれとしては納得いかん)

　日本と同じく2010年に口蹄疫が相次いで発生した韓国では、6月までに20件の口蹄疫が発生したが、韓国でのウィルスの封じ込めと殺処分について描かれるが、やはりここでも畜産農家の声を紹介し、「家族同然の家族を」という情緒的な共有が図られているが、続けて、「殺処分と同時に、農家補償制度も定められていて、畜産農家が再生する仕組みすでに法整備されている」と、ここでも、畜産先進国の韓国と後進国の日本という対比で表現される。そして、口蹄疫対策特別措置法が成立した4日後の6月1日鳩山総理が口蹄疫発生後初めて宮崎県入りしたが、その翌日の辞任表明も、農家による「あまりに無責任ですわ、国の責任者としてですよ、辞任されるということは放棄じゃないですか」という声も紹介しながら描き、ここでも、「無能な」あるいは「無責任な」民主党政権が描かれる。この後、民間所有の種牛の殺処分について、山田農水相、東国原知事の対立が描かれ、結局、種牛農家が殺処分に同意し、その一か月後の終息宣言と続く。

(エ)　総括
　この後、感染ルートの問題を取り上げ、その解明ができていないことを指摘、韓国の防疫調査に関しての法整備がされており、その先進性がここでも紹介される。最後に、以下のようなコメントとともに番組は締めくくられる。

今回の口蹄疫は日本での過去最大の家畜伝染病被害となりました。被害は畜産農家にとどまらず、県民生活や経済全般にひろがり、再建には厳しい道のりが待ち受けています。政府の対策も、直接被害を受けた農家以外の補償はまったく考慮されていません。口蹄疫被害を経験した韓国やイギリスが、その後発生の防止策や発生した場合の対応、被害農家への補償など、幅広い視野に立った対策を講じてきたのとは対照的に、日本は畜産が大規模化し、劇的に変化したにもかかわらず、六十年も前に作られた法律が抜本的に見直されないまま、今日に至っています。
　埋却地の確保に悩んだ川南町の江藤宗武さんの牛舎では、この日新しい命が誕生しました。復興に向けた希望の一頭です。
（川南で牛の子が生まれました。病気流行らせないように、ぴしゃっとしてやらないと）
　今回の口蹄疫は、ただ単に家畜伝染病の対策のまずさに留まらず、国家的危機管理の危うさを露呈したものともいえます。今そこにある危機どう向かうのか？私たちの国のあるべき姿、今問われています。

　上記の締めくくりのコメントでも明らかにされているように、MRTの視点は、当事者の畜産農家を徹底的に取材して、農家の声を拾い、彼らの立場から畜産政策の不十分さを指摘するものである。地域の環境監視という役割はもちろん、地域の課題から全国の課題、普遍的な課題を照射するという努力もなされていると評価できる。そして、当事者としての県域メディアが、県内の畜産農家を畜産業界の問題として孤立させず、宮崎県としての共同性を構築していく努力もなされている。さらに、韓国からのウイルスが今回の口蹄疫の元凶だとする一部の風評があったのに対し、韓国を学ぶべき防疫先進国として紹介していることも特徴というべきだろう。
　先の基本的なストーリーからすれば、①危機との遭遇・不安⇒②悲劇との直面・苦悶⇒③克服⇒④再生（への努力）という展開のなかで、次に来る危機へ

の対応を課題として問いかけている。この問いかけ自体が「災害文化」構築のきっかけとなるものだが、その問いかけを県民や行政に投げかけるだけでなく、今後、県域メディア自体が「災害文化」構築への取り組みをする必要があろう。

(3) 全国メディアの報道
(a) 全国紙の無関心

全国紙が口蹄疫を報道し始めたのは、県の発表の当日4月20日であった。それは、宮崎日日新聞と変わりはない。その後宮崎県での感染拡大に合わせて、記事も継続され、また増加するが、全国的に深刻な問題であるという認識は見られない。

読売新聞は東京本社夕刊で、「宮崎で牛 口蹄疫か 3頭、人体に影響なし」の見出しで以下の記事が掲載されている。

> 宮崎県は20日、同県都農(つの)町の畜産農家が飼育する和牛3頭が家畜伝染病「口蹄疫(こうていえき)」に感染した疑いがある、と発表した。確認されれば、国内では2000年以来の発生となる。口蹄疫は人に感染せず、感染牛の肉を食べても人体に影響はないという。
>
> 県は家畜伝染病予防法に基づき20日、防疫対策本部を設置し、同町や隣接する自治体の畜産農家に、牛や豚の移動自粛を要請した。感染の疑いがある牛が見つかった農家は飼育する全16頭を近く薬殺処分する。農水省も20日、赤松農相を本部長とする対策本部を設置した。
>
> 口蹄疫は牛や豚、ヤギ、イノシシなどひづめを持つ動物に発症。口やひづめに水ほうができて発熱、食欲不振などの症状が出る。(読売新聞、2010年4月20日夕刊)

また、同じく読売新聞宮崎県版は、「口蹄疫疑い 県や関係者 出荷への影

響懸念　対応に追われる」の見出しで、写真三枚、畜産農家やJA関係者の不安の声とともに、以下の記事が掲載されている。

　都農町の畜産農家で飼育されている和牛3頭が家畜伝染病「口蹄疫（こうていえき）」に感染した疑いがあることがわかり、県や関係自治体、JAの担当職員は20日、緊急の対策会議の開催や消毒作業などに追われた。畜産関係者は家畜の出荷への影響や、風評被害の広がりに不安を募らせる一方、県は「人に感染することはない。感染牛の肉や牛乳が市場に出回ることもない」として、消費者に冷静な対応を呼びかけている。　（以下略）
　　　　　　　　　　　　　　　（読売新聞、2010年4月21日、宮崎版）

(b) **種牛への注目**

　読売新聞に限らず、全国紙は、地元宮崎県版を中心に、畜産の盛んな県では継続的に口蹄疫の記事を掲載していった。こうした面では、全国紙ではあっても、地域版として地域ジャーナリズムの役割を果たしていると評価できよう。ただ、全国紙の主たる販売地域である大都市圏での報道は、当初はたいへん小さいものだった。その後、全国紙が全国版で報道を始めるのは4月28日、口蹄疫拡大の兆候が出てからである。その後も、記事数としては確実に報道を続けているが、記事は小さなもので、例えば、読売新聞においては、文字数として1,000字を超えるものはほとんどなく、宮崎版等で数例があるにすぎない。朝日新聞は、5月11日に東京本社版で写真と地図とともに、「口蹄疫、殺処分7.6万頭　急拡大「埋める場所ない」宮崎」の見出しのもとに1,218字の記事を朝刊社会面に掲載し、次第に政策批判も含めて全国版での報道を展開し始めている。さらに、17日には「種牛も、口蹄疫ショック　地場産業の「宝」痛手」と「種牛」について大きく報道している。

　読売新聞については、5月12日に、1,000字を超える全国版の口蹄疫関連記事として初めて、「口蹄疫　国・県甘い対応　宮崎7万7,000頭処分へ」との見

第Ⅰ章　口蹄疫報道と「災害文化」の醸成

出しで2,274文字の記事を掲載した。また５月17日朝刊の一面で、写真入りで以下のような記事を掲載した。

口蹄疫　宮崎牛「種牛」49頭処分へ
　宮崎県は16日、ブランドの宮崎牛の種牛を一括して飼育している同県高鍋町の県家畜改良事業団の牛が家畜伝染病「口蹄疫（こうていえき）」に感染した疑いがあると発表した。感染の疑いは肉質の検査・評価用の牛だったが、全種牛55頭のうち、同じ農場内にいた49頭が家畜伝染病予防法に基づき殺処分される。県は、人工授精用精液の約９割を供給する最も優秀な残りの６頭を13日に同県西都市に避難させたが、感染の可能性が残るため、遺伝子検査する。JA宮崎中央会は16日、口蹄疫発生に伴う経済損失が15日現在で約160億円に達する見通しを明らかにしたが、種牛の損失は含まれていない。東国原英夫知事は、「（６頭が感染すれば）壊滅的打撃を受ける」と話した。
　　　　　　　　　　　　　　　　　（読売新聞、2010年５月17日朝刊）

さらに、同日夕刊で、「種牛」の殺処分に関する大きな記事を一面で掲載している。

口蹄疫　種牛ショック　宮崎　残り６頭に　ブランド牛　他県も厳戒
　長い年月をかけて作り上げるブランド牛の「種牛」。宮崎県で拡大する家畜伝染病「口蹄疫（こうていえき）」で、ついに種牛にも被害が及んだ。防疫対策を取っていた宮崎県高鍋町の県家畜改良事業団で、感染の疑いが発生。肉牛の生産が盛んな九州各県も、ブランド牛の種牛を守るため警戒を強めている。（以下略）
　　　　　　　　　　　　　　　　　（読売新聞、2010年５月17日夕刊）

同日の読売新聞西部本社版でも、「種牛施設　口蹄疫疑い　ブランドの中枢打撃「宮崎の宝」残り６頭」という見出しの下で、「宝の牛が失われてしまう

(37)

かもしれない」というカラー写真入りの1,800文字の記事を掲載している。この種牛問題を契機として、読売新聞においては、翌日から全国版としても口蹄疫関連の記事が取り上げられるようになる。

宮崎県外の人々にとっては、口蹄疫と自らの生活のかかわりは、食文化〈グルメ〉的な関心であり、その話題に関わって、初めて宮崎県の口蹄疫が結びつけることができるとメディアは判断したと考えられるだろう。

(c) テレビにとっての関心

放送についても、新聞の場合と同様の傾向を示したことが放送関係者の証言では得られ、当時の実経験からもその傾向は推測できるが、全国ネット番組における口蹄疫報道について実証的に分析する映像素材の入手は困難のため、本項では、新聞のテレビ欄に掲載された情報に基づいて分析する[28]。したがって、東京発の情報番組、ニュース番組において、ストレートニュースとして、あるいはテレビ欄には記載されない小項目として「口蹄疫」が報道された可能性があるが、ここではテレビ欄に記載されたものだけを取り上げる。

4月20日に口蹄疫発生の疑いが記者会見で発表された翌日の朝の二番組で、「口蹄疫の疑い」として報道されているが、その後は、まったく記載はされていない。そして再び登場するのは、上記の新聞でも取り上げられた「種牛の殺処分」問題の報道として5月17日である。"宮崎牛"種牛にも…口てい疫の感染が拡大」(TBS)、「ブランド牛がピンチ」「種牛も一部感染…宮崎牛危機に東国原知事どうする」「口蹄疫が拡大で宮崎牛ピンチ」(フジテレビ)。

18日には全局が取り上げている。「口てい疫対策1,000億」(日本テレビ)、「宮崎牛に"大打撃"口蹄疫拡大の波紋」「"遅すぎた"対策！？"宮崎牛危機"飛び火」(テレビ朝日)、「感染拡大する口てい疫ブランド牛危機で悲鳴」(TBS)、「口てい疫病動物園休園」「海外はこう止めた…口てい疫政府本腰で拡大防止は」「"伝説"種牛も処分政府も大作本部を設置口蹄疫なぜ被害拡大？」「口てい疫危機拡大政府ようやく対策本部」(フジテレビ)、以上のような記載

第Ⅰ章　口蹄疫報道と「災害文化」の醸成

がある。

　この後、21日までは集中的な報道がされるが、中心は、「種牛」問題と東国原知事の言動となる。そして週末を経て24日からの週には、また激減していく。

⑷　政治スペクタクルへ　赤松農水相と東国原知事

　口蹄疫発生から一か月目の5月20日の読売新聞東京本社版朝刊には、一面に、「政府口蹄疫総合対策　10〜20キロ圏は全頭出荷　「1週間以内」促す」の見出しで記事を掲載したほか、二面で、「口蹄疫対応　農相不信任案、自民提出へ「初動遅かった」」、経済面で、「製薬会社株が急騰　口蹄疫で消毒薬需要　子牛取引激減　口蹄疫で」、スポーツ面で「W杯代表のF東京・長友が口蹄疫で支援へ／Jリーグ」、社会面で「口蹄疫防疫1か月　農家処分に苦悩「牛の顔見ると涙」　宮崎職員ら疲弊」、そして、同じく社会面ながら「「カワミナミチョウ」ですか　官房長官、2度も町名確認」、さらに、投書欄の「気流」でも以下のような投書が掲載され、普天間飛行場移設問題から動き出した政局がらみの民主党政権批判に関連させた記事が増加する。

危機意識低い政府　口蹄疫対策徹底を　◇無職男性72歳（さいたま市）

　宮崎県の家畜伝染病「口蹄疫（こうていえき）」問題で、東国原英夫知事が18日、非常事態宣言を発した。鳩山首相は、県内で口蹄疫の被害が拡大していることに関し、政府や県の対応に一定の問題があったとの認識を示したが、特に政府の対応の遅さは責められて当然だろう。最初に疑い事例が確認された時点でもっと積極的に動いていれば、これほどまでの殺処分は避けられたと思われるからだ。

　政府の危機管理意識の低さには、開いた口がふさがらない。韓国での口蹄疫発生で農林水産省は通知を出していたが、政府は防疫措置や拡散防止に関する会議をすぐに開くべきだった。鳩山政権が「政治主導」を掲げるなら、追加の対策に全力で臨むべきだ。

(読売新聞、2010年5月20日朝刊)

㈦ 赤松農水相への批判

　5月20日のCS放送「TBSニュースバード」と、地上波の「みのもんたの朝ズバッ！」などで、赤松農水相が4月30日から5月8日にかけて、外国出張したことに関連し、「複数の民主党幹部が、「外遊中にゴルフをした」ことを問題視した報道とコメントを出し」(「朝日新聞」夕刊5月20日)、同日の昼には抗議を受けて同局のニュースで謝罪したが、下記の新聞記事にもあるように、この時期から、政府の対応の遅れ、とりわけ責任者としての赤松農水相への批判が高まった。口蹄疫の発生が、直ちに赤松農水相の「外遊」を中止すべきだったのかどうかの議論よりは、政局がらみで、不必要な外遊、あるいは不謹慎な行動という情緒的なニュアンスの批判が溢れることとなった。それは「外遊」という言葉で、「外国で遊ぶ」という誤解、あるいは不必要な出張という非難と重ねあわされていた。さらに、前出のように、現場の町名を言い間違えたシーンが繰り返し映し出され、「当事者意識」のなさを暗示するなど、映像的なスペクタクルに偏ったものとなっていった。

口蹄疫　農家の損失　全額補償　自民、来週に法案提出

　自民党は20日、宮崎県での家畜伝染病「口蹄疫」の問題で、政府の初動の遅れが被害拡大の原因だとして赤松農相の責任を追及するとともに、家畜を殺処分した農家の損失を国が全額補償する緊急措置法案を来週中に国会に提出する方針を決めた。公明党などとの共同提出も検討している。

　衆院本会議では、宮崎2区選出の江藤拓氏（自民）が、農相の大型連休中の中南米出張や、この問題での宮崎入りが今月10日になったことを批判した。衆院決算行政監視委員会の分科会では阿部俊子氏（同）が「（外国出張から）帰った方がいいと思わなかったのか」と農相の危機管理意識に疑問を呈した。

農相は同分科会で「(外国出張から)直ちに戻って指揮しないと大混乱になるなら別だが、そう判断しなかった」と釈明。「職務を全うしていく」とも語り、被害拡大の責任をとって辞任する必要はないとの立場も強調した。

(読売新聞、2010年5月21日朝刊)

　もちろん、こうした政府批判は、全国メディアに限らず、県域メディアにも溢れていた。前節で紹介したようにMRTの総括番組では、英国の政治家と比較することで、赤松農水相をはじめとした日本政府の認識の甘さを批判したが、宮日も、のちに口蹄疫報道を総括した「口蹄疫報道[29]」でも、繰返し赤松農水相の対応の遅れ、あるいは認識の甘さを批判的に記載している。ただ、全国メディアは、沖縄の普天間基地移転問題等と絡めて、参議院選挙を控えての政局としていた側面があったのに対し、県域メディアとしては、当事者としての県民、あるいは畜産農家の窮状に直面して、「政府の対応の遅れ」という構図を構築していった点で、状況は異なると言えよう。

(イ)　東国原報道からスペクタクル化

　全国メディアにとって、口蹄疫報道の主役のひとりは東国原知事であった。そして、2007年の選挙とその後の報道についても宮崎の地域メディアと全国メディアの間には大きなずれがあった。知事選挙の時も、通常、宮崎からの「上りニュース」、すなわち、宮崎からキー局に送られて放送されるニュースは月2本程度であるが、この知事選挙の前後は「10年分に相当するニュースが上っていった」いったという[30]。さらに、東国原氏のテレビカメラを上手に使い、またキー局を重視する戦術が彼を宮崎県知事にした一因だとも評価される[31]。

　全国メディアと地域メディアに対する彼の対応の違いについて、宮日は以下のように否定的に評価している。

「地元の活字媒体の取材には覇気のない表情で応じ、早めに打ち切ろうとすることが多く、自身の意向と異なる記事にはブログやツイッターで、「便

所の落書き同然」「マスゴミ」などと神経質にかみついた。なぜなら、活字媒体特有の細かいチェックは東国原にとって、小うるさい存在であり、時にはシナリオが用意されているテレビとは違い、編集権も握られているからだ。そのため、在京テレビ局が相手となると、まるで別人のように態度が変わった。

　紳士的・好意的に関係者に接し、カメラが向けられるとテンションをあげ、身ぶり手ぶりを交えてはつらつらと笑顔を振りまく。地鶏やマンゴーなどの県産品をワンフレーズで連呼し、次々と全国区に押し上げた。活字媒体でも、全国紙の東京本社の取材には丁寧に応じることで知られた。[32]」

　全国メディアを重視する姿勢は、口蹄疫でも変わらず、「在京テレビ局の記者の質問に見せる、柔和な表情とは正反対のもの」があったとする[33]。当初の全国メディアの注目の低さから、彼の影は薄く、また口蹄疫に関して専門的な知識を持たなかったために、全国メディアでの活躍は少なかったが、先に触れた高鍋町での種牛の殺処分拒否があると、「突如として再び存在感を放ち始める。「どこまでKY（空気読めない）なんだ」「どのつら下げて来るのか」。東国原は農相に昇格していた山田に対して激しい言葉を浴びせ続けた。ここでも、国との対立軸を打ち出して世論を味方に付けようとする手法を使い、一躍存在感を増した[34]」と宮日は指摘している。

　このように、知事選挙から口蹄疫に至るまで、全国メディアと地域メディアの東国原知事に対するまなざしは異なっていた。テレビにおいても、5月19日に「口てい疫被害で知事が怒りの非常事態を宣言」「会見中に、…東国原知事激怒の理由」（フジテレビ）と彼を中心にしたスペクタクルが展開された。

(e) ローカルと東京のまなざしの違い
　2011年3月におこった東日本大震災時についての東京キー局の報道姿勢については、その後も大きな議論となった。しかし、1995年の阪神・淡路大震災の

第Ⅰ章　口蹄疫報道と「災害文化」の醸成

時も同様に、キー局とローカル局の報道の姿勢が異なることについては以前より議論されてきた。宮崎県知事選挙、新燃岳の噴火、そして口蹄疫についても同様のことが起こった。

　2010年の新燃岳の噴火については、地元メディアとキー局がつくる全国ニュースではかなりの温度差が見え、「火山が噴火したとき役場はレベル3と判断し避難勧告をだしたが、専門家やキー局、大手新聞社は過剰な反応ではないか」という意見をだしてきたという。「現場を知らずに伝えるキー局や大手新聞社よりも、現場を知っている地域の放送局が信用できるという評価をえた[35]」とMRT関係者は語った。しかし、ローカル局は自然災害のときでも、ゴールデンの時間枠を使うことができず、夕方のニュースでのみ報道という大きな問題を抱えている。それは地域の環境監視の役割を担う報道機関としてのローカル民放が、キー局の縛りで地元に貢献できないことを意味している。

　今回の口蹄疫については、すでにふれたように、全国メディアが種牛の殺処分を契機として注目を増大させたのに対し、県域メディアでは、口蹄疫が全国メディアのまなざしの対象であり、「地域問題」とされることへのいら立ちがあった。それを象徴したのが全国メディアの逸脱した取材態度である。

　全国メディアが、「口蹄疫の現状を伝えることで、世論を動かし、支援の輪が広がったり、防疫の協力につながった」点を評価しつつも、感染が広がることによる、宮崎県の畜産業への影響を考えれば、消毒が最重要と考えた畜産県にいる報道機関としてのMRTの立場からは、キー局のクルーが消毒もせずに農場の中に入ったり、全国のニュース番組で、発生農家の農場内にENGカメラを持ち込んで取材したりすることなどは、防疫意識の差だとの批判が当然なされることとなる[36]。

　地元メディアとキー局との温度差は、全国紙と県域紙でも同様であったが、県域で独立したメディアである宮日の見方はより明確である。「在京各社が本腰を入れ始めたのは、種雄牛を集中管理する県家畜改良事業団に感染が及んだ5月16日、もしくは政府が対策本部と現地対策チームを設置した同17日以降」

(43)

とするが、これは先に指摘した通りである。そして、全国メディアの中には、「身体や車両の消毒に協力しない社、農家への直接取材を「敢行」する社もあった。また、数社はいきなり、県が発生の兆しを見逃したと報じたり、政府と県の責任のなすりつけ合いを伝えたりして、当紙とのスタンスの違いに戸惑った[37]」と全国紙の取材態勢を批判している。

　この口蹄疫が発生した時期は、全国メディアの立場からすれば、日本全体の問題が噴出、あるいは国民の関心事だと判断するイベントが開催される時期であった。何よりも、普天間の飛行場移転問題での鳩山政権の迷走は政権を揺るがす大問題に発展し、ここに全国メディアの注目が集まっていたことは否めない。さらに、小沢一郎氏の起訴関係、海外では、韓国の哨戒艦艇沈没事件、上海万博の開幕、そして5月中旬になるとW杯南ア大会の話題が増加している。

　全国メディア、キー局にとっては、口蹄疫は種牛問題が出てきてから関心を引くものとなったと言えよう。それは、あくまで「みやざき＝彼ら」の問題であり、「わたしたち＝東京（日本全国）」の問題ではなかった。MRT関係者も、「日本のキー局からみると日本の一地域が汚染されているという認識だったが、宮崎放送からすると日本全体の問題だとの認識だった[38]」と振り返っている。

3　「災害文化」の醸成と地域メディアの役割

(1)　災害の記録と地域メディア
(a)　災害文化とメディア

　「はじめに」でも述べたように、災害文化とは、「災害常襲地にみられる文化的な防御策」であり、さらに、「コミュニティ住民の間に共有されている価値、規範、信念、知識、技術（工夫）、伝承などといった諸要素から構成」されている。

　さらに、「災害文化」として、「その地域・コミュニティに見いだされる災害

第Ⅰ章　口蹄疫報道と「災害文化」の醸成

に関わって構成される文化全般であり、地域の歴史や記憶の共有により、地域の文化的アイデンティティを構成するもの」も付け加えた。繰り返される災害は、当該地域に様々な被害を与え、さらにそこからの復興も含めて、地域の人々に悲しみや喜びの心情を醸成させていく。そしてそれらの心情の共有が地域の共同意識や地域の文化的アイデンティティを作っていく。そして、現代では、それらの共有過程において、学校教育の地域学習、地方自治体の社会教育、そしてマス・メディアが大きな役割を果たすことになる。宮崎における口蹄疫を自然災害と同様に扱うことはできないが、少なくとも、地域のメディアが、畜産農家の問題と限定せずに、宮崎県全体の問題として報道していく努力は、自然災害と同様に地域こぞっての対応を喚起するものであった。

　もちろん、畜産県としての災害文化が宮崎に醸成されているとは言い難い。しかし、数回にわたる家畜伝染病の被害は、次第に災害文化を醸成しつつあるし、またこれを機会に明確な畜産に関わる災害文化を構築していく必要があるだろう。

(b)　当事者情報としてのローカル放送

　口蹄疫について触れる前に、まず、メディアがかかわる災害文化の醸成について、口蹄疫と地域メディアを考える際に参考となると思われる他地域の事例を紹介する。

　毎日放送のラジオ番組「ネットワーク１・17」は、1995年１月17日に発生した阪神・淡路大震災後に生まれた。この番組は、震災後被災者に向けての放送、関係者の言葉によれば「被災者に寄り添う番組」として開始され、被災者の仮設住宅がなくなるまで放送が続けられる予定であったが、その後もより広く「地震防災の番組」としてほぼ18年間続いている[39]。

　「１・17」は、阪神・淡路大震災の経験を踏まえて、内部に蓄積された知識、そしてネットワークを利用して、来るべき地震に対する「防災」知識という基本的な生活情報を提供したし、東日本大震災直後は、RADIKOを通じて、東

北の被災地にも情報を提供した。この番組では、地域社会を巻き込む地道な試みが続けられ、大学や自治体との連携も強化し、防災意識の啓発活動は番組だけでなく、シンポジウム等によっても行われている。

　聴取率の低いこの番組が、地域住民に直接与える影響は大きくはないのかも知れない。しかし、メディアが作る情報空間は、時間的にも共通の経験を提供しつつ、また共通の記憶を作り出してもいる。そして、人々の記憶の限界を超えて、時に忘れていた記憶を呼び起こす番組を提供することで、人々の外部の記憶装置となっている。あるいは、人々が日常的に持ち続けたくない忘れたい記憶を保持し、更新してくれる外部記憶装置としての意味も持っているとも言えよう。その地域社会にとっての記憶装置が、地域課題を記憶し、定期的に記憶を甦らせてくれる。この「1.17」もそうした番組のひとつとして直接の聴取率の高さ以上に、震災にかかわる知識と経験を蓄積するセンターとして機能しているのであり、地震への備えという地域社会の課題に対するひとつの解答でもあろう[40]。また、このような、メディア、地域住民、自治体、研究機関との恒常的なネットワークは地域社会の「災害文化」のひとつと言えるだろう。関西の地域局のこの経験は、畜産県としての宮崎の地域メディアにとって、「災害文化」構築のために参考になるのではないだろうか。

(c)　共通の記憶のドラマ化

　先の災害文化という観点からすれば、災害の記憶を「分かち合い」、それを広げつなげていくネットワーク」のことだとも指摘している[41]。再度、阪神・淡路大震災の例に触れれば、6,000人もの死者を出した震災は、その関係者ばかりでなく、その何十倍、何百倍もの人々に心の傷やさまざまな記憶を残した。また、そこには悲しい記憶と経験ばかりではなく、助け合った記憶や経験、復興の喜びの経験なども共通のものとして存在する。つまり、震災の記憶は、将来の災害に対する防災意識にかかわるだけではない。犠牲者の鎮魂や生きる希望、これもまた災害文化として地域の意識を構成しているのである。例

えば、暮れの年中行事として定着している「神戸ルミナリエ」は震災の犠牲者の鎮魂を意図して、1995年の暮れに開始されている。20年を経て、それが震災の犠牲者の鎮魂を意図したものと理解する人は減っているが、そうしたイベントが存在することにより、時として人々は震災という地域の記憶に思いを至らせることになる。こうした地域のイベントを報道し、その意味について地域に伝えることは重要な地域メディアの使命であるが、さらに、メディア自らがこの記憶を言葉にし、また映像にすることも地域メディアに託された重要な役割である。

　毎日放送は、1999年1月に「海に帰る日」(藪内広之演出、加藤紀子・宇崎竜童他出演)という単発ドラマを放送したことがある。このドラマは、6歳のとき震災で母親をなくした少女が厳しい現実と向き合いながら成長していき、2014年25歳の女性としてどのように成長し、何を考えているのかを描いたものである。そこには、被災経験を未来に向けて語り、さらにこうしたドラマによって、震災を経験しなかった視聴者との感情的な絆を深めることを可能とした。

　このように、阪神・淡路大震災という地域固有の経験をドラマという形で普遍的なものにすることも、地域局の大きな役割である。そして、関西におけるこの経験は、京都や奈良の文化遺産、自然遺産と同様に、放送にとっての「資源」と考えることができる。この資源は放送局の発掘と精製により、大きな「放送文化」となって、地域への貢献と、さらに全国あるいは世界への発信できる「放送文化」となっていく可能性をもつ。

　これは関西の放送局に限定された可能性ではない。例えば、広島や長崎の被爆体験は、多くのドキュメンタリーを生み出してきた。被爆体験とその記憶は、それが正面からテーマとして取り上げられなくとも、何らかの形で組み込まれていくほど、地域アイデンティティの中核となっている。そして、このことは広島・長崎の固有の問題であると同時に核問題という普遍的なテーマをこの県域局は資源として持っていることになる。また、第二次大戦で唯一の地上戦

の経験を持ち、今なお多くの米軍基地をもつ沖縄にとっての戦争体験もまた同様の意味を持ってきた。あるいは戦後日本の公害問題を象徴する水俣病をもつ熊本など、日本各地域の放送局が日本社会の課題と取り組む例は枚挙にいとまがない[42]。

　これは地域発のドラマについても同じだ。日本各地の放送局で制作されていたドラマは、ほぼ東京キー局に集約されてしまい、わずかに単発ドラマが地方の局でときに制作されるという状況ではあるが、地域課題、あるいは地域の誇りなどをドラマという形式で描く放送文化はまだ死滅しているわけではない。地域ドラマは貴重な放送文化の一翼を担っている[43]。口蹄疫に関わるドラマについては後述する。

(2)　口蹄疫の記録と記憶
(a)　NHK 宮崎の報道体制

　NHK宮崎放送局は、他の地域局と大きな差はなく、全体として NHK 福岡を地域基幹局として、県域で独自のニュースを放送するほか情報番組・ドキュメンタリー番組などをいくつか放送してきた。口蹄疫の報道については、通常の報道体制では足らず、福岡局はじめ東京からの応援のもとに実施した。宮崎の民放各局に比べても、充実した体制での報道が県内に向けても全国に向けても行われたとされる[44]。

　ただ、前節でもふれたように、他のメディアと同様に、これまでの事故や災害報道とは異なり、「防疫」を最優先とした中での取材報道を強いられた中で、畜産農家から映像を提供してもらう方式の取材を余儀なくされた。その結果から生まれたのが、「ドキュメント20min.「ブログにつづった口てい疫」」（2010年10月4日放送）である。

　この番組は、口蹄疫終息後に放送されたが、西都市の畜産農家の夫婦が、口蹄疫の発生当初から、自ら撮影した映像と意見を自らのブログに掲載していたが、現場に立ち入ることのできないメディア側にとっては、重要な当事者の情

報となっていた。前述のように、この夫婦だけではなく、メディアは畜産農家当事者にカメラを渡すなどして、その映像情報の提供を受けていた。そうしたマス・メディアと当事者の連携による報道は、口蹄疫の発生中の報道に限定されがちであるが、この夫婦の記録に注目したNHK宮崎では、ブログにつづった当事者の文章と映像を編集して、この番組を放送した。

　作品は、繁殖農家の夫と県外から嫁いできた妻が、口蹄疫発生に伴い、元気な牛たちを殺処分しなければならない苦悩を中心に描いており、なかでも、子牛の出産シーンとその子牛が母牛のミルクを十分に与えられて殺処分される場面は、夫婦の肉声とともに感傷的な映像となり、大きな反響を呼んだという。この点からも明らかなように、編集はNHKがしたものの、カメラの対象へのまなざしはまさに当事者のものであり、結果として、客観的なジャーナリズムの目とは全く異なるものとなったと考えていいだろう。

(b) NHKドラマ「命のあしあと」

　2013年1月27日 NHKBSプレミアムで、口蹄疫を扱ったドラマ「命のあしあと」が放送された。このドラマは、NHK宮崎の記者・ディレクターが取材を重ねてきた様々な農家の苦闘を一つの物語として集約したものである。この制作経過を担当者は次のように振り返っている。

　2011年4月に口蹄疫発生から1年のタイミングで検証番組を「NHKスペシャル」で制作することとなったが、東日本震災の発生により、制制作できない状況となった。しかし、口蹄疫から1年というタイミングで検証番組を制作するのは、地元の宮崎局としては必要不可欠な使命だとの認識があり、九州沖縄向けの報道番組、特報フロンティア「なぜ"SOS"は届かなかったのか〜口てい疫・感染拡大の実態〜」として40分の番組を放送した。

　主に、証言とイメージカット、資料映像で構成したこの検証番組では、当事者の農家の心情までは十分描けていないという声が局内部や農家からもあっ

た。

　そこで、NHK宮崎が被災地域の実態・農家の苦悩を伝えるために何ができるのかを考えた結果、行き着いたのが、これまで蓄積した膨大な取材情報を元にしたドラマ制作だった。宮崎局ではドラマ作りの経験はなかったが、撮影と演出は宮崎局で担当し、大阪局のドラマのプロデューサーのサポートを受けつつ、記録・編集や演出補助を外注することにした。

　地域局が若手を育成して、ドラマ制作で強みを発揮するようになればという思いもあった。いくつかの経過を経て、BSプレミアムの枠内での制作へと話は進んだ。

　防疫方針については県や町の協力を得て、明確な防疫ラインを設定し、更衣室としてのプレハブを確保し、消毒用のテントを建て、全てのスタッフと機材の消毒などを徹底した。
その結果、予定したよりも制作費がかさんでしまったが、それは、未だ緊張感が高まる被災地域でこのドラマを撮影するには絶対に欠かせない必要経費だと考えている。

　キャスティングは30人程度の候補者から陣内、温水、大地、泉谷、高岡などを選んだ。地域ドラマとして、宮崎の出来事に少しでも関心があると思われる九州出身を頭に入れて出演候補を探した。

　宮崎の方言のニュアンスを大事にしつつも、全国の人がわかる程度の方言に調整するために、高鍋出身者の方言指導が欠かせなかった。ドラマ上の言葉についての反響は、違和感よりも愛着が上回った。

　全体として、特定の農家をモデルとしたわけではなく、宮崎の畜産農家全体の苦悩を一家族への集約した物語として理解されるように制作したつもりである。

　ドラマは、2012年の11月10日から11月26日まで、川南町と高原町で撮影され、その後、1月12日と21日に試写会が実施され、制作・撮影の一般協力者が

第Ⅰ章　口蹄疫報道と「災害文化」の醸成

招待された。そして、1月27日BSプレミアムで放送され、2月中旬に再放送、さらに3月中旬、地上波で、宮崎ローカルで再放送された。その後地元から全国総合テレビでの再放送の強い希望があり、2013年8月25日に、一部地域を除いて全国で再放送されることになった。

　ドラマのあらすじは、以下のようなものである。

「親子三代にわたり地元で畜産を営んできた日高修平（陣内孝則）は、妻の里美（高岡早紀）と一人娘の遙花（須藤菜々子）とともに牛の世話をする毎日。尊敬する先輩農家の村木耕三（大地康雄）を家に招いては牛談議に花を咲かせるなど、牛と家族に愛情を注ぎながら幸せな日々を送っていた。ある日、なじみの居酒屋「大将」で昼食をとっていた修平の目の前で、役場農水課長の緑川（温水洋一）が店の大将（泉谷しげる）に宴会のキャンセルを突然告げる。家畜の伝染病・口てい疫が町を襲ったのだ。感染は爆発的に拡大。修平たちの牛は徹底した消毒により未感染だったにもかかわらず、感染を食い止めるために殺処分されてしまう。里美や遙花との幸せな暮らしも崩壊し、大切に育ててきた牛を失った喪失感に襲われる修平。再開へ向けて立ち直るキッカケを失っていたその時、修平の心を動かしたものとは・・[45]」

　このドラマは59分の単発ドラマであり、口蹄疫の発生によって苦しむ畜産農家と、その後の再生までを描くのは時間的に難しい。したがって、オープニングシーンのナレーションによって、ドラマのテーマを説明し、さらにタイトル後の数シーンでも、舞台となる畜産の街・児湯町の紹介や、畜産業の状況、畜産農家の日常等をナレーションと映像、登場人物の会話の中で紹介している。オープニングのナレーションは畜魂碑の映像とともに以下のように語られる。

　　この下に修ちゃんと私が育てた51頭の牛たちが眠っています。2010年4月この街の農場で、家畜の伝染病口蹄疫が発生しました。口蹄疫は瞬く間に宮崎県全域

(51)

に広がり、数か月の間に30万頭の家畜が殺処分され、土の中に埋められたのです。私たちの育てた牛たちもすべて殺処分されました。今は牛たちの足跡しか残っていません。

　ストーリーは、先に提示した口蹄疫報道の基本ストーリーに沿うものである。①宮崎の畜産の紹介、②口蹄疫の発生、③畜産農家の不安、④殺処分に関わる行政と農家の苦悩、⑤終息後の虚無的状態、⑥再生・復興の開始、と展開する。これらのストーリー展開が、畜産農家の日高一家とそれを取り巻く人々に象徴化して描かれていく。そしてストーリーの中心は、「殺処分」を巡ってであり、とりわけ、殺処分の決まった牛の出産に関わるシーンが、口蹄疫を巡る悲劇の象徴的部分を構成する。このシーンは、家族、子ども、そしてかわいい動物と殺処分という別れという最も情緒的な部分でもある。さらに主人公が信頼する「おじ」的役割の先輩の失意と認知症、そして別れという悲劇も描かれる。これらの悲劇の克服は、愛する娘の健気さであり、その娘の姿を見て立ち直るという点でも伝統的な、そしてリダンダントな（情報の予測可能性の高い）ドラマであるといえる。それにしても1時間弱という時間では、口蹄疫被害の実態や、農家の苦悩を描くには不足していると言わざるを得ない。したがって、上述のように、短い時間で理解を得るためにもナレーションが多用されるが、それ以上に、口蹄疫にかかわる当事者としての宮崎県民の「共通の経験」に依存してストーリーが展開されるという側面がある。視聴者は、すでに、口蹄疫について、実環境なりメディアを通して一部でも経験したことをドラマで追体験するという構造になっているからこそ、このドラマの読解が容易になり、さまざまな思いを重ねることもできたともいえる。この点でもリダンダントなストーリーであると言えよう。

　ただし、その経験の共有は自明のものではなく、県内の利害対立についてもドラマでは描いている。居酒屋の会話において、畜産農家に対して、「補償金をもらえていいが、我々は何の保障もなく被害者だ」と畜産農家を加害者的に

論評するシーンが挿入されている。そこでは、居酒屋の大将が主人公の側からいさめている。公共放送として、県内の分断の現実を踏まえて、その分断をストーリーから排除せず、宮崎県民の共通利害を目指した表現したことは注目すべきであろう。この点については、後に再び触れる。

(c)「命のあしあと」に対する当事者たちの反響

　NHK宮崎では、「命のあしあと」の放送前に宮崎県内で試写会を開いている。NHK宮崎局の上田和摩によれば、この試写会は撮影に協力した畜産関係者も含めてのものだったが、その試写後に会場でアンケート調査を行っている。回答総数は143人であり、ほとんどが50代以上という年齢構成であったという。

　その中で感想を自由記述する箇所があり、ほとんどの回答者がそこに感想を記している。基本的には試写会でのコメントであり、作品への厳しい評価や、口蹄疫への無関心などのコメントはなかった。さらに番組ホームページに掲載された視聴者からのメッセージにおいても、畜産関係のすべての人たちの感想は、メディアによって畜産農家が経験した苦労や悲しみが共有されたという喜びであり、さらには、全国にもこの心情を理解してほしいという願望も記されている。

★ ［現実がよく表現されたドラマでした］

　私は宮崎に行くことを志願し、7日間防疫作業に従事しました。家畜を押さえる人たち、注射などで家畜を殺す私たち、おびただしい家畜の死体、それを運ぶ重機、遠くから作業を見つめる農家の涙。殺処分の光景、それは本当に悲惨なものでした。

　ドラマの中では、小学生の遙花ちゃんが学校に行けませんでした。私が担当した農家でも、ドラマのように殺処分前日に子牛が生まれ、子牛のことが心配な幼い娘さんが畜舎の方に行っては親に怒られ、家の中に入っていました。全国の関

係者も、このドラマでしっかり思い出したことでしょう。良い作品を放送していただきありがとうございました。宮崎の皆さんへ、忘れていませんよ。自分のペースで一歩一歩立ち直って下さい。(関東の公務員獣医師)

★　自分は120頭の牛を失いました。牛のことを思うととても辛いです。ワクチンうちは、町からの打診があって、10戸の農家に集まってもらい、二日がかりで話し合って決断しました。とてもつらい気持ちが伝わります。見ている時は涙が止まりませんでした。これからまた頑張ります。全国放送もお願いします。(70代、男性)

★　私の家にも牛がいます。仕事もJAの畜産課に勤務しています。当時は畜産課に配属されたばかりで、最初の仕事が消毒、防疫、情報収集と、不安の中で仕事をしていたことが思い出されました。今も朝一番にする仕事は消毒の準備です。あの時のことを忘れないように、今後も頑張りたいと再確認しました。(50代、女性)

　上記のように、アンケートやホームページに掲載された視聴者からのコメントも含めて考えれば、こうした地域ドラマは、ドラマのつくり手の意図したように、地域からの課題や文化の発信であることよりも、まずは地域内の狭い意味の当事者たちへの「癒し」「激励」という役割も果たしたと言えるだろう。

(d)　子どもたちの反応
　さらに、県内の中学校二か所でも映写会が開催され、そこでも64人が感想文を書いている。この感想は、それぞれ中学校の授業内で書かれているため、全体として、送り手の意図に従った読解をしており、逸脱、あるいは対抗的な読みは見られない。
　ただ、全64人中、畜産農家であると表明したのは7人に過ぎない点を考えれ

ば、中学生であっても、前者の当事者としての感想よりも、宮崎県の一般の意識を知る手がかりともなる。内容の分類としては、重複しての分類集計となるが、無関心36、口蹄疫理解29、命の尊重27、畜産業理解20、宮崎牛日本一17、宮崎への誇り5となっている。

「無関心」とは、この作品を見るまでは口蹄疫による事態を理解しておらず、このドラマによって口蹄疫の実情を理解したものであり、その代表的と思われるものが以下の二つの感想である。

★　私は，口蹄疫が発生したとき、口蹄疫ってなんだろうと思っていました。初めて聞いた言葉で、あまりピンときませんでした。でも、口蹄疫がこんなに牛を人を苦しめるものだとは思いもよらなかったです。私は牛をかっていません。身近な人にも牛をかっている人はいませんでした。だから、農家の人の気持ちは、当時は考えていなかったと思います。今日「命のあしあと」を見て、農家の人の気持ちがわかったような気がします。どうして口蹄疫にかかっていないのに殺さなければならないのか、毎日大切に育ててきた牛たちを殺さなければならないのか、という気持ちでいっぱいだったと思います。去年、宮崎の牛が日本一に輝いたとき、とってもうれしかったです。でも、農家の人たちが一番うれしかったと思います。

★　自分は、「命のあしあと」を見て、自分が思っていた、知っていた口蹄疫に対する考えがかなり浅かったと感じました。実際、口蹄疫位でそんな大げさなと思っていましたが、「命のあしあと」を見て自分の考えはかなり間違っていたと思いました。そして、自分が口蹄疫に対する知識は1つか2つ位でしたが、これを見て、知識＋農家の人々の心情も少しは分かりました。牛を我が子のようにして育てている人にはかなり大きな出来事だったと思います。

　最後に、「命のあしあと」を見て学んだ事は、今回は、牛という生き物であったがこれが人間や犬といった他の生き物になることもあると思います。だから、一

つ一つの尊い命を大切にしていく事が大切だと思いました。これから、自分のできる事は、日々一つ一つのどんなに小さな尊い命を大切にすることと、宮崎牛の消費を多くしていきたいと思いました。

下記は、「命の尊重」と分類される例である。「子牛が殺されてかわいそう」という情緒的反応もここに含まれるが、下記の例は、それを食文化とつなげて考えている。

★　牛はかわいい。しかし、そのかわいい牛を殺処分してしまうのはとてもかなしかった。いつも、自分の口にしている牛肉も牛の命をいただいている。牛の命が自分達の体を作っているが、何の役にも立てず、ただ殺されるだけの牛の気持ちを思うと心が痛い。もし、自分が家畜をやしなっている立場であれば、ドラマと同じように殺したくないという気持ちになるだろう。しかし、そのような方々の協力により、今の宮崎、日本の農業が守られているので良かった。

上記の感想は、口蹄疫を経験した後でもなお、それほどの理解をしていなかった例であるが、ドラマによって、宮崎の畜産への理解を深めている。これに対し、ドラマの視聴の結果かどうかは不明だが、畜産農家を理解し、宮崎県の共同体意識を強調するなど、ドラマで訴えられた価値に積極的に同調する感想もある。以下の二例がその代表的なものである。

★　2010年に起きた口蹄疫。これによりたくさんの人達が被害を受けました。そして、たくさんの牛や豚が殺処分という形で殺されました。その中には病気にはなっていなくてもワクチンを打ったために処分された牛もいました。その牛や豚達は、他の県、地域、そして日本全体の畜産を守るために殺されていきました。
　その時の畜産業の人達の気持ちはどんなものだったのか、「悔しい」・「つらい」・「苦しい」そんな言葉で片づけられるようなものではなかったと思います。

牛を殺され、職を失ってしまった人達の気持ちは、きっと僕たちが経験した事のない気持ちだと思います。

しかし、それでもあきらめず、また牛や豚を育てようと立ち上がった人達がいるのです。そしてその人達のおかげで2012年、宮崎の牛はもう一度、日本一になれました。これはきっとすごい努力の結晶だと思います。

★　今回、「命のあしあと」を見て、口蹄疫がたくさんの人、特に牛や豚を養う人に大きすぎる影響を与えたことを改めて学んだ。今、終息宣言が出されているが、多くの人の心に癒えぬ傷を残したことも知った。

健康な牛を殺さなくてはいけないシーンには胸が痛んだが、牛や豚を養う人には、僕が感じたものより推り知れないほど多い悲しみ、悔しさ、無念さがあったのだろう。そして、その人たちがワクチンを摂取してくれたおかげで、全国の畜産が救われた。犠牲という言葉は適切ではないかもしれないが、そのおかげで僕たちは美味しい肉を食べたりしている。そのことに対しての感謝の思いは、感謝してもしつくせないと思う。そして、6割の人たちが牛や豚を養う仕事に復帰したいことには驚いた。本当に強い人だと感じた。

前節で触れた畜産農家とその他の県民の「分断」であるが、中学生の感想でも3人がふれている。ともに、ドラマ上は「かたき」役としての発言であり、ほとんどすべてが、そうした「分断」を否定的にコメントしている。ただ、下記2番目のコメントのように肯定的か否定的か両方の解釈が可能な「補償金」についての感想もあり、「分断」が現実に存在していることも想像できる。

★　一番感動した所は、牛が殺される1日前に、ももこが子どもを産んで、1日しか生きられなかった所です。けど、この人たちの所で産まれてきて、1日だけだったけど、大切にされたのでよかったなと思いました。一番ひどいなと思った所は、畜産の人達はすごく辛いのに、自分のことしか考えないで、畜産の人を悪

く言っていた所です。そういう人達がいたことが残念でした。(後略)

★ (前略) 結局教えてもらえなかったが、知りたいのは補償金がどのくらいの額だったかです。それがどこから出ているのかもとても知りたいです。

(e) 畜産県としての新たな県民アイデンティティ形成の可能性

　上記の試写会における大人たちの感想、そして中学生の感想においても、ドラマの悲劇を畜産農家、あるいは抽象的な家族としてとらえているものはほとんどいない。このドラマにおいては、具体的で現実の場所と時間を提示して進行するストーリーによって、当然ながら、宮崎県の悲劇としてとらえ、「彼ら畜産農家の災害」を「私たち宮崎県の悲劇」としてとらえるものがほとんどである。そうした心情がドラマによって生まれたかどうかは別にして、少なくとも、NHKが地域のメディアの責務として、地域の記憶を記録し、加えて地域内の当事者と他の住民たちの分断を防ぐ努力を継続したという評価ができるだろう。

　さらに、このドラマの中核は、家畜たちの「命」であり、ドラマの感想を見る限り、「命を食べて生きている人間」についての共通理解も進んでいる。このような認識がメディアによって繰り返し喚起されていけば、畜産県としての新たな県民アイデンティティ形成の可能性にもつながるだろう。つまり、「畜産」「動物愛護」「命を守る」など、「災害」の記憶を共有していくことから徐々に醸成される宮崎県民としての共通意識は、新たな県民アイデンティティの中核となっていく可能性があると言えよう。もちろん、これらの感想は視聴直後に書かれたものであり、これらが長期的に保持される態度であるとはいえない。しかし、様々な県域のメディアが、ドラマに限らず、定期的に「口蹄疫」の記憶を喚起していく番組を制作していくなら、「口蹄疫」などの家畜伝染病の経験が宮崎県固有の「災害文化」として次第に醸成され、さらにそれが宮崎県の県民文化となることも考えられよう。

第Ⅰ章　口蹄疫報道と「災害文化」の醸成

おわりに

　本論では、2010年に宮崎で発生した口蹄疫の報道を検討しながら、地域の災害にかかわる地域メディアの在り方を考えてきた。宮崎の地域メディアが口蹄疫災害に対し、防疫策を最優先にしつつも、地域の当事者の立場に立った報道に努力し、地域社会に対し一定の役割を果したことを明らかにした。

　その後の検証記事や番組でも明らかにされたのは、災害時の行政の対応の遅れだけでなく、長期的な畜産政策、そして防疫体制の不備であった。それらを地域に訴え、地域の課題として提示したことは地域の公共的情報空間の形成という地域ジャーナリズムの役割を果たしたものといえるだろう。

　しかし、今後、次の災害に備えつつ、地域メディアに何ができるのだろうか。次に来る家畜伝染病に対しての防災・減災意識を各メディアや住民、そして行政が持つことは当然重要だが、そうした意識が意識としてとどまるのであれば、それは十分な「災害文化」の構築とは言えない。こうした意識により、県として様々な具体的施策が実践される、あるいは社会的に取り組みが進み、さらに他の大規模災害とその災害報道の経験や地域メディアの役割についての議論を突き合わせていくと、具体的に、そして制度的な「災害文化」構築の方向が見えてくる。

　「ネットワーク1.17」の例を待つまでもなく、地域メディアと大学などの研究機関、行政が協力するネットワークの構築も、災害文化の具体化の一つである。すでに宮崎大学は、口蹄疫防疫対策上級専門家育成コースを開設したり、家畜防疫に関するシンポジウムを継続的に開催したりしている[47]。こうした実践をメディアが積極的に取り上げることはもちろん、研究や獣医療の現場との交流を通じて、メディア内にも家畜伝染病にかかわる「災害文化」を蓄積していく必要があろう。全国紙には「科学部」があり、そこには科学専門の記者もいる。地域のメディアではそうしたセクションの保持は極めて困難である。た

(59)

だ、家畜伝染病、あるいは畜産専門の記者は育成できるだろう。それは、畜産県の公共圏を担うコストであると同時に、他の畜産県や全国、そして世界に発信できるリソースであるとの捉え方も必要である。例えば畜産専門の記者は、「災害」に備えるだけでなく、畜産宮崎の魅力を、地域振興として県外、世界へ発信していくこともできるだろう。こうした実践もまた「災害文化」の一部を構成することになるし、またそれが宮崎県の災害文化をさらに醸成していくことにもなるのではないか。

〈謝辞〉

本章の執筆にあたっては、宮崎日日新聞、MRT宮崎放送、NHK宮崎、さらにJA都農、宮崎県内の畜産農家の方々など、宮崎県の多くの方々に情報提供、資料提供などの協力をいただいた。記して深く感謝申し上げます。

注　記

1) 林（1988）p.246
2)「災害文化」と「災害教育」については岩崎信彦他編（2008）に詳しい。
3) 鈴木（2004）p232
4) 市村（2004）
5) http://www.kei.mz-ja.or.jp
6) http://www.miyazakigyu.jp/
7) 宮崎県（2001）p.9
8)「UMKテレビ宮崎の30年」p.114
9)「MRT宮崎放送50年史」、p.202
10) 宮崎県（2011）
11) 日本マスコミュニケーション学会（宮崎公立大学2012年6月5日開催）シンポジウム「口蹄疫と地域メディア」での小川祐司氏の発言
12) 小川（2010）P.43
13) 前出シンポジウム（2012）における発言
14) 小川（2010）p.44

第Ⅰ章　口蹄疫報道と「災害文化」の醸成

15）小川（2010）P. 45
16）前出シンポジウム（2012）における発言
17）同上
18）四方（2010）P. 71
19）四方（2011）p. 72
20）同上
21）小川（2011）P. 44
22）小川（2011）P. 46、および「宮崎日日新聞」9月5日付
23）MRTの報道姿勢、実績については、関西大学経済・政治研究所平成22年度第5回セミナー「地域文化とテレビのまなざし」（2011年2月15日開催）における橋口義春氏に負うところが大きい。
24）これらについてはMRT宮崎放送によるDVD「2010宮崎 見えざる脅威 口蹄疫〜メディアとしての闘い〜」に詳しい
25）前出シンポジウム（2012）における中小場章吾氏の発言及びMRT宮崎放送（2011）ブックレット版
26）以下、番組内容の記述について、ナレーションの言葉を記載し、インタビューや画面上の言葉は（　）内に記載している。
27）前出シンポジウム（2012）における中小場章吾氏の発言
28）朝日新聞東京本社縮刷版、2010年による。
29）宮崎日日新聞（2011）
30）前掲セミナーにおける発言、黒田（2011）p. 21
31）同上
32）宮崎日日新聞社（2011）P. 187
33）同上
34）同上 p. 189
35）黒田（2012）p. 19
36）前出シンポジウム（2012）における発言。
37）小川（2011）p. 44
38）黒田（2012）p. 20
39）1995年3月に放送開始し、提供スポンサーなしのレギュラー番組として、2012年9月まで続いた。その後他の番組の内包コーナーとなったが、再び2013年3月から単独番組として再開された。
40）「ネットワーク1.17」については、黒田（2005）を参照
41）林（1988）p. 246

42)「地方の時代」映像祭実行委員会編（2011）
43) 四宮（2010）
44) NHK 宮崎局上田和摩氏聴き取り（2013.8.21）
45) ドラマ HP、http://www.nhk.or.jp/miyazaki/drama/

参考文献・資料

朝日新聞社（2010）「朝日新聞東京本社縮刷版」
市村元（2004）「ローカル放送局の現状と課題」（松岡新兒・向後英紀編）『新現場から見た放送学』学文社
岩崎信彦他編（2008）「災害と共に生きる文化と教育」昭和堂
小川祐司（2010）「地元紙としての使命と苦難—口蹄疫報道を経験して」『新聞研究』No. 712
開局30周年記念社史 UMK テレビ宮崎の30年編集委員会（2002）「UMK テレビ宮崎の30年」
川南町酪農史編纂委員会（1988）「宮崎県川南（町）酪農史」
黒田勇（2005）「ローカル放送とは何か」（小野善邦編）『放送を学ぶ人のために』世界思想社
黒田勇（2012）地域社会における民間放送局の歴史と課題」（地域社会と情報環境研究班）『日本の地域社会とメディア』（研究双書第154号）関西大学経済・政治研究所
児玉盛信（2008）「宮崎の畜産物ブランド化に向けた研究の取り組み」
四方由美（2010）「地域における新聞の役割を考える契機に—口蹄疫問題をめぐる各紙の報道」『新聞研究』No. 711
四宮康雅（2010）「地方の発信力としてのドラマ制作」『月刊民放』2010年2月号
鈴木健二（2004）「地方テレビ局は生き残れるか」日本評論社
「地方の時代」映像祭実行委員会編（2011）「映像が語る『地方の時代』30年」岩波書店
橋田和実（2010）「畜産市長の『口蹄疫』130日の闘い」書肆侃侃房
林春夫（1988）「災害文化の形成」（安倍北夫他編）『応用心理学講座3　自然災害の行動科学』福村出版
宮崎県畜産業連合会（1968）「宮崎県畜産史」
宮崎県（2001）「口蹄疫防疫の記録」宮崎県
宮崎県口蹄疫対策検証委員会（2011）「2010年に宮崎県で発生した口蹄疫の対策に関する調査報告書（二度と同じ事態を起こさないための提言）」宮崎県
宮崎県（2012）「平成22年に宮崎県で発生した口蹄疫に関する防疫と再生・復興の記録"忘れないそして前へ"」宮崎県
宮崎県酪連30年史編纂委員会（1997）「宮崎県酪連30年史」
宮崎日日新聞社（2011）「ドキュメント口蹄疫」農文協

MRT宮崎放送50周年記念事業委員会（2004）「MRT宮崎放送50年史」宮崎放送
MRT宮崎放送（2011）「2010宮崎　見えざる脅威口蹄疫～メディアとしての闘い～」（DVD）及びブックレット版
UMKテレビ宮崎（1983）「テレビ宮崎10年の歩み」テレビ宮崎
UMKテレビ宮崎（2003）「テレビ宮崎の30年」

第Ⅱ章 地方都市における地域メディアの役割と その受容実態について
―県域民放2局の宮崎を事例として―

森 津 千 尋

はじめに
1　宮崎県の歴史と現状
2　宮崎県の地域メディアの特質
3　地域メディア利用実態調査
4　ローカルワイド番組の取り組み
おわりに

はじめに

　1980年代、当時の郵政省の県域放送4局政策により、89年以降あらたに23の地方局が設置された結果、現在全国では128局（独立UHF局含）の民間テレビ局が存在している。しかし、近年の若者のテレビ離れ、またCS・BS放送等の多チャンネル化により、放送市場における競合はますます厳しくなっている。さらに今後はインターネットを念頭においた「地域情報環境」の整備が進められていくなか、地方テレビ局をとりまく環境はより複雑になることが予想され、特に地場産業の少ない地方都市では、地方テレビ局の「炭焼き小屋」化はますます現実味を増している。

　そこで本稿では、宮崎県を事例に、地域メディアの受容と評価実態調査を行い、今後の地方テレビ局の在り方について検討をおこなっていく。今回の調査

対象である宮崎県は、県内総生産3兆4,970億円で全国38位、また県民所得は2兆5,102億円で全国37位、県民一人当たり所得は221万1千円で全国43位と、日本の地方都市の中でも経済規模は下位グループに属している（内閣府2013）。また県域民放は宮崎放送、テレビ宮崎の2局のみで「情報過疎県」（宮崎日日新聞1996.7.2）とも言われてきた。

　しかしこの宮崎県の民放2局体制は、同じ九州内の鹿児島県が、県内総生産5兆4,460億円（宮崎の1.5倍）で県域民放4局体制を維持しなければならない状況と比較しても、広告獲得競争という点では比較的めぐまれているといえる。さらに近年問題視されるテレビショッピング番組の放送比率についても、鹿児島、長崎、熊本の4局体制の民放平均は全体の10％程度であるのに対し、宮崎はその半分の5％程度と、福岡県の民放平均とほぼ同じ割合である（荒川, 2012）。また、全国6割ほどのテレビ局が自社制作率10％未満であるにもかかわらず、宮崎の民放2局の自社制作番組比率は10％強と地方局の中では健闘している（電通総研, 2013）（森津, 2013）。

　このように宮崎の場合、県域民放が少なく「情報過疎県」と揶揄されつつも、県内経済規模にみあった県域局数であるため、結果として2局とも現状での経営は比較的安定しており、それが地域情報発信機能の維持にもつながっている。本稿では、宮崎の地域メディアの受容と評価の実態を把握し課題を検討することで、今後スリム化が要求される地方テレビ局の課題について考察していく。

1　宮崎県の歴史と現状

　江戸時代、現在の宮崎県にあたる地域は、鹿児島、人吉、都城、延岡、高鍋、佐土原、飫肥の7領に分割統治されており、その中に幕領が点在していた。今の県庁所在地である宮崎市のあたりも延岡藩の飛び地領であり、城下町ではなかった。そして明治6年に一度宮崎県として設置されるが3年後には鹿

児島県に併合され、その後明治13年に再度宮崎県として設置され現在に至る（坂上，1999：287）。つまり、宮崎県は日向諸藩が一つにまとめられたものであり、もともと各藩の統治の仕方や農民組織、方言に違いがあった上に鹿児島との併合もあり、九州他県のように城下町を中心とした文化的アイデンティティは存在していなかった。宮崎県としてのアイデンティティ確立を目指しだしたのは大正に入ってからであり、1937年の「祖国日向産業博覧会」開催のあたりから、宮崎を「祖国日向」と呼ぶようになり、国家の統制を主張する思想と郷土愛が結びつけられるようになった（坂上，1999：302, 312）。

現在の宮崎県は、北は大分、西は熊本、南西は鹿児島に接し、南東は日向灘に面している。面積は7,734㎢で九州では鹿児島につぐ広さであるが、森林面積が全体の3／4を占めているため、交通基盤の整備が十分進んでおらず「陸の孤島」といわれている。

また人口は112万人、市町村数は26（9市14町3村）だが、県内の居住可能地域は全体の23％ほどしかないため、県民人口の約1／3が県庁所在地である宮崎市（40万人）に集中している。次いで人口が多いのは、都城市（16.8万人）、延岡市（12.9万人）、日向市（6.3万人）と沿岸部もしくは県南地域であり、逆に過疎化が進んでいるのは熊本県境側中山間の町村（西米良・椎葉・諸塚・美郷・日之影・五ケ瀬など）である。

次に県内産業に目を向けると、観光業では、戦前は「皇祖の地」として参拝客を集め、また戦後は宮崎交通を中心に「南国の地」としての観光開発を行い新婚旅行客を集めた（森津，2011）。この新婚旅行ブームは、ピークの1972年には全国の新婚旅行客の1／3が宮崎を訪れたと言われている（白幡，1996：177）。しかし、沖縄返還や円高進展による海外旅行の増加などで、次第に宮崎の南国イメージは薄れるようになり、1970年代半ば頃から観光客数は伸び悩んでいった。さらに1988年には、観光宮崎の復活をかけ、宮崎県、宮崎市、県内企業などが出資しフェニックスリゾート株式会社が設立されたが、一度も黒字を計上することなく2001年には会社更生法を申請した。近年では、2007年に就

任した東国原前知事の宣伝により、その年は観光客が18万人（前年比105.5％）増加したが、その後は前年比割れが続いている。

農林水産業については、産業特化係数が3.4と高く、さらに農業産出額の6割が畜産であり県の基幹産業のひとつとなっている（宮崎県：2011, 2013）。しかし、2010年に発生した口蹄疫により大きな打撃をうけ、宮崎県では5年間で2,350億円の損失と試算している（朝日新聞2010, 8, 10）。

2　宮崎県の地域メディアの特質

ここではまず本稿における「地域メディア」について整理をしたい。そもそも地域メディアとは「一定の地域社会をカバレッジとするコミュニケーション・メディア」であるが、ここでいう「一定の地域社会」とは何をさすのか（竹内郁郎, 1989：3）。広義ではパブリック・アクセスの理念から住民自身が参加し構築されていく「コミュニティ」を指す場合、もしくはメディアそのものが地域を形成するという論点もあるだろう（小川, 2005）。しかし本稿では、電波3法成立にあたり、GHQの「ファイスナーメモ」が地域の可視化、顕在化のため民放免許を都道府県単位で与えた理念に従い、基本的に県域を地域メディアがカバレッジする「地域」と捉える（音, 2006：51）。

さらにその地域をカバレッジする「コミュニケーション・メディア」についても、地方局、地域紙、タウン誌、ケーブルテレビなどインターネット普及以前からのメディアを中心と捉える立場と、インターネット上のブログやSNS、掲示板など様々なコミュニケーション空間を中心とする立場に分かれるが本稿では、前者の在来型メディアを「地域メディア」の中心と捉える立場で分析をすすめていく（山田, 2012：3）。その理由は、宮崎県は県域民放局が2局という全国的にも特殊なメディア状況にもかかわらず、今まで学術的な分析や調査がほとんど進んでおらず、まずは、地域住民が従来型の情報環境の中でどのように情報を得ているのかを把握する必要があるからである。また宮崎県は、平

成13年度の時点で全体に占める65歳人口割合が21％に達し、県予想では平成32年度には県民の3人に一人は65歳という超高齢化社会である。県内インターネット普及率も、全国平均79.1％を下回る68.3％という状況で、地域情報の送り手として、在来型メディアが一定の役割を担っていることが予想される（宮崎県, 2013）。もちろん宮崎にもインターネット上の「地域メディア」は存在し、宮崎放送関連会社のDENSANが運営している総合情報サイト「miten」は月間500万件アクセスを記録し、県民の情報源のひとつとなっているが、今回は分析の対象外とする。

以上、本稿における「地域メディア」の範囲を確認したところで、次に宮崎にどのような「地域メディア」があるのかみていきたい。新聞では宮崎日日新聞、夕刊デイリー（県北地域のみ）、タウン誌として『タウン宮崎』がある。またテレビ放送では宮崎放送（MRT）、テレビ宮崎（UMK）、NHK宮崎局、CATVは宮崎ケーブルテレビ（1996〜宮崎・国富・綾・西都）、BTUケーブルテレビ（1997〜都城・日南・三股・南郷・北郷・野尻・高原・財部・鹿児島一部）、ケーブルメディアワイワイ（1991〜延岡・日向・門川・高千穂・美郷・日之影）、美郷町ケーブルテレビジョン（2001〜美郷町）の4社がある。ラジオは、宮崎放送系列のMRTラジオ（AM）、テレビ宮崎系列のFM宮崎（改称してJOYFM）、コミュニティFM局としてサンシャインFM、FMのべおか、シティエフエム都城、FMひゅうががある。

次に今回の主な調査対象である宮崎日日新聞、宮崎放送、テレビ宮崎について詳しく述べていく。

(1) 宮崎日日新聞（日向日日新聞）

宮崎県で最初に創刊した新聞は、1888年の「宮崎新報」である。その後、県内に新聞社が乱立したが、 県 紙の国策に従い、1940年に県内日刊紙9紙を統合して「日向日日新聞」が創刊される。そして創刊20周年迎えた1961年、「日向」よりも「宮崎」の地名の方が県内外で浸透しているという理由で、「日

向日日新聞」から「宮崎日日新聞（以下、宮日）」へと名称を変更した（宮崎日日新聞社社史編さん委員会, 2001：p397）。

　また戦後も、宮日は「地方文化を高め平和日本の確立に寄与せんことを期す」「常に県民の自由を守り迅速公正なる報道言論によって地方民に奉仕せんことを期す」等独自の「編集綱領」を定め、地域ジャーナリズムの一翼を担った。1954年ラジオ宮崎（宮崎放送の前身）の設立に参加した際には、本社編集局にラジオ部をつくり「日向日日新聞ニュース」を提供し、地域のテレビ局とも積極的に連携し情報発信していた。しかし1969年のテレビ宮崎設立にも参加した際、郵政省から「2社への出資はできない」と指導を受け、宮崎放送から撤退した（宮崎日日新聞社社史編さん委員会, 2001：412）。

　また県内の文化芸術、スポーツの振興にも取り組み、「宮日音楽コンクール」や「南九州駅伝競走大会」などを主催しており、同社関連企業は、宮日広告株式会社や宮日文化情報センターほか9社ある。

　現在、宮日の発行部数は21万4,875部（朝刊のみ）、県内での市場占有率は66.9%（2012年10月現在、ABC協会調べ）、紙面は30ページ、地域面は「県央」「日南・串間」「きりしま」「児湯・西都」「県北」に分かれている。

　また2010年宮崎で口蹄疫が発生した際には、地域に根差した取材を行ったとして農業ジャーナリスト賞を受賞、翌2011年にはその取材をまとめた『ドキュメント口蹄疫』を出版している。

(2) **宮崎放送**

　1959年にNHK宮崎放送が県内最初のテレビ放送を開始し、宮崎放送はその翌年1960年に開局した。宮崎では民放局の開局が遅れており、宮崎放送は全国民放で43番目の開局であった。当初、ラジオ南日本が宮崎市に中継放送局を作ろうと動いたが、日向日日新聞（現宮崎日日新聞）社長が「宮崎資本のテレビ局を」と呼びかけ、県内で出資が集まり開局に至ったといわれている（宮崎放送開局三十周年記念事業委員会, 1984：4）。

その後1960年代には、聖火リレー中継をはじめ、ドラマやドキュメンタリーなどを制作した。1970年代以降は、県内44市町村から2市町村がお国自慢対抗合戦をする「しゃんしゃんみやざき」というバラエティ番組や、歌番組「MRT10人抜き 歌のチャンピオン」など多様な自社制作番組も放送していった（宮崎放送開局三十周年記念事業委員会, 1984：23, 36）。また1974年には、九州初の夕方ローカルニュースワイド「MRTニュースワイド」を放送し、この番組は現在も「MRTニュースNext」と名前を変えて継続している。

現在の宮崎放送は、ニュースはJNN系列だが、その他ジャンルについては日本テレビ、テレビ朝日の番組も一部放送している。またグループ会社は、広告代理店のMRTアド、デンサン、MRT MICCの3社がある。

宮崎放送の現在の自社制作番組は全体の約10％程度であり、主な自社制作番組としては1984年に放送開始された午前のローカルワイド番組（現在は「アッパレ！miyazaki（水～金9：55-10：45）」、先の「MRTニュースNext（月～金6：15-6：55）」、地域情報番組の「わけもんGT（毎週水曜20：00～21：00）」等がある。

ゴールデンタイムに放送される「わけもんGT」は、地域に密着し地域の放送資源を発掘するというコンセプトで制作され、当初はスタジオに宮崎の「わけもん（若者）」を集め、スタジオとVTRをつなぐ形式で進行していたが、現在はVTRのみの番組構成となっている。メイン企画は、藤岡弘、が県内各所を訪れる「宮崎ぶらり旅」のコーナー、その他に若者へのメッセージ「わけもんにほえろ」や、県内商店街紹介の「商店街盛り上げ隊」や「凄腕料理人リレー」などがある。

(3) テレビ宮崎

テレビ宮崎は、1970年にフジテレビ、日本テレビ、テレビ朝日のクロスネット局として開局した。宮崎ではVHF局の宮崎放送が先行して放送を開始していたが「地方でもNHKのほかに民放2局はみられるように」という郵政省の

電波再編成対策のもと、1964年に新たな UHF 局の設置に向け動き出した。新局１局に対し県内外の12社が競合したが、各社調整により一本化していくなかでクロスネットは「いわば暗黙の了解事項」となった（テレビ宮崎10年のあゆみ編集委員会, 1983：85）。その結果、基幹ニュース枠については、朝のニュースはフジテレビ、昼はテレビ朝日、夜は日本テレビと決まり、現在でもほぼそのまま維持されている。その他の番組・時間帯については、当時ネットワーク体制の強化に意欲的であったフジテレビがおさえていくこととなり、全体としてはフジテレビ６、日本テレビ２、テレビ朝日２の比率で編成されることとなった（テレビ宮崎10年のあゆみ編集委員会, 1983：86）。

　現在は自社制作が10％、フジテレビが56％、日本テレビが20％、テレビ朝日が７％、その他７％という番組編成率である（2011年７月現在）。また、関連会社として広告代理店、OA 機器関係、コンピュータ関係など６社があり、CSR 経営の一環として、音楽イベント「UMK SEAGAIA Jam Night」や、「UMK 青少年スポーツフェスタ」「宮崎国際音楽祭・UMK クラッシクス」などを開催している。

　主な自社制作の番組は、夕方の「UMK スーパーニュース（月～金17：54～，土日17：30～）」、地域情報番組「U-doki」（毎週土曜17：56～19：00）、また県内スポーツを扱った「M スポ（毎週土曜11：30～11：45）」などがある。また土曜昼に放送しているローカルワイド番組は1977年「さんさんサタデー」より継続しているローカル枠であり、現在では「マッポス（毎週土曜12：00～12：54）」という地域情報番組が放送されている。

3　地域メディア利用実態調査

(1) 調査概要

　今回の調査対象地区である生目台地区は、宮崎市内南西に位置する住宅地である。宮崎市は平成18年に近隣の佐土原、田野、高岡の３町と、さらに平成23

年には清武町と合併し、人口40万人、市域面積が644平方キロメートルの宮崎県の中核市である。その中でも生目台地区は、市営・県営の集合住宅と戸建住宅が混在し家族世帯が多い地区である。そのため市内他の地区に比べると高齢化率は低く、市内高齢化率平均が21.2％であるのに比べ生目台地区は12.1％である（宮崎市，2011）。

調査は2013年7月に実施し、生目台東1丁目から5丁目、西1丁目から5丁目の全3,351世帯を対象に調査用紙を配布し、郵便返送により791枚を回収した。調査内容は、主に地域メディアの利用と評価、また個別の地域ニュース報道への評価についてである。

調査結果は、回答者791人のうち、男性47％、女性53％、年齢は50代（32％）、60代（30％）が中心で、その他70代以上が17％、20代以下は5％、30代6％、40代8％であった。また宮崎出身者が78％、宮崎以外の九州出身者が12％、九州外出身者が9％であった。世帯形態は家族が92％、単身が7％、職業は会社員・公務員・自営業が34％　専業主婦・パートアルバイトが33％、無職27％、学生その他が6％であった。

(2)　**有料放送への加入**

今回の回答者のうち、76％が有料放送に加入していた。加入している有料放送の内訳は表Ⅱ－1のとおりで、ケーブルテレビ加入者が65.2％と過半数を占めている。調査対象地域は、宮崎ケーブルテレビ株式会社（以下MCN）のサービスエリアで、MCNではベーシックプランとして地上波デジタル6ch（日テレ系列は鹿児島読売テレビ、テレビ朝日系列は鹿児島放送）、CSチャンネル43ch、BSチャンネル9ch、コミュニティチャンネル1chが視聴可能である。

平成25年度の全国ケーブルテレビ平均普及率は50.6％。九州地区では県域民放3局の大分県と1局の佐賀県（隣接県民放は視聴可能）が全国平均より高いが、宮崎県全体の平均は43.4％と全国平均を若干下回っている（総務

表Ⅱ-1　加入している有料放送

CATV	65.2%（409人）
BS	25.7%（161人）
スカパー	4.5%（28人）
その他（WOWOWなど）	4.6%（29人）
合計	100%（のべ627人）

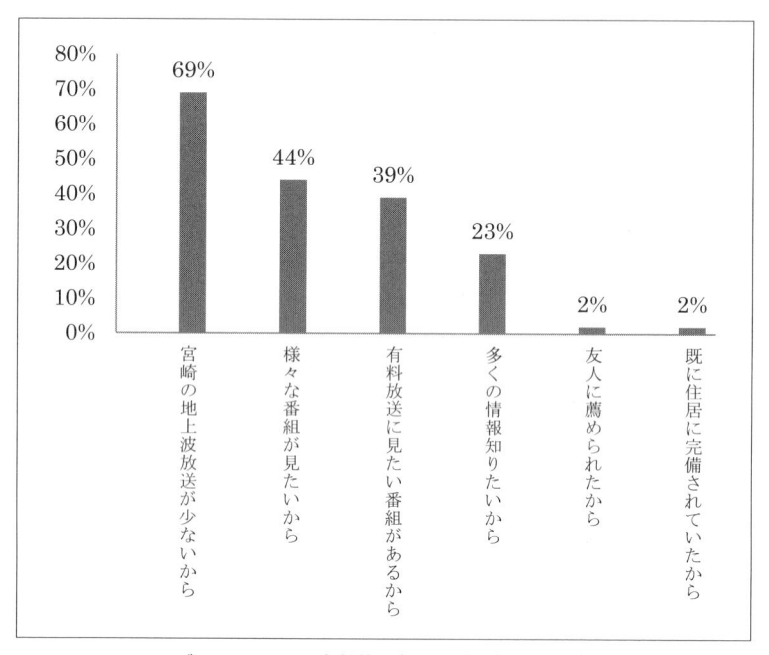

グラフⅡ-1　有料放送加入理由（複数回答）

- 宮崎の地上波放送が少ないから　69%
- 様々な番組が見たいから　44%
- 有料放送に見たい番組があるから　39%
- 多くの情報知りたいから　23%
- 友人に薦められたから　2%
- 既に住居に完備されていたから　2%

省,2013)。今回調査対象の生目台地区は家族世帯が多いため、宮崎県平均よりも高い加入率となったことが考えられる。

また有料放送加入の理由としては、全体の7割近くが「地上波放送が少ないから」と答えている。一方、「様々な番組を見たい」「有料放送に見たい番組がある」「多くの情報を知りたいから」と積極的に情報を求めて有料放送に加入

した人は、それぞれ加入者全体の半数以下であった（グラフⅡ-1）。その他の加入理由としては、「地デジを見るため」「鹿児島放送を見るため」などがあげられた。

(3) 新聞購読

　次に新聞についてだが、回答者の89％が新聞を定期購読しており、購読紙の内訳は表Ⅱ-2のとおりである。宮崎県内の新聞普及率は68.8％だが、今回の回答者は単身ではなく家族世帯が中心であったため、購読率が高くなったことが考えられる。内訳は宮崎日日新聞55％、朝日新聞23％、読売新聞10％、日本経済新聞4％と、宮崎県内のシェアと比較して宮崎日日新聞が低く、朝日新聞が高くなっている。

　年齢や性別、また職業による購読紙の違いはなかったが、出身地による違いがあり、宮崎日日新聞 (P〈0.01) については県内出身者が、朝日新聞 (P〈0.05) 毎日新聞 (P〈0.01) 日本経済新聞 (P〈0.05) は県外出身者がより購読している傾向があった。

　また宮崎日日新聞を評価する点としては、購読者のほとんどが「身近な話題が多い」「宮崎の情報が多い」をあげており、地域に根差した取材活動が高く評価されている一方で、「世界の動きがわかる」という点を評価したのは半数程であった（グラフⅡ-2）。

(4) 各メディアの視聴頻度と信頼度

　次に、日常的にどのようなメディアを利用しているかについてみていく（表Ⅱ-3）。まず全体としては、新聞、テレビ、インターネット（PC）、ラジオ、雑誌の順で視聴頻度が高い。インターネットの利用については、全国平均がPC利用68.3％、携帯利用52.2％なのに対し、今回の調査結果は携帯のネット利用が低かった（総務省, 2012）。

　また年齢・性別で比較すると、年齢が高い方は新聞 (P〈0.01)、ラジオ (P

表Ⅱ-2　定期購読紙

	今回調査	宮崎県内シェア（2012年10月時点）
宮崎日日新聞	55%（423）	67%
朝日新聞	23%（175）	11.3%
読売新聞	10%（76）	11.1%
日本経済新聞	4%（34）	3%
毎日新聞	3%（26）	7.1%
産経新聞	1%（4）	0.2%
西日本新聞	0%（2）	0.5%
その他	3%（25）	－
合計	100%（765）	－

日本ABC協会「新聞発行社レポート（2012年10月）」より作成

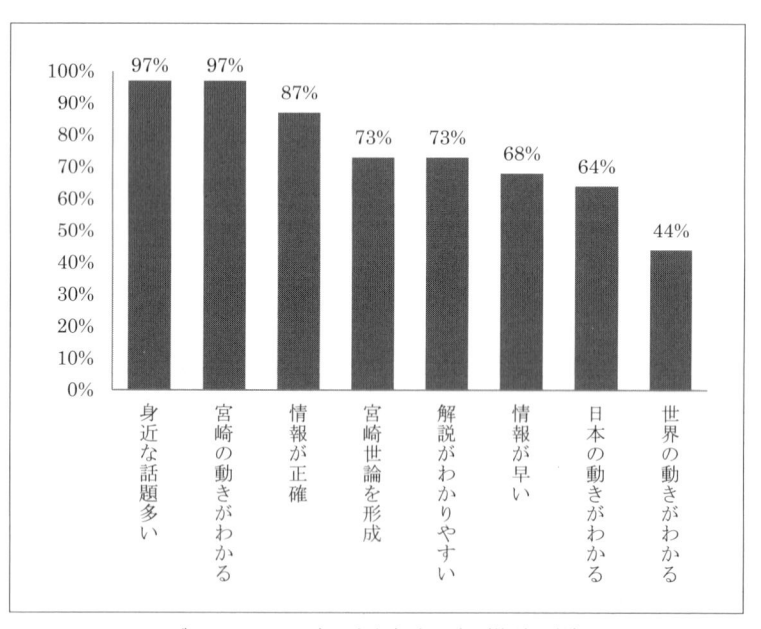

グラフⅡ-2　宮日を評価する点（複数回答）

- 身近な話題多い 97%
- 宮崎の動きがわかる 97%
- 情報が正確 87%
- 宮崎世論を形成 73%
- 解説がわかりやすい 73%
- 情報が早い 68%
- 日本の動きがわかる 64%
- 世界の動きがわかる 44%

第Ⅱ章　地方都市における地域メディアの役割とその受容実態について

⟨0.01⟩の視聴頻度が高く、年齢が低い方は雑誌 (P ⟨0.01)、インターネット（PC (P ⟨0.01) ／携帯 (P ⟨0.01)）の視聴頻度が高い傾向が見られた。またテレビ視聴については、従来の研究では若い層ほど見ないという傾向があるが、今回の調査では年齢による有意差は見られなかった（小川：2011）。さらに今回の調査では、女性よりも男性の方が、新聞 (P ⟨0.01)、インターネット（PC）(P ⟨0.01)の視聴頻度が高かった。

次に各メディアに対する信頼度についてみていく（表Ⅱ-4）。まず全体的に、テレビ、ラジオに対しては9割程が「信用している」と回答し、年齢・性別での有意差はなかった。また視聴頻度と信頼度においてメディア間でやや強い相関があったのは、インターネット（PC）(r=0.422, P ⟨0.01)（携帯）(r=0.412, P ⟨0.01) であった。

さらに、宮崎の地域メディア別では、宮崎放送、テレビ宮崎、NHK宮崎について約9割、次いで宮日を約7割が「見る」と答え全体的にテレビ・新聞の視聴頻度が高かった（表Ⅱ-5）。

年齢・性別では、年齢が高いほど宮崎日日新聞 (P ⟨0.01)、宮崎放送 (P ⟨0.01)、NHK宮崎 (P ⟨0.01)、MRTラジオ (P ⟨0.01) の視聴頻度が高くなる傾向があった。また女性よりも男性の方が、宮崎日日新聞 (P ⟨0.01)、NHK宮崎 (P ⟨0.01)、MRTラジオ (P ⟨0.05) を視聴する頻度が高かった。出身地別では、県外者よりも県内者の方が宮崎日日新聞 (P ⟨0.01)、テレビ宮崎 (P ⟨0.05)、タウン宮崎 (P ⟨0.01) を視聴する傾向があった。

また宮崎放送とテレビ宮崎の視聴頻度にかなり強い相関がみられた (r=0.724, P ⟨0.01)。同様にNHK宮崎と宮崎放送 (r=0.293, P ⟨0.01)、NHK宮崎とテレビ宮崎 (r=0.255, P ⟨0.01)、MRTラジオとFM宮崎 (r=0.314, P ⟨0.01) の視聴頻度にもやや弱い相関があった。つまり、テレビを見る傾向のある人は、ひとつのテレビ局だけをみているのではなく、宮崎の全てのテレビ局をみており、またラジオも同様の傾向があることがわかった。

次に、各地域メディアの信頼度の結果は表Ⅱ-6のとおりである。今回取り

表Ⅱ-3 マスメディアの視聴頻度

	全く見ない／聴かない	ほとんど見ない／聴かない	時々見る／聴く	よく見る／聴く
新聞	4 %	5 %	16%	74%
テレビ	1 %	3 %	26%	71%
ラジオ	15%	23%	43%	19%
雑誌	10%	34%	47%	9 %
インターネット（PC）	23%	12%	28%	37%
インターネット（携帯）	50%	16%	14%	19%

表Ⅱ-4 マスメディアの信頼度

	全く信頼していない	ほとんど信頼していない	まあ信頼している	とても信頼している。
新聞	1 %	4 %	73%	23%
テレビ	1 %	6 %	76%	17%
ラジオ	2 %	9 %	77%	13%
インターネット（PC）	6 %	20%	68%	6 %
インターネット（携帯）	14%	26%	55%	4 %

表Ⅱ-5 地域メディア視聴頻度

	全く見ない／聴かない	ほとんど見ない／聴かない	時々見る／聴く	よく見る／聴く
宮崎日日新聞	18%	14%	20%	48%
宮崎放送	1 %	10%	53%	36%
テレビ宮崎	2 %	10%	52%	37%
NHK宮崎	4 %	9 %	37%	49%
FM宮崎	32%	27%	32%	9 %
MRTラジオ	29%	30%	32%	9 %
タウン宮崎	43%	28%	25%	4 %

第Ⅱ章 地方都市における地域メディアの役割とその受容実態について

表Ⅱ-6 地域メディア信頼度

	全く信頼していない	ほとんど信頼していない	まあ信頼している	とても信頼している。
宮崎日日新聞	2%	3%	78%	17%
宮崎放送	1%	3%	80%	16%
テレビ宮崎	1%	4%	79%	16%
NHK宮崎	1%	2%	69%	28%
FM宮崎	3%	8%	79%	10%
MRTラジオ	2%	7%	78%	13%

上げた全ての地域メディアに対し9割程度が「まあ／とても信頼している」と回答した。

年齢・性別では、MRTラジオ (P〈0.05) は年齢が高いほど信用度が高く、タウン宮崎 (P〈0.01) は若い層の信頼度が高かった。さらにテレビ宮崎 (P〈0.05)、MRTラジオ (P〈0.05)、タウン宮崎 (P〈0.05) は、男性より女性の信頼度が高かった。

また宮崎放送とテレビ宮崎の信頼度に非常に強い相関がみられた (r=0.848, P〈0.01)。同様に、かなり強い相関があったのは宮日と宮崎放送 (r=0.675, P〈0.01)、宮崎放送と同系列のMRTラジオ (r=0.618, P〈0.01)、MRTラジオとFM宮崎 (r=0.727, P〈0.01)、またそれ以外の地域メディアの信頼度についても、それぞれやや弱いから強い相関があった。

また、視聴頻度と信頼度の間に弱い相関がみられたのは、宮崎日日新聞 (r=0.201, P〈0.01)、宮崎放送 (r=0.262, P〈0.01)、テレビ宮崎 (r=0.314, P〈0.01)、NHK宮崎 (r=0.225, P〈0.01) であった。

今回の調査では、全体として新聞、テレビ、ラジオなどの在来型メディアに対する視聴頻度・信頼度は高く、地域メディアについても同様の結果であった。

(5) よく視聴するテレビ番組

次に、よく視聴しているテレビ番組について、具体的な番組名をまとめたのがグラフⅡ-3（全国番組）とグラフⅡ-4（地域番組）である。全国番組の場合は、NHKの番組があげられる傾向があるものの、視聴している番組のジャンルは多様である。しかし地域番組の場合、あげられる番組はニュースと情報番組（自治体広報番組も含む）に偏った。これは、現在制作されている地域番組自体のジャンルがもともと限られており、そのほとんどがニュースか情報番組であることが影響している（グラフⅡ-5）。ニュース、情報番組以外で名前があがったのは、数は少ないが、テレビ宮崎が放送しているドキュメンタリー「宮崎偉人伝ひむかの群像」であった。「宮崎偉人伝ひむかの群像」は平成23年度より3カ月に一度のペースで不定期に宮崎出身の「偉人」を取り上げた番組である。

また、全国／地域番組を視聴する理由を比較したのがグラフⅡ-6である。全国番組は、「内容や出演者が魅力的」「勉強になる」をあげた人が多く、地域番組は「地域情報がわかる」が多かった。地域番組は娯楽としてよりも「情報源」として捉えられており、他には「知り合い／自分が出演しているから」という回答もあった。

(6) 地域ニュース報道に対する評価

次に地域メディアのニュース報道に対する評価をみていく。今回は2010年の「口蹄疫報道」、2011年の「新燃岳噴火報道」、2013年「鵬翔高校・高校サッカー選手権優勝報道」の地域ニュースについて評価をしてもらった。

まず、地域メディア報道全体に対する評価はグラフⅡ-7のとおりである。どの地域ニュースに対しても比較的評価が高かったのは「当事者の声をきく」「情報が多い」「情報が早い」という点であった。一方「解説がわかりやすい」「情報が正確」という点については、ニュースにより差がでた。また「口蹄疫報道」「鵬翔高校優勝報道」については「当事者の声をきく」点を評価した人

第Ⅱ章　地方都市における地域メディアの役割とその受容実態について

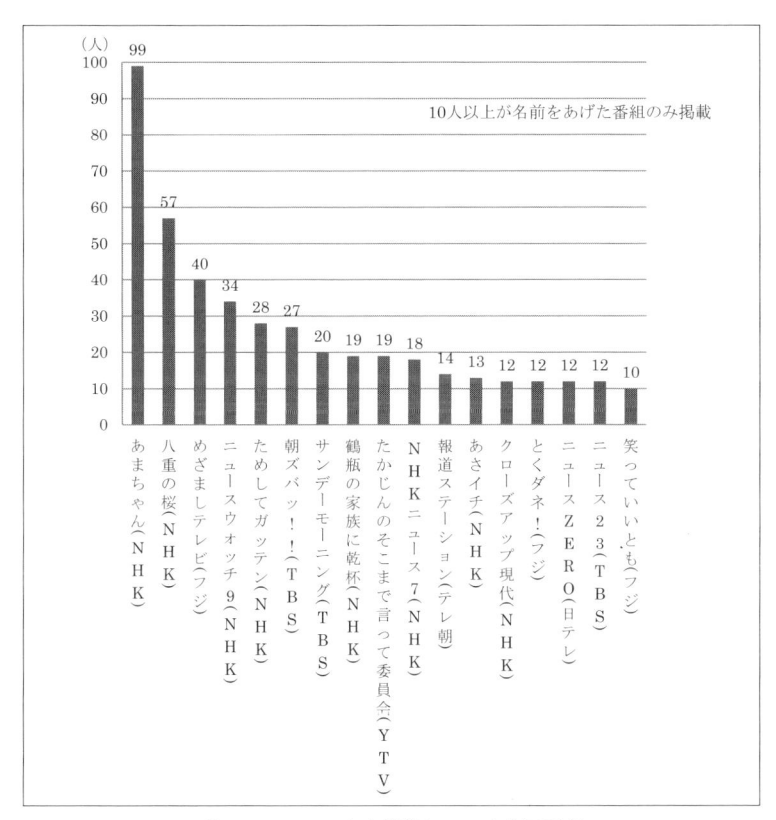

グラフⅡ-3　よく視聴している全国番組

（棒グラフ：10人以上が名前をあげた番組のみ掲載）

- あまちゃん（NHK）　99
- 八重の桜（NHK）　57
- めざましテレビ（フジ）　40
- ニュースウオッチ9（NHK）　34
- ためしてガッテン（NHK）　28
- 朝ズバッ！（TBS）　27
- サンデーモーニング（TBS）　20
- 鶴瓶の家族に乾杯（NHK）　19
- たかじんのそこまで言って委員会（YTV）　19
- NHKニュース7（NHK）　18
- 報道ステーション（テレ朝）　14
- あさイチ（NHK）　13
- クローズアップ現代（NHK）　12
- とくダネ！（フジ）　12
- ニュースZERO（日テレ）　12
- ニュース23（TBS）　12
- 笑っていいとも（フジ）　10

が多かった。

　さらに地域メディア別ではほとんど評価に差はなく、どの地域ニュースについても、宮崎日日新聞、宮崎放送、テレビ宮崎、NHK宮崎の報道に対し9割近くが「評価する」と答えた（表Ⅱ-7）。全ての地域メディアに対する評価が高いため、回答者の属性別でも大きな違いは見られず、「口蹄疫発生に対する全国メディア報道」についてのみ、県外出身者ほど全国メディアに対する評価が高かった（P〈0.01）。

　ところで、表Ⅱ-8をみると、地域ニュース報道に対する評価は、ニュース

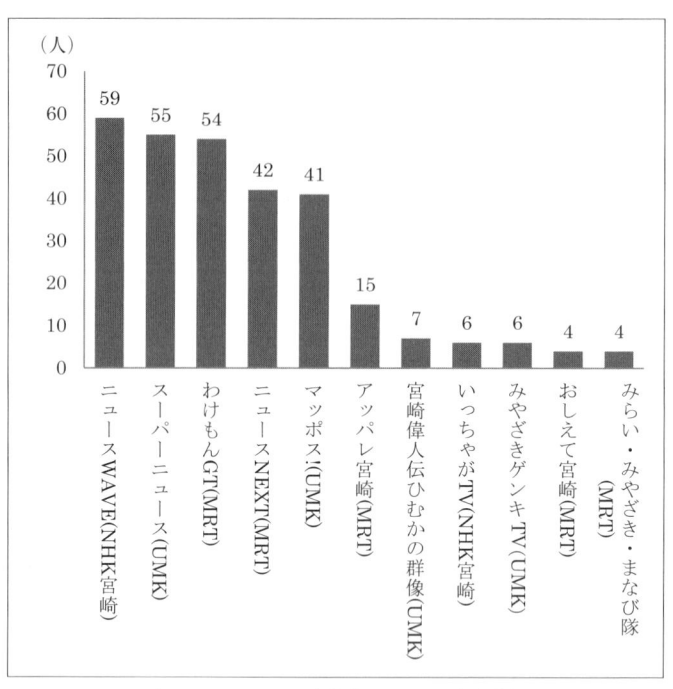

グラフⅡ-4 よく視聴している地域番組

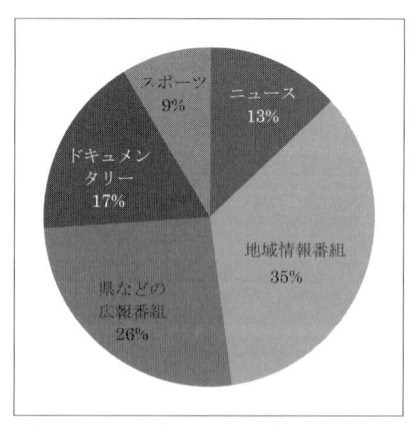

グラフⅡ-5 宮崎の地域番組のジャンル

第Ⅱ章　地方都市における地域メディアの役割とその受容実態について

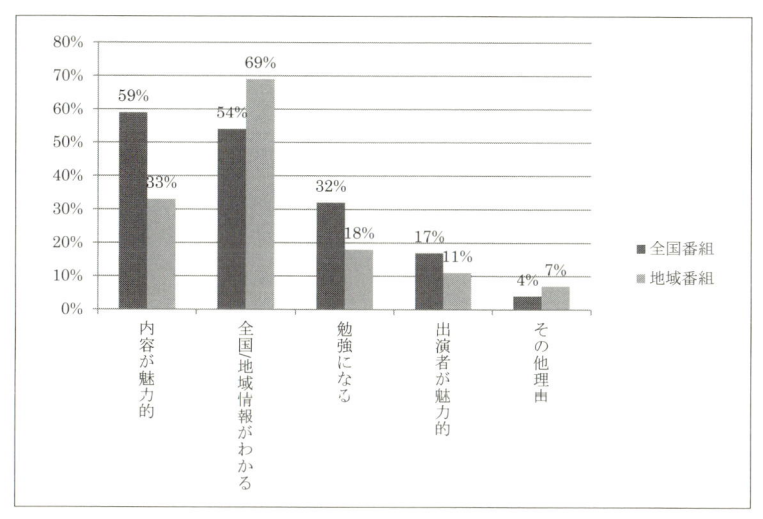

グラフⅡ-6　番組を視聴する理由

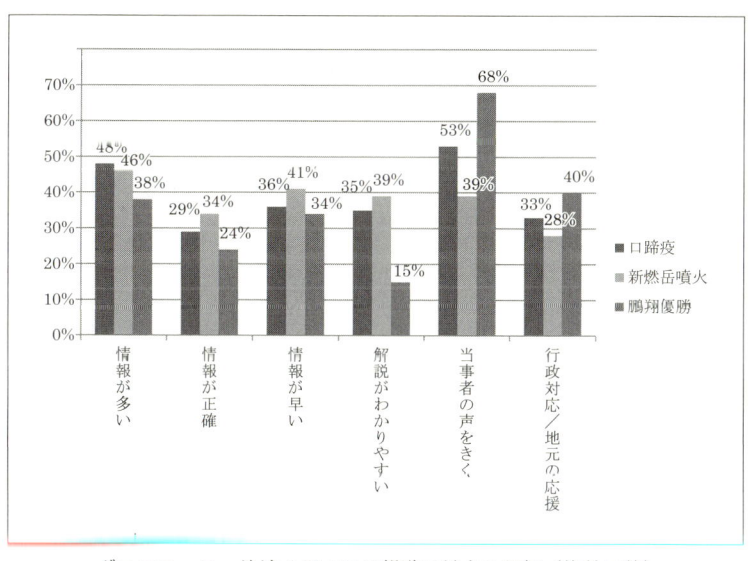

グラフⅡ-7　地域メディアの報道に対する評価（複数回答）

表Ⅱ-7　各ニュース報道に対し「評価する」と答えた人の割合

	口蹄疫発生	新燃岳噴火	鵬翔優勝
宮崎日日新聞	91%	93%	92%
宮崎放送	92%	93%	92%
テレビ宮崎	91%	93%	90%
NHK宮崎	92%	93%	90%
全国メディア	70%	68%	70%

表Ⅱ-8　メディア別ニュース報道に対する評価の相関行列

	1-a	1-b	1-c	1-d	1-e	2-a	2-b	2-c	2-d	2-e	3-a	3-b	3-c	3-d
1-a 口蹄疫評価宮日														
1-b 口蹄疫評価MRT	.777**													
1-c 口蹄疫評価UMK	.737**	.912**												
1-d 口蹄疫評価NHK	.705**	.805**	.791**											
1-e 口蹄疫評価全国	.403**	.481**	.531**	.497**										
2-a 新燃岳評価宮日	.574**	.510**	.503**	.516**	.305**									
2-b 新燃岳評価MRT	.523**	.626**	.589**	.569**	.346**	.813**								
2-c 新燃岳評価UMK	.476**	.581**	.629**	.544**	.372**	.799**	.915**							
2-d 新燃岳評価NHK宮崎	.465**	.530**	.532**	.647**	.352**	.729**	.806**	.781**						
2-e 新燃岳評価全国	.209**	.317**	.351**	.343**	.562**	.408**	.461**	.486**	.474**					
3-a 鵬翔優勝宮日	.408**	.356**	.352**	.361**	.207**	.468**	.399**	.399**	.385**	.254**				
3-b 鵬翔優勝MRT	.323**	.410**	.335**	.373**	.196**	.319**	.372**	.318**	.323**	.238**	.769**			
3-c 鵬翔優勝UMK	.333**	.418**	.465**	.425**	.329**	.398**	.424**	.455**	.405**	.351**	.783**	.772**		
3-d 鵬翔優勝NHK宮崎	.355**	.411**	.438**	.485**	.354**	.405**	.427**	.439**	.463**	.358**	.705**	.665**	.794**	
3-e 鵬翔優勝全国	.156**	.266**	.312**	.252**	.439**	.226**	.287**	.314**	.265**	.516**	.387**	.370**	.494**	.534**

表中の統計量はr:Pearsonの相関係数　　＊＊．相関係数は1％水準で有意（両側）

ごとで相関が高いことがわかる。例えば「口蹄疫報道」について、宮崎日日新聞を高く評価している場合は他の地域メディアの「口蹄疫報道」についても高く評価する傾向があり、他2つのニュースについても同様の傾向がみられた。これは、地域メディアの報道全体を高く評価しているということもできるが、また別の角度からは、視聴者は各地域メディアの報道内容の違いを認識し評価しているのではなく、地域メディアを一つのまとまりとして捉えているということもできる。宮崎に限らず、地域放送局で制作される番組は、ニュースソー

スが乏しく、さらに番組制作費も潤沢ではないという状況がある。その結果、地域番組間の差異化が難しく、似たようなスタジオセットの番組で同じ情報を同じような論調で伝えがちである。例えば「鵬翔高校優勝」では、2013年1月26日に市内で祝賀パレードが行われたが、その様子を宮崎放送、テレビ宮崎ともに生中継で特別番組を放送し、ニュースでも同じ映像が使われた。地域メディアは、「その時」地域に密着した情報を伝えようとすればするほど、各局が同じニュースに集中してしまい、結果として地域放送の多様性という点から遠ざかってしまうという矛盾を抱えている（小川, 2005）。

　ここまで、今回の調査結果から、宮崎において従来型のメディアがどのように視聴・評価されているかについてみてきた。まず今回調査対象の生目台地域は、宮崎県の平均よりも新聞購読率、CATV等有料放送加入率が高く、比較的メディア視聴接触が高い地域ということができる。また年齢別では、新聞・ラジオについては年齢が高いほど視聴している一方で、インターネットと雑誌については、年齢が低いほど視聴頻度が高かった。また従来型メディアに対し9割が「まあ／とても信頼している」と答え、全体的に信頼度が高かった。

　また今回明らかになったのは、まず地域の各メディアに対する視聴・信頼は互いに相関しているということであった。特に民放2局間の相関は強く、宮崎放送をよく視聴また高く信頼している人は、テレビ宮崎に対しても同じ傾向であった。さらに地域メディアのニュース報道に対してもこの傾向は見られ、各ニュースで宮日、宮崎放送、テレビ宮崎、NHK宮崎に対する評価に強い相関がみられた。ここから考えられるのは、宮崎では、従来型地域メディアに対する視聴頻度および信頼度は高いが、それは各媒体別に内容を認識・評価しているのではなく、地域メディアまとめての漠とした評価ではないかということである。つまり、各社の報道姿勢や番組作りの特色が視聴者に認識されていない可能性があり、地方都市における地域メディアの多様性確保の難しさを示している。

4　ローカルワイド番組の取り組み

　先の調査結果からもわかるように、情報コンテンツが多くない地方都市において、地方局がそれぞれ特色をだして番組を制作するのは難しい。しかし一方で、宮崎の地方局ではここ1～2年、新しい試みの情報番組が誕生している。ひとつは宮崎放送制作の「わけもんGT」(2011年より放送) である。この番組は、タレントの藤岡弘、を番組企画の中心に据え、平日のゴールデンの時間帯にローカルワイドを放送することで、宮崎の地域番組の中での差別化に成功し、認知度をあげている。

　またテレビ宮崎では、長年続いている土曜昼のローカル番組枠 (12～13時) において、新しい企画が誕生している。テレビ宮崎の土曜昼のローカル番組は、1979年より「さんさんサタデー」、「UMK土曜メッセ」(1992年～1995年)、「ジャガジャガ天国」(1995年～2012年)、「マッポス」(2012年4月～) と番組名を変えながら30年以上続いており、地域においても「ローカルワイドの枠」として定着している。

　現在放送されている番組「マッポス」は、宮崎弁で「どまんなか」という意味で「宮崎のための宮崎による宮崎が喜ぶ番組作り」をコンセプトとし、局アナウンサー5人と県内タレント2人が出演している。天気予報・プレゼントクイズなどを除いた主な番組内の企画は表Ⅱ-9のとおりである (森津, 2013)。

　「マッポス」は、基本的には地域情報を伝える番組だが、その伝え方 (手法) は次の3つに分けられる。まず①開催中のイベント、街の店のリポート (おじゃマッポス／サタメシ／奇天烈珍道中)、次に②出演者が祭りなど地域文化を体験しながら紹介 (おじゃマッポス)、③昔の映像や街頭調査をもとに宮崎の歴史文化を振り返る (あん頃探偵団) というものである。特に③の形式は宮崎のローカルワイドの企画の中では珍しく、その内容を詳しくみていきたい。

　「あん頃探偵団」は、昔宮崎で流行っていたモノや文化等を振り返り、調査、

第Ⅱ章　地方都市における地域メディアの役割とその受容実態について

表Ⅱ- 9　「マッポス」(UMK 制作)の番組企画一覧

企画		内容
黒潮ファイトクラブ	VTR/生中継	地域の文化に挑戦／名人技を紹介 例）イセエビ漁（北浦町）、しし狩り（椎葉村）、御田祭り準備〈美郷町〉
おじゃマッポス	VTR/生中継	現地にお邪魔／参加して盛り上げる 例）霧島ファクトリーガーデン秋祭りレポート、流しそうめん発祥の地紹介
奇天烈珍道中	VTR/生中継	県内市町村を Facebook 等で情報を集めめぐる
サタメシ	VTR/生中継	グルメ紹介 新しい店、季節の食材を扱った店等を紹介
あん頃探偵団	VTR	県内の懐かしい「あのころ」を調査・再現 例）宮交納涼バス再現、「オラビテ」再現、懐かしの宮崎のデパート調査

※番組 HP および聞き取り調査から筆者が作成（企画は週替わりで放送、また特別企画が入る場合もあり）

再現するという企画である。例として、1960年代に市民から人気を得ていた「宮交納涼バス（宮崎交通）の復活」企画、また「オラビテ（電話等連絡手段がなかった時代、山間部で叫んで連絡していた人）」とは何かを調べ、「本当におらんで（叫んで）伝わるのか」を実証する企画などが放送されている。

　この企画は、テレビ宮崎の土曜昼のワイド番組が長い歴史の中で、「さまざまな企画」を試み、現在の宮崎の情報紹介をほぼやりつくした結果、過去の宮崎の情報を新しい地域情報コンテンツとしてリメイクすることで誕生した（森津, 2011, 2013）。「あん頃探偵団」が放送される回は、ほぼ一時間そのテーマで番組が構成され、番組中では「昔の宮崎」を知る人が語り、当時の映像・写真が放送される。この企画について、制作者は「おじいちゃんおばあちゃんの世代、お父さんお母さんの世代、また子どもの世代、それぞれがこの企画を一緒にみて、話をしてくれればいい。家族の話題になるテーマを取り上げたい」と言っており、年齢の高い視聴者にとっては懐かく、また若い人にとっては「新

(87)

しい宮崎」を知る場ともなっている。(森津, 2013)。

この「あん頃探偵団」の試みは、ローカルワイド番組が、現在の地域情報を伝えるだけではなく、地域情報アーカイブとして機能する可能性を示している。ローカルワイドで制作された番組情報は、日常的にすぐに役立つ身近な情報というだけではなく、この先も地域の文化的・歴史的情報として蓄積され、地域の放送資源として再活用できるのである。また、このように地域情報の紹介の手法をさらに工夫していくことで、番組の多様性を見出していくことも可能である。

おわりに

今回は、宮崎における地域メディアの受容・評価について検討を行った。経済規模の小さい地方都市では、ニュースソースが少ない上に、地方テレビ局が自社制作番組にかけられる人も予算も少なく、地域放送の多様性を維持していくことは簡単なことではない。宮崎の県域民放2局の場合も、それぞれ自社制作番組が一定割合あるにもかかわらず、2つのテレビ局の間に視聴者評価の差はみられなかった。これは宮崎放送、テレビ宮崎ともに、自社制作番組がニュース・情報番組のジャンルに偏っており、特にニュース番組については、ニュースソースが限られるため、結果として同じ様な番組作り、論調になってしまっていることが原因と考えられる。

しかしまた一方で、ローカルワイド番組においては新しい試みも見受けられた。平日ゴールデンタイムへの放送時間変更や、これまでの地域情報の蓄積をいかした企画など、特色ある番組も制作されつつある。今後ますます厳しい状況におかれる地方テレビ局は、地域メディアとしてさらなる特色が求められるため、宮崎の例のように、柔軟な発想で多様な番組作りを目指していく必要があるだろう。

第Ⅱ章　地方都市における地域メディアの役割とその受容実態について

参考文献

朝日新聞社「朝日新聞の販売部数と販売エリア」http : //adv.asahi.com/2013/008.pdf

荒川麻衣子「番組コンテンツとしてのテレビショッピング―九州ローカル局におけるテレビ
　　ショッピング番組割合分析」平成23年度宮崎公立大学卒業論文

小川明子2005「地域とメディア研究の課題」『愛知淑徳大学論集現代社会学部・現代社会学
　　科編』10.

小川明子，ジョンジューヨン2011「地域メディアと住民，そしてコミュニティ活動―豊橋に
　　おけるストーリーテリング・ネットワークの分析から」『愛知淑徳大学論集メディアプ
　　ロデュース学部編』1.

音好宏2006『放送メディアの現代的展開』ニューメディア，pp. 37－69.

坂上康俊，長津宗重，福島金治，大賀郁夫，西川誠1999『宮崎県の歴史』山川出版社.

白幡洋三郎1996『旅行ノススメ』中央公論社　1996.

鈴木健二1999「ローカル・テレビの21世紀」『成蹊大学文学部紀要』第34号.

総務省2012『平成23年度通信利用動向調査の結果』

http : //www.soumu.go.jp/johotsusintokei/statistics/data/120530_1.pdf

総務省流通行政局地域放送推進室2013『ケーブルテレビの現状』

http : //www.soumu.go.jp/main_sosiki/joho_tsusin/pdf/catv_genjyou.pdf

竹内郁郎1989「地域メディアの社会理論」竹内郁郎・田村紀雄編著『新版　地域メディア』
　　日本評論社.

テレビ宮崎10年のあゆみ編集委員会1983『テレビ宮崎10年のあゆみ』株式会社テレビ宮崎.

電通総研2013『情報メディア白書』ダイヤモンド社.

内閣府経済社会総合研究所2013「平成22年度県民経済計算について」

http : //www.esri.cao.go.jp/jp/sna/data/data_list/kenmin/files/contents/pdf/gaiyou1.pdf

宮崎県農政水産部2011『宮崎県の農業2011』

http : //www.pref.miyazaki.lg.jp/parts/000164808.pdf

宮崎県2013『宮崎県畜産再生プラン』

http : //www.pref.miyazaki.lg.jp/contents/org/nosei/chikusan/miyazaki-chikusan/page
　　00048.html

宮崎市2011「宮崎市国勢調査結果報告書」

http : //www.city.miyazaki.miyazaki.jp/www/contents/1365031997642/files/H22
　　kokuseityousakekkasho_1.pdf

宮崎日日新聞社2011『ドキュメント口蹄疫―感染爆発・全頭殺処分から復興・新生へ』農文
　　協

宮崎日日新聞社史編さん委員会2001『宮崎日日新聞60年史』宮崎日日新聞社.
宮崎放送開局三十周年記念事業委員会1984『宮崎放送三十年史』宮崎放送.
宮崎放送開局40周年記念事業委員会1994『MRT 開局40周年記念誌』MRT 宮崎放送.4
宮崎放送開局50周年記念事業委員会2004『MRT 宮崎放送50年史』MRT 宮崎放送.
森津千尋2011.7.29テレビ宮崎への聞き取り調査
森津千尋2013.10.30テレビ宮崎への聞き取り調査
山田晴通2012「平成の大合併と地域メディアをめぐる動向」『コミュニケーション科学』東京経済大学コミュニケーション学会36号.

第Ⅲ章　地域社会とメディアのかかわり
―北海道における事業展開と地域貢献について―

深　井　麗　雄

　はじめに
　1　北海道テレビについて
　2　十勝毎日新聞について
　3　北海道テレビと十勝毎日新聞社の今後と課題

はじめに

　この2年間、沖縄県宮古島市の日刊紙「宮古毎日新聞」（約1万6千部）や同市のCATV「宮古テレビ」（加入約1万1千世帯）、長野県岡谷市の「信州・市民新聞グループ」（4万7千部）のような、各地で多くの読者から支持されている地域紙[1]やテレビ局について研究を進めた。その目的は、地域紙に掲載される膨大な地域ニュースの重要性と地域紙のメディアとしての可能性を探ることにあった。その結果、到達したのは「地域固有の文化や伝統、自然も含めた資産などを背景に、住民が自律的に新たなサービスや商品を生み出し自立した持続可能な生活のための地域情報をこまめに発信することで、読者や視聴者の支持を得られる」ということだった。

　ただし、そういう目的意識で記事や番組が制作され市民の支持が得られたとしても、はたしてメディアの経営にうまく反映されて企業として継続的に運営できるのかどうか。その際、留意する点は何か、というのが本稿の視点である。メディアの在り方などを議論するとき、本来のジャーナリズム論などから

説き起こすケースも多いが、多くの新聞社・放送局が民間企業であることを考えると、一定の収益を上げないと社員の雇用とその諸活動を継続することは不可能である。つまりジャーナリスティックな視点に加え、ユニークな紙面作りや番組作りに関して、経営的にも寄与できるような考え方と工夫が必要ではないか。

　そこで北海道のメディア2社、すなわち北海道テレビ（札幌市）と十勝毎日新聞社（帯広市）の手法について検討し、今後のメディアの一つの生き方を提示したい。結論的に言えば「地元北海道の自然を生かした番組づくりを進めながら、それを海外からの観光客呼び込みに生かすなどの地元貢献を多角的に進めている」（北海道テレビ）、「地元の観光資源や主要産業である農業に関する情報をこまめに生かした紙面づくりを進めるとともに、それを反映させた事業体を新聞社とは別にグループ内で経営し、新たな雇用を確保することで、地元への貢献を進める」（十勝毎日新聞社）ということだ。

　両社に関し上記の視点から行った本格的な分析や提言は管見の限りない。今回2社を選んだのは具体的には主に次のような理由である。

　①北海道テレビは「水曜どうでしょう」に代表されるような、地元情報を生かした番組で地方局では珍しく高い視聴率を獲得している。また十勝毎日新聞社は北海道の最有力紙と比較し、十勝地域においては圧倒的なシェアを維持するなど、両社とも地元では市民から高い支持を得ている。

　②北海道テレビは地方局であるにも関わらず、自社制作番組をアジア各地でも放送し、北海道への観光客誘致に結び付けて具体的な成果を上げている。十勝毎日新聞社は地元の観光資源を生かしたホテル、レストランなども経営する一方、農業の専門雑誌を発行するなどの地域貢献を具体化している。

第Ⅲ章　地域社会とメディアのかかわり

1　北海道テレビについて

(1)　沿革

　北海道テレビ放送株式会社は本社・札幌市豊平区平岸4条に本社を構えるテレビ朝日系列の地方局である。1968年に設立され翌年11月から放送を開始した。1970年にはカラー中継車第1号完成しスキージャンプを初中継している。78年、道内民放では初めて子供向け番組「GO!GO！5時」開始するとともに開局記念ドキュメントドラマ「赤い靴はいてた女の子」を放送した。83年，音声多重放送本放送開始。97年に「トヨタビッグエア」第1回開催（スノーボード大会）した。これは世界最大級のスノーボードストレートジャンプ大会で、北海道の冬スポーツの看板の一つに成長している。2007年には「水曜どうでしょう」がヒットし、全国47都道府県で放送した。2013年にはJFCTVの「HELLO！JAPAN」で「Love Hokkaido」ほかHTB制作番組を放送した。

(2)　高いコンテンツ収入と経常利益率

　従業員数は約180人。業績は次のとおりである。売上高に占める経常利益比率が10％近いのは民放界でもきわめて高い部類に属する。（表は同社のホームページから）

区分	平成22年度	平成23年度	平成24年度
営業収益	14,327百万	14,426百万	14,415百万
経常利益	1,009百万	1,227百万	1,278百万

　代表取締役社長、樋泉実によると年間売上約140億円のうちコンテンツ収入はここ数年20億円前後で推移している。「水曜どうでしょう」のDVDがこれまで累積300万枚を売り上げ、関連商品もコンスタントに全国的に売れ、こうした放送外収入を押し上げている。コンテンツ収入の売上比率は14パーセント

(93)

で地方局の中では突出している。

(3) 番組制作の特徴と「水曜どうでしょう」の成功

　特徴は自主制作の比率が25パーセント前後で、特に深夜枠でバラエテイ番組を増やした。その代表作品が「水曜どうでしょう」だ。1996年から始まった旅番組だが、低予算を貫くため、出演タレントは大泉洋と鈴井貴之のふたりだけ。これにディレクターとカメラマンも同行して制作した。ディレクターのかなり無茶な注文を大泉らが泣く泣く受け入れたり対立する場面をノーカットで放送し、その圧倒的なリアリテイと斬新さが受けた。深夜番組なのに視聴率は平均10％を超え、2年後には23時台に昇格したほどで一時は米国でもオンエアした。2002年に通常放送を終了したが、その後も不定期に新作を制作し、最近では2010年に「原付日本列島制覇」編を放送し、2013年、海外ロケも行った。新作発表の度にコンビニなどでDVDを売り出すが、発売開始1週間で平均10万枚を売り切るほどの人気商品となっている。

　奇妙なことがある。2013年9月7日から3日間真駒内公園で「水曜どうでしょう」のフアンの集いがあった。料金は1日4,000円弱、3日通し券で9,800円だったが発売開始2分で完売したというから、サザンオールスターズ並みの人気である。奇妙なのは参加者の仲間意識が極めて高い点だ。この日新作が紹介されたが数千人の客の中で作品内容をネットで発信したのはわずかに一人だった。担当者によると「楽しみは後にとっておこう」という配慮が仲間内で働いたからだ、という。

(4) 自主制作番組での他の取り組み

　他の地方局と同様、北海道テレビもドキュメンタリー番組に力を入れている。同社のこれまでの受賞番組のうち、ドキュメンタリー番組は1985年以降の28年間に34本に上る。例えば2011年5月に放送された「先生、あのね・・・〜詩集『サイロ』の50年」はテレビ朝日系列24社の「第18回 PROGRESS 賞」を

第Ⅲ章　地域社会とメディアのかかわり

受けた。詩集「サイロ」はまだランプで暮らす人々もいた1960年の十勝で創刊され、2010年に創刊50周年を迎えた。発行するのはNPO法人小田豊四郎記念基金「サイロの会」。十勝では有名な菓子業者、六花亭製菓の創業者、小田豊四郎が子供たちに豊かな詩心を育んでもらおうと、地元小学校の教員らに持ちかけたのがきっかけだった。子供たちの投稿を教師たちが手弁当で編集し、表紙は幕末の志士、坂本竜馬の末裔で山岳画家の坂本直行がボランテイアで引き受けた。サイロは600号を超え、投稿された子供たちの詩は20万編に達する。その後この番組がきっかけとなって「番組上映と詩の朗読会」という組み合わせの地域活動に発展した。2012年から定期的に開催され、2013年7月には十勝の高島小学校で開催され、北海道テレビのディレクターが子供達と朗読したり、連詩づくりに挑戦した。

(5)　アジア戦略
(a)　台湾への進出

　もう一つの特徴は早い時期でのアジア進出だ。1997年に北海道庁やHTVが「東アジアメディアプロモーション協議会」を発足させ、台湾の衛星放送を通じて東アジアの香港、シンガポール、マレーシアなど向けに自主制作番組「北海道アワー」[2]を放送開始した。北海道の自然と文化などを紹介する1時間番組で、いわゆる「東南アジアに雪を降らせる作戦」だ。台北市に本社を構える衛星放送事業者であるJET—TVに参画することで放送枠を取得するというビジネスモデルだった。協議会は2003年に終了したが、その後もHTBが番組を継続し延べ3,000時間ほど放送している。特筆すべきはこの放送で台湾などからの観光客が急増したのだった。添付資料のように北海道経済部などの調査によると97年度は台湾からの観光客が5万3千人だったが、2年後には12万人を超え、2005年度には27万6千人に達した。東日本大震災の影響も受け一時減少したが、2012年度には28万人と往時の水準を取り戻している。台湾からの観光客の急増に引きずられるように東アジア一帯からの客も増え、2000年度には14

(95)

万5千人だったが、5年後には38万人に達した。2012年度にはアジアからの来道者が66万人に達した。HTVによると番組開始時の北海道の観光産業の規模は1兆円だったがその後10年余で倍増したという。勿論、倍増の原因をすべて同社の海外戦略に求めることはできないが、客の増加傾向から最低でも「起爆剤になった」とはいえるだろう。

　HTV国際メディア事業部長、高橋一元によると、他の札幌局も台湾に同様の進出を図ったが、諸権利に関する技術やノウハウの蓄積が十分でなかったのでHTVほどうまくいかなかった。例えばHTVの自主番組に自動翻訳で英語のスーパーを出すことなどだ。

　こうした実績は国内で高く評価され、2007年には情報通信月間総務大臣賞を受賞した。また翌2008年には優れたサービスを提供している企業・団体を選出する「ハイサービス300選」（公益財団法人日本生産性本部）に放送局として初めて入選した。

(b)　その後の拡大と地域貢献

　同じ戦略でHTVは2013年2月シンガポールにも足がかりを作った。台湾と同様、シンガポールの放送会社に参画し番組枠を獲得し、自社制作の北海道紹介番組を放送し始めたのだ。樋泉によると台湾などでの成功は、北海道の企業が東南アジアに進出する際大きな参考事項となっている。現地枠で持っている自主制作番組での情報やブランドイメージ、現地での人脈をHTVが提供することで、現地での営業活動をより円滑に進めることができる。これが同社の実質的な地域貢献であり、北海道内企業のHTVに対する評価につながっている。例えば国土交通省が計画している「北海道国際輸送プラットホーム」がその好例だろう。メディアでただ1社、HTVが当初から参画している。

　このリーディングケースの背景にあったのは、北海道の優れた食材を輸出する際に障壁となっていた「物流費のコスト高」だ。多くの農産物や海産物の生産は各地の農業者や漁業者が行い、製品特性や生産体制から見ても大規模化が

第Ⅲ章　地域社会とメディアのかかわり

　難しく、さらにアジアなどへの輸出は東京が窓口になることから、東京経由で集約化しなければならず、コスト高が課題だった。そこで札幌大学と北海道開発局は平成23年9月に「北海道経済の発展に資する国際物流活性化連携協定」を締結した。札幌大学が①民間ビジネスによる物流やマーケテイングの研究②各国の大学や研究機関などとの交流協定を締結を担当。北海道開発局が①必要なインフラ整備②各種実証実験の実施を担うことになった。平成25年1月には「国際物流を通じた道産品輸出促進研究会」が結成された。参画事業者としてヤマト運輸グループが入り、「連携協定事業者」としてHVTが参加している。この中で「道外の商社任せで必ずしも明らかでなかった海外ニーズの掘り起こし」「言葉の障壁を超えた現地パートナーの確保」「料金回収や通関手続き、検疫などの代行」「道内の生産地から海外に向けたダイレクトな輸送方法の開発」「小口混載便の開発」が今後の課題だ。

　平成24年度までに具体的に着手した実証実験もある。例えば香港では平成24年9月からシンガポールでは平成24年12月から、それぞれ現地の飲食店経営者へサンプルの食材を提供し始めた。アンケート調査の結果、現地企業120社のうち半数の68社が取引を希望したという。また両国・地域に海上での小口混載による冷蔵・冷凍の輸送実験を行った。台湾、香港、シンガポールの納品先まで冷凍・冷蔵で北海道のどこからでも一箱（上限15キロ、縦・横・高さ・が120cmまで）8千円〜1万5千円で恒常的に輸送する実験では半年間で216個1,900㌔の輸送を行った。

　2013年2月からシンガポールで始めた番組は、CATV「Hello！JAPAN」のチャンネル内で流した「LOVE HOKKAIDOU」だ。北海道物産展の紹介やテレビショッピングを実験的に実施している。この番組はシンガポール国内の世帯数の50％57万世帯が視聴可能で、今後アジア11か国で放送を予定しているという。このほか、医療ツアーやグリーンツアー、スポーツツアーを潤滑油のような機能を発揮して各国に届ける計画もある。

(97)

(6) 地域貢献に関するHTVの基本的な考え方

　樋泉によるとこれまで分厚い取材網とノウハウの蓄積で地元の自治体を批判的な視点から報道してきたのは、北海道でも新聞が中心だった。しかし新聞業界の統合や自然淘汰が進んだ結果、地域情報の寡占化が進んだ。しかしその情報を全国的に、いや世界的規模で発信することまではかなわなかった。その壁を映像の力で超えたい、というのが樋泉らの発想だ。したがって地元行政は批判の対象であると同時に、住民の暮らしを豊かにするという視点ではメディアのパートナーとなりうる。樋泉に言わせるHTVのステーク・ホルダー（利害関係のある個人や組織）は①視聴者（生活者）②自治体を含む地域社会全体③広告主である。批判とは別に地元の自治体と組んで汗をかくことも必要だと樋泉は言う。少子高齢化などの急速な進展で、東京などと比べて北海道の景気が落ち込んでいるからと言っても、多くの市民は家族を抱え、地元のコミュニティと濃厚な関係を取り結びながら生活しているわけだから、そう簡単に逃げ出せない。地方局ならではの独自のスタイルで地域貢献につながる手立てを考えなければならない、という。

　海外の人たちから見て北海道の魅力は、美しい自然や風景だけではない。市民の暮らしぶりや文化、表情などすべての要素が「深掘り」の対象となる。「外からの視線」で北海道の魅力を新たに見つけていくことが肝要、というわけだ。

　HTVの高橋一元によると、最近、北海道庁が北海道に来ている留学生を番組に登場させてくれと要請してきた。例えば北大の留学生たちだ。2013年2月25日以来自主番組で2回登場させてその反応を調べた。英語のフエイスブックを開くと「いいね！」ボタンが増えていた。この時、「アジアで北海道というブランドは成立するのではないか」との感触をもった。

　例えば北海道での自然の冷蔵庫。冬季に野菜を雪の下で保管すると甘味がますという、昔から伝わる市民の生活の知恵だ。こういう暮らしぶりがアジアの人々の目に留まりやすい。また例えば北海道磯谷郡蘭越町のニセコ温泉の雪秩

父。高橋は小樽出身だが、この温泉地は知らなかった。ニセコ温泉郷にある雪秩父は町営の国民宿舎で校舎のようなシンプルな建物で、レトロな雰囲気を醸し出している。一帯はニセコ連峰を横断して洞爺湖に至るパノラマラインが通じており、美しい山岳風景を楽しみながらドライブできる。雪秩父にはその連峰を見晴るかす天風呂が5つ設営され、穴場の一つとして最近注目されている。

ところで「外からの視線」は同社の採用活動にも影響している。通常、地方の放送局は地方紙と同様、地元出身の学生を重視しがちである[3]。しかし樋泉は東京、大阪などでも面接会場を設定し、各地の学生を積極的にリクルートしている。例えば大阪の学生には「吉本のお笑いなどの文化にどっぷりつかった若者が北海道のどんな魅力を発見してくれるか楽しみだ」と言ってはばからない。

2　十勝毎日新聞について

(1)　沿革

十勝毎日新聞社は1919年、大分県出身の林豊洲が帯広新聞社を設立、翌1920年、十勝毎日新聞と改題し、ブランケット版の夕刊紙として再出発した。タブロイド版16頁で旬間発行。購読料は1か月50銭だった。この当時の帯広は人口約1万6千人という小さな町に過ぎなかったが、十勝毎日新聞社とともに十勝新聞など新聞3社がしのぎを削った。1920年の7月から8月にかけ、十勝地方は大雨による洪水に見舞われ大きな被害が出た。この時豊洲は、早くも被災者のための慈善演芸大会を開催している。これが十勝毎日新聞社の事業第1号であり、最初の地域貢献だった。部数拡大のために各種事業を実施するのは草創期の日本の新聞界では常套手段だったが、北海道の小さな町の地域新聞が、上記の演芸大会を機に次々と「十勝巡回活動写真会」[4]東京相撲を招聘した「帯広場所」、函館の野球クラブを招いた野球大会などを開催していったのは、や

はり豊洲の新聞経営者としての才能をうかがわせる。1929年には花火大会も開催し、これが現在、毎年全国から約20万人の観光客が訪れる「勝毎花火大会」につながっている。

　この頃、十勝毎日新聞社の社会貢献のルーツとなった事業を始めている。それは帯広での観光開発で、端緒は約80年前の温泉の掘削である。現在国内各地の市民の大きな支持を得ている地域紙には、それぞれに看過できない歴史と伝統があり、それがいわばDNA[5]となって各紙を特徴づけている。十勝毎日新聞社が十勝川沿いで温泉を掘り当て、観光旅館を経営し始めたのは、1930年である。「十勝川温泉」と名付けたホテルを建設し、帯広から車で20分の土地だったので別荘や料理茶屋などを作る計画があったが、事業の半ばで一旦は挫折した。その後も諦めずに温泉の試掘を再開し一分間に1,800リットルという大泉源を発見しこれが今日の十勝川温泉の繁栄に直結した。現在の新聞、CATV、ラジオFMなどのメディア各社と、ホテル、レストラン、旅館、菓子店などの観光業を融合したグループ経営のスタートラインはこの頃にあった。

　第2次大戦中で新聞統合が各地で始まり、あらたに発足した北海道新聞に包括されたが戦後の1952年、日刊2ページで復刊し、62年には日本新聞協会に加盟した。戦後の十勝毎日新聞社で特筆されるのは地域紙では珍しい技術革新で、全国紙を勝る改革も含まれている。まずは文字の大型化。日本の新聞業界では長く1ページ15段、1段15字が常識だったが、十勝毎日新聞社は高齢化社会の到来を見越し1979年に日本の新聞界で初めて文字を大型化した。朝日新聞が同様に大型化したのはその4年後だった。

　1985年には地下一階地上7階建ての新社屋を完成させ1999年さらに新しい印刷工場を完成させ超高速オフセット輪転機を導入した。これで最大40ページ16面カラーの印刷が可能になった（現在は24面カラーに拡大）。もともと40ページ体制は全国紙やブロック紙の体制で、地域紙では極めて珍しい。金曜日に大量の広告原稿が入ってくることやスポンサーからのカラー要望が極めて強かっ

たのが導入の理由だという。

　ところでこの輪転機は同社の夕刊紙を印刷しているだけではない。空いている朝刊時間帯に聖教新聞を2万部、更に朝日新聞と読売新聞の道東版を計約4万部印刷している。選挙時には朝日新聞は2版の刷り分け、読売新聞は3版の刷り分けをするというサービスぶりだ。全国紙2紙を一度に同じ工場で印刷するのは日本では初めてだった。もっともこうした共同印刷はアメリカでは通常よく行われている。十勝毎日新聞社で実現したのは、同社が長年に渡って積み重ねてきた「米国新聞界の研究」によるところが大きい。

　もう一つの理由はこの地域の特殊な事情だ。通常、競争2紙の紙面を同一工場で印刷しないのは、情報の漏えいだ。「特ダネが他社に漏れてはまずい」という常識である。日本の新聞界では特ダネは大都市圏のセット版から入るケースが多い。統合版から突っ込んだ場合の「漏えい」を恐れるからだ。しかし帯広は全国紙の夕刊は配達されない地域だし、特ダネの比較的少ない統合版の印刷だけでは特ダネ漏えいの危険性は少ない、という判断が働いた。

(2)　欧米に求めた経営モデル

　十勝毎日新聞社は1962年に日本新聞協会に加盟した。林光繁会長によると毎年の新聞大会に欠かさず出席し紙面作りから経営のノウハウまでを吸収しようとした。しかし新聞大会ではひな壇に全国紙やブロック紙の社長らが並び、議論されるテーマや内容も建前論が多く、地域紙の経営者としてはあまり役に立たなかった。そこで注目したのが米国の新聞界だった。1983年から視察を始め、「アメリカ新聞経営者協会（NAA）」のメンバーになり、1994年には「世界新聞発行者協会（WAN）」に加盟した。欧米の新聞界を毎年視察し、その経営手法を学んでいった。

　特に参考になったのは米国だった。当時1,600社の新聞社があり、USATODAYが出始めた頃だった。ほとんどが平均5万部前後の地方紙で、十勝毎日新聞社

の経営規模と酷似していた。また各紙とも同族経営が多かったのも参考になり、NAAでは経営者の家族の在り方まで議論されていた。

(3) **紙面内容**

　通常は26ページ前後のブランケット版である。十勝の主要産業が農業で、人々は朝は忙しくて朝刊を読む時間がない。したがって夕刊発行は十勝の生活パターンに合った発行形態と言える。紙面建てを筆者が十勝毎日新聞社を訪問した2013年9月4日の紙面で見ると次のようである。

　1面　　地元のニュースと「編集余録」というエッセイなどであるが、通常この面には国際ニュースや国内の大ニュースは入らない。この日のトップは芽室町議会が定例会議で町職員給与削減案を否決した記事だった「このまま給与削減を実施しない場合、行政佐0ビス定価という影響が懸念される」と伝えている。

　2面　　いわゆるブロック面で北海道内のニュースが掲載されている。トップは道議会での補正予算の提案予定。左肩は「とかち財団、イヌリン入りホエー商品化、健康や食味向上に期待」。

　3面　　十勝地方に特化した地元の経済ニュースが中心だ。トップは「十勝バス、パック利用1万人に」。路線バスと観光施設の入場券などをセットにしたバス会社のサービスが受けている、というニュースだ。この面には、農産物の相場表や地元のミニ経済ニュースのほか、「降水量多めか」という気象予報も掲載されている。農業を基盤にしたこの地域の経済を反映している。

　4面-5面
　　　　　この2面で国際ニュースと国内の主なニュースをコンパクトに収容している。4面のトップは「埼玉・千葉の突風が強さF2の竜巻なみ」と報じ、同じ4面の肩は「米上院がシリアでの90日間の軍事行動を容認した」という国際ニュースだ。5面のトップは「消費増税

第Ⅲ章　地域社会とメディアのかかわり

の暮らしへの影響」というまとめ記事だが、同じ面には「歌舞伎の中村福助が7代目歌右衛門襲名へ」から「五輪招致で東京が公式リハーサル」までかなり幅広い分野のミニニュースまで収容している。

6－7面

翌日のテレビ、ラジオ面で、もちろんBSも扱っている。

8面　俳句、短歌欄で、地元の句会や短歌会の人たちの作品を紹介している。俳句が約100点、短歌が約80点で結構なボリュームだ。

9－11面

十勝毎日がかなり力を入れているスポーツ面だ。まず9面と10面の右半分は大リーグや日本のプロ野球、サッカー界の話題（この日は本田圭佑の移籍話）で全国紙の典型的なスポーツ面作りとほぼ同じだ。4面の国際ニュースの分量と比べたらその差は歴然としている。10面の左半分と11面は地元のスポーツニュースだ。特に11面はカラー面で「かちまいスポーツ」とのタイトルで少年サッカーやソフトボールの試合結果などを網羅している。地元スポーツの特徴の一つは、パークゴルフ[6]の紹介だ。幕別町発祥のスポーツで全国に波及した。ゴルフ場も多く整備され、こまめに個人の成績などを掲載している。もう一つの特徴は地元スポーツ団の集合写真の掲載だ。これは他の地域紙や地方紙にも見られる典型的な手法であるが、これについては後述する。

12面　毎週水曜掲載の写真集でタイトルは「あの顔、この顔」。これも市域スポーツ面と同じ発想で、読者の様々な表情をとらえたカラー写真7,8枚を掲載している。

13面　全面広告

14－15面

カラーの見開き紙面で「小学生のページ」。「原発のおせん水もれ」

(103)

　　　　　から「ゴミ問題」まで大きな活字で掲載し、これは全国紙の子供
　　　　　ページ並みの充実だ。
　16面　「帯広大谷新聞」の題字だが、本来は「高校生のページ」。甲子園初
　　　　　出場を果たした帯広大谷の活躍を振り返っている。もちろん野球だ
　　　　　けでなく、ハワイでの国際体験学習や90年の歴史を紹介している。
　17面　生活面でこの日は終末医療に関したシンポジウムを中心に掲載。
　18－21面
　　　　　この4ページは「ぐるっと18町村」のタイトルで管内各市町村の
　　　　　ニュースを満載し、地域紙の真骨頂のような紙面作りといえる。21
　　　　　面の左半分は幕別町で開かれた陸上競技大会の個人記録を網羅して
　　　　　いる。写真も集合写真が圧倒的に多い。
　22面　「十勝せいかつ掲示板」で、JRや旅客機などの客席情報、チケット
　　　　　やイベント情報である。
　23－25面
　　　　　「社会面」で、管内の比較的大きなニュースを網羅し、この日の社
　　　　　会面トップは「京都の花火大会事故で、管内消防が呼びかけ」だっ
　　　　　た。
　26面　当日のテレビ欄と天気予報。

(4) 他の地域紙との紙面内容の相違点

				月ぎめ料金
信州・市民新聞グループ	朝刊	タブロイド版	20㌻前後	1,690円
宮古毎日新聞	朝刊	ブランケット版	10㌻前後	1,785円
十勝毎日新聞	夕刊	ブランケット版	26㌻前後	2,500円

　これまで優れた地域紙として分析した信州・市民新聞グループや宮古毎日新聞の紙面体裁と料金を十勝毎日新聞と比較したのが上記の表である。タブロイ

第Ⅲ章　地域社会とメディアのかかわり

ド版は単純に面積比較すればブランケット版の半分なので、信州・市民新聞グループはブランケット版に換算すると10ページ前後となり、宮古毎日新聞と同程度の分量である。

　そこで三紙の「地元ニュース」と「国際ニュース＋地元以外の国内ニュース」（いずれもスポーツを含む）の情報量比率を検証したい。別項の「事例研究」で詳述したように、信州・市民新聞グループの紙面内容は、地元ニュースに特化しており、「国際ニュース＋地元以外の国内ニュース」は通常ゼロである。一方、宮古毎日新聞は「事例研究」で紹介しているが、「地元ニュース」が約70％前後「国際ニュース＋地元以外の国内ニュース」は30％前後である。これに比べ十勝毎日新聞は80％と20％である。

　しかし全体の紙面印象からすると①朝刊と夕刊の違いはともかくページ数が20ページを超える②カラー印刷が比較的充実しているの2点で、十勝毎日新聞が3紙の中で全国紙や地方紙のイメージに近い。このことは偶然ではなく、明らかに同社が他の地域紙とは異なる販売戦略を志向していることを示している。

(5)　販売戦略

　同社提供の価格推移表と部数の推移表を示したが、料金は表のごとく平成19年以降2,500円に据え置いている。他紙は3,000円余であり、林社長は「今が販促のチャンスだ」という。

　また部数は昭和40年ごろは1万部前後だったが、その後増紙を実現し、平成元年には6万7千部に達した。一方北海道新聞は朝刊5万1千部、夕刊2万4千部だったが、四半世紀過ぎた平成23年3月には十勝毎日新聞社8万7千部、北海道新聞社の朝刊3万8千部夕刊1万2千部、とここにきて大差がついている。もっとも十勝も平成15年の9万1千部をピークに漸減傾向である。

　こうした十勝毎日の健闘には①紙面戦略②販売戦略③マルチメディア戦略など様々な同社の経営改革が背景になっている。ここではまず販売戦略について

新聞代金の推移

値上年月	値上額	定価	据置期間	販売部数	備考
昭和37年12月		220円		9,600	
〃41年4月	50円	270円	3年8ヶ月	11,100	
〃45年2月	80円	350円	3年10ヶ月	14,200	
〃46年5月	80円	430円	1年3ヶ月	17,800	
〃48年8月	140円	570円	2年3ヶ月	23,200	
〃49年8月	330円	900円	1年0ヶ月	26,100	
〃51年1月	100円	1,000円	2年2ヶ月	31,500	
〃55年8月	300円	1,300円	4年10ヶ月	45,700	
〃61年5月	200円	1,500円	5年9ヶ月	60,000	
平成元年3月	150円	1,650円	2年10ヶ月	67,000	
〃4月	50円	1,700円	1ヶ月	67,000	消費税3％
〃4年4月	280円	1,980円	3年0ヶ月	73,700	
〃6年7月	180円	2,160円	2年3ヶ月	78,200	
〃9年4月	40円	2,200円	3年9ヶ月	83,400	消費税5％
〃19年10月	300円	2,500円	10年6ヶ月	89,700	

※販売部数は該当年の4月の部数
(十勝毎日新聞社提供)

検討したい。同社で際立っているのは「販売店の直営化」と「併読から単読化へ」の流れで、これは優秀な地域紙ほどその傾向がある。

・販売店の直営化

　十勝毎日新聞社が林光繁体制に移行してから行った経営改革のうち、販売店の直営化は地域紙ならではの特色を生かした合理的な戦略と言える。林によると「日本の新聞はアメリカの新聞の2倍の価格で、原因は販売店の運営方法にある」と断言する。つまり、日本の全国紙や地方紙の販売店は、新聞社と販売契約などを締結した独立の業者であるため、販売経費の半分かもしくはそれ以上が店側に流れる。アメリカでは販売店は独立させず、販売促進や個別配達業

第Ⅲ章　地域社会とメディアのかかわり

十勝地方の主要紙部数推移（販売店定数）

	勝毎	道新朝	道新夕	読売	朝日	毎日	日経	小計
平成15年3月	90,700	45,800	17,100	5,000	4,100	700	2,700	166,300
平成16年3月	90,200	45,100	16,700	4,800	3,900	600	2,700	164,300
平成17年3月	90,000	44,600	16,600	4,500	3,900	600	2,700	163,200
平成18年3月	90,000	43,800	16,500	4,500	3,900	500	2,600	162,100
平成19年3月	89,700	42,900	16,100	4,500	3,800	500	2,600	160,400
平成20年3月	89,100	42,000	15,800	4,400	3,600	500	2,500	158,200
平成21年3月	88,100	41,000	15,100	4,600	3,600	400	2,600	155,600
平成22年3月	87,400	40,100	14,400	4,400	3,800	400	2,500	153,400
平成23年3月	87,800	39,300	13,600	4,500	3,700	400	2,500	152,100
平成24年3月	87,900	38,700	12,900	4,600	3,700	400	2,400	150,900
平成25年3月	87,200	37,800	12,200	4,600	3,700	300	2,300	148,300

（十勝毎日新聞社提供）

務は新聞社の直営事業としているため、販売経費を抑えることができる、というわけだ。このため十勝毎日新聞社は販売店の直営化を進めており、現在約60店の販売店のうちすでに12店を直営化している。店側との裁判闘争にも発展したが結局、和解した。

　この直営化戦略は国内ではあまり成功例が見当たらない。なぜなら全国紙は膨大な部数を直営の販売事業で処理するのは到底無理であるからだ。各新聞社の販売局の現状からすれば各地の販売店の管理だけで精一杯であり、配達や販促まではとても手が回らないし、要員やノウハウもない。唯一の例外は、適切な能力のある店主を確保できないために、店を直営化したり、別会社にしているケースはある。ただしこれは消極的な直営化に過ぎない。この傾向はほとんどの地方紙も同様である。

　しかし地域紙となると様相が異なる。小回りが効き、自社要員で販売業務をこなせるからだ。例えば沖縄県の宮古毎日新聞のケースは十勝毎日新聞社とよ

く似ている。

　宮古の場合、特徴は新聞配達や集金などを請け負う販売店がないことだ。専売店があると新聞広告がチラシに転化しかねない。通常、新聞に折り込むチラシはその利益の大半が、配達する販売店に入る。さらに新聞社で販売を直接コントロールする利点は、苦情処理が速くて丁寧にできる点だ。同社の場合、部長クラスが直接読者対応してその日のうちに処理する。同社の販売担当社員3人の仕事は配達体制の管理と1日1〜2件ある苦情への対応だ。苦情内容は①遅配、未配②「うちの記事の扱いが小さい」など。電話や配達人に直接言う場合と本人が本社まで乗り込んでくるケースもある。

・併読紙から単読紙化へ

　十勝毎日新聞社はもともと夕刊紙だ。それが朝刊・夕刊を発行する北海道新聞社と競争するためには「朝刊は北海道新聞で結構だが、せめて夕刊は十勝毎日新聞を」というスタンスで販促活動を行った。実際、林社長によると昔から併読紙の位置づけが長く続いたという。しかし現在では単読紙化が進みその割合は6割に達するという。その大きな要因の一つは、読者目線に立った紙面作りで前述した集合写真の多用や読者の氏名網羅主義がそれだ。

　この事情は実は信州・市民新聞グループにも存在する。同社の有力販売店、有限会社浜新聞店専務取締役、浜武之によるとこの販売店のエリアは人口5万余の長野県岡谷市のごく一部を除くほとんどある。扱い部数は次表の通りであり、同じ地域紙の長野日報は別の専売店が岡谷市内で3,400部扱っている。

　岡谷市では10年ほど前に3つの大工場が移転するなどしたため、茅野市に人口で逆転された。こうした事情で浜新聞店の扱い部数は減少傾向だが、市民新聞の減少はカーブが緩いという。この15年間で約300部減ったにとどまっている。浜によると「信州・市民新聞はもともと併読紙だったが、近年は単読紙化の傾向が強まっている」という。

　こうした有力地域紙の「単読紙化傾向」は、読者の経済状態の低迷やスマホ

など情報ツールの変化で新聞を併読する余裕がなくなってきたのではないか。そういう視点からみると、十勝毎日新聞社の紙面が地域紙特有の地元情報網羅主義で貫徹している一方で、国際ニュースや国内ニュース、スポーツニュースに至るまで、一応全国紙や全国ネットのテレビニュースと同じメニューをそろえているのは、きわめて合理的な判断と言えるだろう。

朝日新聞	1,400部
読売新聞	1,000部
日本経済新聞	1,000部
毎日新聞	400部
産経新聞	300部
信州・市民新聞	7,700部
信濃毎日新聞	4,500部
中日新聞	600部

(6) 十勝毎日新聞社のマルチメディア化

　22頁の表は十勝毎日新聞社グループのグループ各社の売り上げである。この中で「かちまい印刷」は新聞の印刷部門を別会社化したものだ。「かちまいサービス」はフリーペーパー部門、「帯広シティケーブル」（OCTV）は有線テレビ会社、「エフエムおびひろ」はFMのラジオ局で、小さいながらもかなり早い時期から同社はマルチメディア化を推し進めてきた。特に規模の小さな地域新聞で、これほど多様に各メディア部門を展開しているのは全国的にも珍しい。

(a) OCTV

　帯広シティ・ケーブル（OCTV）は1986年に「道内初の」都市型CATV局として開局した。事実上は「全国初の」都市型CATV局となるのだが、同局の開局から2〜3年後に郵政省が「都市型CATVは10,000端子以上である」

(109)

とCATVの定義を行ったため、開局時は10,000端子に達していなかったOCTVは都市型CATVの定義の範囲に入らなかった。記録上は数年たった後に都市型CATV局という位置づけの枠内に入ったということになる。難視聴以外の目的で開設された都市型CATV局として多チャンネルサービスを開始したのはOCTVが全国初であるということができる。

1997年に当時の社長命で第1種通信事業を開始することとなり、社員が技術者試験を経て免許を取得し、ホームセキュリティ事業を開始した。第1種通信事業への参入は「テレビにとどまらない通信インフラ事業をOCTVで担う」という認識があれば理解しやすいが、当初はまだその認識が浸透していなかった。

その後OCTVでは1999年にNTTに先駆けて常時接続のケーブルインターネットを開始。全国で見ても早い導入事例である。実は、インターネット開始当時のOCTVのネットワーク環境は厳しい状況だった。開局～99年までネットワークに全く手を入れておらず、幹線1本に全ての加入者がぶら下がっている状態で、光ファイバーも導入していなかった。郵政省からは通信事業免許は出せないといわれたが、97年に第1種通信事業免許を取得していたため、システム的には不十分な点を指摘されつつも、第1種免許に関するサービスの追加という認識で何とか許諾を得ることができたという。

当時の設備では同軸ケーブルに300メガの帯域しかなく、28チャンネルしか流すことができなかった。通常、全国のケーブルテレビ事業者はインターネット事業の開始に当たって設備をアップグレードし、双方向の仕組を導入して、450メガ程度の帯域から770、860メガの広帯域にアップグレードし、幹線に光ファイバーを導入して対応した。幹線ケーブル1本、300メガ程度の設備でケーブルインターネット事業を開始したのは、当時では全国でOCTVくらいだったという。

OCTVではこのように、ケーブルインターネット開始時の設備投資のステップを1段階飛ばしていることとなるのだが、加入者が増え、資金が集まる

ようになってきたため、設備投資を検討するようになった。当初は、通常のCATV局が導入する方法で広帯域化を行つてチャンネル数を増やそうと考えたが、ケーブルメーカーからは「設備が古いので、引込み線を含めて同軸ケーブルを張り替える必要がある」と指摘された。その際、「いずれ光ファイバーを張る必要が出てくる」だろうとの予測から2003年に光ファイバーを導入した。

十勝毎日新聞社は1980年ごろから地上波放送への参入を検討していた。しかし当時の郵政省は「ブロック主義」の原則を堅持し、北海道では札幌以外の地上波事業は認可しない、という方針だった。地方都市で可能な電波事業は各家庭と有線で結ぶCATV（ケーブルテレビ）が唯一の選択肢だった。

開局当時はBSやCSの配信はなく、NHK第2チャンネル、民放4チャンネル、自主放送2チャンネルでスタートした。当時は採算性に疑問も持たれたが、ここで林光繁が重ねてきた米国での視察が奏功したといえる。当時米国でケーブルビジネス事業が最も効率がいいのは「人口8万世帯の地区で加入世帯2万～4万の事業者の経営が安定している」というのが常識だった、という。

初期投資を抑える努力も重ねた。初めての事業を立ち上げる際は通常、専門家の指導を受けるが、それではどうしても安全性を重視するあまり、過剰投資になりかねない。実際、自助努力で事業を構築した結果、1世帯あたりの投資額がOCTVでは9万円だったが、同業他社では15万円というじれいもあるという。

また北海道テレビと同様、自主制作番組に力を入れてきた。開局翌年の1986年には第12回日本CATV大賞自主番組コンクールで、地元合唱団の公演を描いた「土の歌・181人の祝歌」が地域文化賞を受賞した。さらに1年後には国鉄の合理化で廃線となった士幌沿線の住民の暮らしの変化などを描いた「62年春、国鉄周辺の人々」が最優秀グランプリを得た。OCTVの社員の多くは十勝毎日新聞社の編集局出身者が多かったが、映像の世界でもその実力が証明されたといえる。

グループ各社売上高

H25.9.6

	決算期	売上高（百万円）	
㈱十勝毎日新聞社	24／9期	3,966	
㈱かちまい印刷	24／9期	630	
㈱かちまいサービス	25／3期	1,888	
㈱帯広シティーケーブル	25／3期	1,401	
㈱エフエムおびひろ	25／3期	104	
㈱グリーンストーリー	25／3期	246	
㈱十勝農園	24／9期	60	＊24／3創業
㈲ランランファーム	24／12期	149	
㈱北海道ホテル	24／12期	1,679	
㈱第一ホテル	25／3期	1,477	

（十勝毎日新聞社提供）

　自主制作の中心は「コミCH（コミチャン）」だ。十勝のニュースや町の話題を幅広く提供するチャンネルで、画質の鮮明なデジタルハイビジョンで流している。話題性のある飲食店の紹介や季節ごとの観光情報を中心とした週末のバラエテイ番組や、学校情報、スポーツ情報などを放送している。

(b)　エフエムおびひろ

　十勝毎日新聞社がラジオ事業に注目したのは、OCTV開局と同じころである。しかしここでも郵政省の「ブロック主義」の影響で、札幌以外での認可は無理という壁があった。

　林光繁は米国視察で、小さなラジオ局の存在を忘れていなかった。「個性的で地域の文化を発信するFMラジオが十勝には必要」として郵政省が当時北海道を実験地区に指定したコミュニテイ放送に注目した。その後様々な紆余曲折を経て、1994年に「エフエムおびひろ（FM-JAGA）」が開局した。ステー

ションネーム「FM-JAGA」は、十勝を代表するジャガイモから命名したもので、大地にしっかり根をおろしたいという林たちの願いがこもっていた。

FM・JAGAではエリア内聴取率1位という点を生かし、地域の情報にとどまらず、緊急情報を流す役割も果たしている。徘徊しているお年寄りの情報を共有したり、地震が起こった際は生放送に切り替えて地震情報を放送するなど、コミュニティFMの特性を生かした試みを実施している。

また十勝毎日新聞社主催の「勝毎花火大会」などのイベントや他媒体と融合・連動できる機動力を持っており、グループ一体となって地域コンテンツを作り上げる役割の一端を担っている。花火大会のラジオ中継というのも珍しい。この花火大会は花火と音楽と映像を巧みに組合せており、十分にラジオの素材になるという。社長の林浩史はラジオの特徴を「テレビよりラジオの人間の仕事の方が、多様性に富んでおり、フレキシブルだ」と話す。テレビだとたいていは原稿がありそれを読めばよいが、ラジオは2時間の番組をほとんどアドリブでこなすので、その差が出ている、というわけだ。

毎年、地域でのマーケテイング調査をもとに、リスナーの性別、職業、年齢などからこの地域に特有の農業者などの事情を考慮したり、生活リズムにあった番組編成を行っている。ユニークな取り組みは2000年から始めた独身の農業青年と独身女性の交流イベント、いわゆる「婚活」をラジオ局が主催している。地元の基幹産業である農業地帯での「花嫁不足」は深刻で、ラジオで参加者を募っている。こうしたニーズを細かく拾いながらの番組作りを市民が受け入れたのか2004年の聴取動向調査によると、帯広市内のラジオ聴取者の42％がFM-JAGAの聴取者で、20代以下に限定すると、55％に達した。2008年からは制作番組をインターネットでも同時放送している。インターネット環境が整備されている地域では国内はもちろん、海外でもリアルタイムで聴取できる。

(c) フリーペーパーと雑誌

十勝毎日新聞社は月間のフリーペーパー「Chai」を発行している。部数は十

勝全域で13万6千部を無料配布している。約200頁、カラー印刷で例えば2013年9月号では「実りの浦幌いただきます」という特集で、浦幌海岸の魅力を紹介しているほか、十勝各地の飲食店やセールなどをまとめた。割引クーポン券も4ページにわたって約250枚掲載している。競合するフリーペーパーもあるようだが、規模的に十勝地方を代表する活字媒体の一つと言えるだろう。

　十勝毎日新聞社が発行するもう一つの雑誌がある。こちらはかなりユニークである。「農業新技術─十勝農業ハイライト、2013」である。約100頁で年1回発行している。前述したように、農業は十勝地方の主要産業である。国土交通省北海道開発局の資料によると、北海道全体の平成17年の生産額は34兆円で、十勝地方はこのうち6.7％の2兆3千億円である。このうち3次産業が1兆4千億円、第2次産業の製造業が3千2百億円、第1次産業が3千5百億円である。うち農業はここ数年2千5百億円前後を推移している。農家は約6千7百戸、この地方の土地の4分の1にあたる26万ヘクタールが耕地であり、これは24万ヘクタールの神奈川県全域の面積を上回る。さらにこの地域の農業の特徴は全国有数の大規模経営であり、農家1戸当たりの耕地面積は38ヘクタールで、これは東京ドームの8倍に相当する。またJAネットワーク十勝と十勝農協連が2012年に決定した「2016年の十勝農業ビジョン」で示した各分野別の生産額は25頁の表であり、ここからもう一つの特徴がうかがえる。それは畜産の比重が高いことだ。「人口より牛の数の方が多い」と、この地域が言われる所以である。

　「農業新技術」はこうした全農家に無料配布されている、農業に関する情報誌で、新聞社が発行している印刷媒体としてはかなり珍しい。

　内容は2013年版の場合、「最新農業情報」と「十勝毎日新聞社の農業情報ハイライト」の2部構成である。前者は近隣の農業試験場などの研究者が最新の農業技術や研究成果を発表している。特に新品種や農作業の省力化技術、有機農業や環境負荷軽減など十勝の農業の持続的発展に活用できる成果を中心に18件の情報を掲載している。多くは農業者にしか読まれない情報だが、中には興

「2016年の十勝農業ビジョン」

麦類	410億円
ビート	285億円
ジャガイモ	293億円
豆類	182億円
蔬菜青果	230億円
その他	6億円
耕種合計	1,406億円
生乳	907億円
乳用牛	132億円
肉用牛	425億円
その他	38億円
畜産合計	1,502億円
合計	2,908億円

出所（JAネットワーク十勝などの提供）

味深いものもある。

　例えば北見農業試験場は、ポテトチップスに使えるジャガイモの新品種「北見15号」を紹介した。それによると、北海道で生産されるポテトチップス用のジャガイモのうち、生産年の翌年3月以降に使用される品種は芽の伸長を抑制するために低温貯蔵することが原因で、揚げる際に焦げの原因となる。「北見15号」はそれを回避するために人工交配して育成した新品種といい、長期貯蔵向けの高品質ポテトチップス原料の安定供給が可能になるという。ポテトチップスの業界は若者向けに様々な新商品を開発し、激しい企業間競争を展開しながら売り上げものばしているが、「北見15号」はこうした業界を底支えする品種改良と言える。

　一方「雪割りで土を凍らせ野良イモ退治」というのもある。十勝農業試験場などの研究成果で野良イモとは、収穫されなかったイモが繁殖し翌年の他の作物に影響するもので、各地でその駆除方法が研究されている。今回の情報はそ

(115)

の一つで、野良イモを駆除する新しい技術を開発したという。この研究によると地下に埋設したじゃがいもの茎は日平均気温が−3℃を下回ると生存できなかった。つまり、これぐらいの寒さで野良イモを退治できるという結果だった。この他、「今年注意すべき病害虫について」や「大豆の出芽向上のための基本技術」や「秋まき小麦とブロッコリーへの築地の仕方」等が並んでいる。一方、第二部の「新聞情報ハイライト」は十勝毎日新聞に掲載された地元の農業に関する情報を網羅している。もちろんTPPのような今日的なテーマから地元農業の作況まで様々だ。

　TPPでは十勝管内のJA役員研修会で北海道大学大学院の山口二郎教授が講演した内容を紹介している。教授は「この国の形を考える　国民の命と暮らしをどうまもるか」をテーマに生活の基盤を保証する欧州モデルを目指すべきだと主張した。それによると「TPPに依拠する成長戦略というが企業収益と勤労者所得が乖離している2000年までは会社が儲かれば労働者の報酬も増えたが同年以降企業の収益があがっても労働者報酬は下がっており成長さえすればよいという時代ではない。TPPによる完全撤廃で経済成長を取り戻す議論は間違いだ。経済成長しても1％の人は良いが　99％の人は関係ない。経済成長すれば給料が上がって家族が豊かになるというのは過去の話だ。TPPを正当化する人は消費者や生活者のためだというが消費したくても生活の厳しい人が増えてきた。消費者重視といって労働力を買いたたくと消費が増えるわけがない」とTPPを批判した。

　また2013年3月10日に開かれたTPP反対集会も予告された。十勝町村会が呼びかけ幅広い諸団体が参加し国内有数の農業地帯からTPPの大きな影響を発信していく集会だった4,000人が集まり様々な立場からTPPに反対する意見が表明された。

　こうした国際情勢も踏まえた動きとは対極だが　個別の農業ニュースもある。例えば地元で新しいマンゴーハウスが完成し年間1,000個を収穫するというニュースだ。帯広市の企業が完成した約800平方メートルのハウスで、北海

道庁の補助の事業（3,000万円）を完成し総事業費4,200万円で完成した。このハウスの特徴は温泉熱を活用し、長い日照時間と冷涼な夏の気候を生かし、真冬に収穫する点だ。試験栽培ではすでに100この収穫に成功しているという。同社の社長は「真冬に自然エネルギーを使って生産する点がミソ。量産体制に入れば企画外の品物をスイーツに可能になる」と話している。

　こうした農業に関する一連の報道は、十勝毎日新聞社の年間キャンペーンに組み込まれている。例えば1982年の「改革で躍進しよう十勝農業」では、バイオテクノロジーについて第一線の研究機開のレポートで紹介し、その後の十勝農業に大きく影響した。

　さらに1983年から「加工の時代」のキャンペーンを展開したが、その後全国的に加工技術のハイテク化が進み、素材生産基地から総合的な食糧供給基地に転身させようと、新しい加工の可能性を考えた「十勝ブランド」を目指した。こうした一連の記事は1995年、農業関連の記者や研究者で構成する農政ジャーナリストの会が制定する「第十回農業ジャーナリスト賞」を受賞した。加工という農業の一工程に着目し「課題解決に向けて取り組む熱意が伝わったキャンペーン」として評価された。

　こうした活字からスマホまで多彩な媒体を重層的に組み合わせながら、地域情報を加工し発信していく点に、他の地域紙や地方紙、全国紙にも見られない、十勝毎日新聞社独自の戦略がうかがえる。スマホなどの情報端末を利用した各種サービスも多岐にわたっており、いずれ稿を改めて分析したい。

(7)　十勝毎日新聞社の観光事業

　十勝毎日新聞社は新聞発行とともに観光を事業の大きな柱としてきた。すでに見たように現在同社の観光部門の企業は北海道ホテルなど5社で年間の売り上げ合計は約36億円である。各社の経営の底に流れているコンセプトは、会長の林にいわせると、北海道の開拓当初のやり方から学んだという。開拓次官

だった黒田清隆らは多くの欧米人を招き、彼らの技術やノウハウを導入した。最初に呼んだのは米国農務省長官、ホーレス・ケプロン[7]だった。ケプロンは開拓使顧問として招かれ、その指導でまず東京・青山に官園が設立され、北海道に導入する作物の試作や家畜の飼育、技術指導などが行われた。ケプロンの滞日は4年近くに達し、北海道を何度も視察しながら、基本的な開発計画を提案した。ケプロン人脈は多彩で、北海道で農耕馬によるプラオ[8]を普及させたエドウィン・ダン[9]や札幌農学校を開設したウィリアム・S・クラーク[10]らがいる。林はこうした国際的な人脈の価値を重視し、十勝毎日の観光事業の展開のため、グローバルな視点で世界各地から技術者らを招聘したという。

(a) ホテル部門

　北海道ホテルは1991年12月に買収した老舗旅館「ホテル北海館」の後身である。北海館は帯広市街中心部にあり、約一万三千五百平方㍍の敷地は、自然林に囲まれている。客室は約120室。外観を一望して目を引く重厚な漆レンガは、鹿追町の粘土を使い、幕別町で焼き上げた。純十勝産のレンガが建築に使われるのは十勝監獄の建設以来だという。外観と館内のデザインはアール・デコ調で、フロント、ロビーの青い壁面はイタリアのカルチェ・ラサータ（ひげそり跡）で仕上げられた。こうしたデザインや設計が評価され、1996年、帯広市都市景観賞を受賞した。さらに同年10月にはロビーの幻想的な照明などが評価され、北米照明学会のグッドデザイン賞を受賞した。

　第一ホテルは個性的な温泉旅館で、客室は約110室。ここの露天風呂の特徴は「モール温泉」であることだ。「モール」とは湿原（泥炭地）のことで、ヨーロッパでは肌に腐植物を含む泥炭泥を直接体に塗る美容法の一つが「モール浴」と呼ばれている。「モール温泉」は泥炭（亜炭）などに由来する腐植物（フミン質）を含むアルカリ性の温泉のことで、モール浴に似た効果が期待される。日本では最初に十勝川温泉がモール温泉として有名になった。泉質はナトリウム塩化物・炭酸水素塩泉（弱アルカリ性低張性高温泉）で、神経痛、筋

第Ⅲ章　地域社会とメディアのかかわり

肉痛、関節痛などに効能があるという。このホテルには漆喰や手漉き和紙の壁、琉球畳、フローリング仕上げの松の床材をふんだんに使った別館「三余庵」（11室）が併設されており、こうしたサービスで2006年度JTB「サービス最優秀旅館ホテル」として選ばれた。道内では３件目だったという。

(b) 庭園やレストランなど

「ランラン・ファーム」は「十勝千年の森」と名付けた広大な自然を生かした庭園などを経営する。グループ各社の環境保全への貢献も視野に、国際的に有名なダン・ピアソン[11]の設計になる「北海道ガーデン」を中心にレストランなどを併設。ここではヤギ200頭が飼育され、そのチーズはナチュラルチーズの国際コンテストで金賞を獲得した。

「グリーンストーリー」は食を通じて地価値を全国に発信するアンテナショップを経営する。「十勝屋」の店名で帯広市内や東京・銀座に出店している。

3　北海道テレビと十勝毎日新聞社の今後と課題

これまで見てきたように両社の共通点は次の２点である。
①地域情報を活用して独自のコンテンツを制作し、それを効率よく経営に反映させ、放送事業や新聞発行事業の本体で高い収益を上げている。
②北海道の主要な産業である観光業や農業に特化した番組や紙面づくりを行うことで地元に貢献するとともに、単なる「提言報道」に終わらず、観光客の増加や雇用の確保という、具体的な社会貢献を積み重ねている。

こうした共通点はほかの地方放送局や地域紙ではあまり見られないが、これが視聴者や読者の信頼を獲得させ、結果的に高い収益を保証していることになる。

しかしこうした信頼は「諸刃の剣」である。例えば北海道テレビが設置して

(119)

いる放送番組審議会での議論を検証したい。その中である外部委員がこう述べている「アジアから北海道にくる観光客の増加につながったという海外発信の事実はまったく知りませんでしたので驚きました。これは道庁と一体となって観光行政に協力して成果を上げたという内容であり、はたしてテレビ局の仕事なのかという疑問も感じました」と言い、「行政側と一体となって事業のようなことをメディアが行うことの是非」として問題提起している。結局この委員は「北海道テレビは、地域の活性化が重要な使命だということをはっきり掲げている。何よりもまずジャーナリズムを考える新聞と、もっとほかの要素もいろいろあって成り立つテレビの違いに思い至り、はじめに感じた疑問も解けた」と結論付けている。[12]

　この問題提起は重要である。前述した「視聴者からの信頼」に直接かかわるからだ。この課題に対する解答は同社のホームページにある。文末の脚注の最後に「参考資料」として添付した同社の番組に関する「受賞作一覧」である。2000年以降に映像界の様々な賞を受けた番組計55件が紹介されているが、このうち実に80％44件が「報道」や「ドキュメンタリー」という、ジャーナリスティックな作品であり、ドラマはわずか9件に過ぎない。社長の樋泉は言う。「当社がいくら地域の活性化に貢献するといっても、それだけで視聴者の信頼は得られない。やはり報道機関としての使命を十分に果たすことが最も重要だ」。

　特に注目されるのは同社の「政務調査費報道」が、2008年「日本民間放送連盟賞」の特別表彰部門「放送と公共性」で最優秀賞を受賞したことだ。北海道や札幌市にとどまらず、釧路市や旭川市の政務調査費など「政治とお金」についての地道な報道が評価された。この報道を受けてか、釧路や旭川では政務調査費に関する住民監査請求につながったという。行政と鋭く対峙しながら、住民の目から隠された不正などを地道な報道でえぐりだすことこそ、先の外部委員が抱いた疑問を解く鍵であり、こうしたレベルに到達することで、初めて視聴者の信頼が得られるわけだ。

第Ⅲ章　地域社会とメディアのかかわり

　十勝毎日新聞社についてもほぼ同様のことが言えるだろう。同社に限らず、地域紙は要員が少ないことや地域での対立を避けるために、必ずしも論説機能が十分とは言えない。宮古毎日新聞社や信州・市民新聞グループのように、記者の書く随筆などで代替している現実がある。また十勝毎日新聞社はグループ内に非メディア部門である観光事業を抱えており、こうした子会社の報道に関して何らかの「自主規制」が将来必要になるかもしれない。

　　　　　　　　　　　　　注　記

1）地域紙とはここでは地方紙（県紙）よりもさらに狭い地域に配布される有料の日刊紙を言う。
2）HTVのホームページから北海道アワーのような番組を探すと、以下のような事例がある。2010年12月に台湾、香港、シンガポール、マレーシア、北米で放送したもので、「はっけん！北海道」のダイジェスト版だ。それぞれの説明文に動画が添付されている。
「あったか・出会い・笑顔の島〜奥尻」（檜山振興局管内奥尻町）
　　北海道・奥尻島。一周84キロ、飾らない、気取らない、豊かな観光資源に恵まれ、癒される島・・。「この島は誰も玄関の鍵をかけないんですよ」といいながら友達の家へ勝手に入っていく満島章さん。満島さんは、1989年に役場に入り企画と観光を担当してきました。今満島さんがもっとも力を入れPRしているのが「ワイン」。そのワイン造りを始めたのは島の建設会社を経営する海老原さん。「この豊かな自然環境をいかし、島人の手でできることはなにかなと。」「奥尻ワイン」新しい奥尻ブランドの誕生です。一方、6年前札幌の大学を卒業し、この島に戻ってきたのは大須田亮平さん。奥尻島で両親の営む民宿を継いでいます。ウニ漁の時期は毎朝4時に起き作業を手伝います。「島に来た人がまた来たいと思ってくれる大きな理由は宿だと思う。自分の出来ることを精一杯やってあげたい。」都会のホテルにはない暖かさが、ここにはあります。
「雪ノ下のちりめんキャベツ」（上川総合振興局管内和寒町）　数多くのシェフが指名してくるほどのこだわり野菜を作り続ける生産者、西川直哉さん。雪で覆われた畑から現れたのは、サボイキャベツ。火を通すと甘みを増し、煮崩れしにくいのが特徴。イタリアンのシェフからのリクエストで作り始めて4年。雪の下で育てる独特の農法で、サボイキャベツはさらに甘みを増します。
3）地方紙の中には河北新報など、必ずしも地元出身者にこだわらない企業も散見される。この傾向はさらに助長されるとみられる。なぜなら地方紙といえど、グローバル化や全国

(121)

的な視野の下で制作することが今後より必要となるからだ。地元出身者でない方がこうした視点で作業できる、との考え方がより広まるだろう。
4）この手法はその後、日本の新聞界では長く継続された。とくに地方では巡回型の上映会が多くの購読者に結びついた。
5）全国紙などに比べはるかに小規模の「地域紙のDNA」はそれぞれに個性がある。
2011年9月25日、台湾で開かれた国際新聞編集者協会（IPI）年次総会で宮城県石巻市の日刊新聞、石巻日日新聞が特殊功績賞を受賞した。東日本大震災の直後、輪転機が止まるなど極めて深刻な被害を受けたにもかかわらず、6日間にわたって手書きの壁新聞を発行し続けたことが高く評価されたからだった。苦難に耐えるDNAが同社にはある。戦前は軍部に最後まで抵抗し、紙の配給を止められ新聞印刷をストップされた（注6）。第2次世界大戦中軍部の報道弾圧は厳しく特に戦争が拡大した昭和13年ごろから、軍部の弾圧は日ごとに強まった。飛行場建設の位置を特定した記事を掲載すると「軍事機密に触れるので注意するように」と指示されたり「海運関係の施設に関する記事が新聞に掲載せざるよう特に注意するように」などの命令があった。

戦争の長期化による物資不足と日米戦争へと急旋回していく中で軍部と政府は昭和15年、全国の新聞を一県一紙に統合する方針へ打ち出した。社史は言う。「大正元年に創刊以来、地のにじむ思いで育て上げ、ようやく経営基盤も確立して30年。いかに特高の命令とはいえ、おいそれとはおおずるわけにはいかない。官憲の不法圧迫には断固として抵抗すべしなどの声援が相次いだ」という。結局記事の差し止めや発行停止という妨害手段に対し、発行を主張し続けたが、特高は最後の手段として取引先の紙問屋に圧力をかけ、用紙の供給をストップさせてしまった。紙が入手できなくてはどうにもならない。こうして昭和15年10月31日付発行「第8684号」を持って石巻日日新聞は発行を停止した。
また信州市民新聞グループでも同様である。信州・市民新聞は1948年11月、岡谷市で創刊された。戦前から発行されていた「信濃毎日」や「南信日日」などの地方紙、地域紙の補完的存在としてスタートしたようだったが、セールスポイントは当時の世相を反映してか、配給物資に関するニュースだった。

創刊の2年前、食糧難の時代に闇米を拒否した裁判官が配給食糧のみを食べ続けて結局栄養失調で亡くなったことが大きく全国で報道された。そういう時代の配給物資に関する情報が主婦らに注目されないわけがない。短期間に部数が2千部を超えたのもうなづける。創刊時のセールスポイントが、政治的主張やキャンペーンではなく、「お茶の間」に直結した生活情報だった点が、現在まで綿々と受け継がれている信州・市民新聞の「DNA」である
6）1983年に十勝地方の幕別町で考案された、1本のクラブとボールでプレイできる簡易型のゴルフで、コースも短く中高年が気軽に楽しめる競技だ。コースは全国で約1200コース

第Ⅲ章　地域社会とメディアのかかわり

「メドウガーデン」十勝千年の森

だが、このうち帯広市内だけで約400か所もある。競技人口は全国で約70万人と言われ、2013年は「発祥30年」を記念した家族大会が幕別町で開催された。
7) 1804 - 1885年、来日当時は67歳
8) 堅い畑の土を掘り起こす農機具
9) 1848 - 1931年
10) 1826 - 1886年、マサチューセッツ農科大学学長だった。
11) Royal Horticultural Society（英国王立園芸協会）と Royal Botanic Gardens, Kew にてガーデナーとして研修、1992年から計5回、チェルシーフラワーショーに入選、2001年にはイギリス「Home Farm」の庭づくりがBBC2テレビで放映され、大きな反響を呼んだ。イギリス、イタリア、アメリカ、日本など世界各地で数多くの庭を設計している。日本では、2002年に六本木ヒルズのルーフガーデン設計、同年から十勝千年の森プロジェクトに携わり、高野ランドスケーププランニングとともに「北海道ガーデン」を展開、現在に至る。
12) 北海道テレビ発行の「ユメミルチカラ応援レポート2011——地域メディア活動報告書」24P

参考資料

イチオシ！「大切な人と写真を撮ろう」（2011年3月1日放送）
2011年11月
★北日本制作者フォーラムミニ番組コンテスト　優秀賞

イチオシ！「シリーズ『いのちと命』余命半年 - 移植待つ少女」（2010年2月11日放送）

2010年10月「子どもの権利賞」入選共催：UNICEF（国連児童基金）、ABU（アジア太平洋放送連合）、CASBAA（アジア・ケーブル衛星放送事業者連盟）

イチオシ！「死刑囚のブログ」（2009年4月21日放送）
2010年8月 ABU賞2010テレビニュース部門入選主催：ABU（アジア太平洋放送連合）

通年企画「議会ウォッチ」
2010年5月
★第47回ギャラクシー賞　報道活動部門選奨

イチオシ！「シリーズ調査報道　地方議会ウォッチング」
2009年12月
★第1回メディア・アンビシャス大賞　映像部門大賞

「視覚障害を装う疑惑の男性を直撃」
2008年11月
★第4回 ANN 映像大賞
★2008年 ANN 年間大賞

「市民たちを動かした『政務調査費報道』」
2008年9月
★日本民間放送連盟賞　特別表彰部門「放送と公共性」最優秀賞

イチオシ！「徹底検証　政務調査費」
2008年5月
★第45回ギャラクシー賞・報道活動部門　選奨

イチオシ！「衝撃シリーズ・生活保護の実態」
2007年5月
★第44回ギャラクシー賞・報道活動部門　奨励賞

イチオシ！「先輩はイラクへ　女性自衛官密着ルポ」
2004年7月1日放送
★北日本制作者フォーラム　ミニ番組コンテスト　最優秀賞

第Ⅲ章　地域社会とメディアのかかわり

★制作者フォーラムinとうきょう　ミニ番組コンテスト　優秀賞

ドキュメンタリー
HTBノンフィクション「国の責任を問うということ～由仁町Ｃ型肝炎訴訟の行方～」
2012年5月19日放送
★北日本制作者フォーラム番組部門優秀賞
★2012メディア・アンビシャス大賞　映像部門アンビシャス賞

テレメンタリー2012「汚された町　Ｃ型肝炎多発を追う」
2012年2月25日放送
★テレメンタリー年間優秀賞

HTB環境スペシャル　TOYAから明日へ！風のシナリオ～北海道は風力発電王国になれるか～
2012年1月7日放送
★全国地域映像団体協議会　番組部門　優秀賞

HTBノンフィクション「先生、あのね・・・」～詩集「サイロ」の50年
2011年5月28日放送
★第18回PROGRESS賞優秀賞

HTBノンフィクション「生と死の医療」
2010年12月4日放送
★日本放送文化大賞　北海道・東北地区　最優秀賞
★第17回PROGRESS賞優秀賞
★全国地域映像団体協議会　番組部門　最優秀賞総理大臣賞
★北日本制作者フォーラム番組部門　優秀賞
★北海道映像コンテスト2010最優秀賞

テレメンタリー2010「生と死の医療～救急医と臓器移植」
2010年11月6日放送
★第48回ギャラクシー賞　テレビ部門　奨励賞
★テレメンタリー年間最優秀賞

「HTB環境スペシャル凍らぬ海～流氷からのメッセージ～」
2010年3月27日放送
★第51回（2011年）モンテカルロ・テレビ祭（ニュースドキュメンタリー部門）ノミネート作品

テレメンタリー2010「憧れのトムラウシで…～検証夏山遭難8人凍死～」
2009年10月24日放送
★テレメンタリー最優秀賞

「ぬくもりの向こうに…乳児院親の愛を知らない子供たちのふるさと」
2009年6月27日放送
★第16回PROGRESS賞優秀賞

「HTB生命の輝きスペシャル　ピンクリボンつながる～乳がんと生きて～」
2009年12月23日放送
★第51回科学技術映像祭　自然・くらし部門優秀賞

「大地を黄金色に変えた～原正市が結んだ日中の絆」
（英語名　Golden Field in China）2008年12月31日放送
★第10回四川テレビ祭国際金熊猫賞ドキュメンタリーアジア制作賞ノミネート作品

「そらぷちの夢～難病と闘う子供たちにキャンプ場を～」
2008年9月27日放送
★厚生労働省社会保障審議会推薦　児童福祉文化財

テレメンタリー2008「ぬくもりの向こうに…　～親の愛を知らない乳児院の子供たち～」
2008年6月21日放送
★厚生労働省社会保障審議会推薦　児童福祉文化財
★2008北日本制作者フォーラムinやまがた　優秀賞

テレメンタリー2004「川底が語る　サケ先生の知床日誌」
2004年12月19日放送
★第14回地球環境映像祭入賞
★2005年度科学放送高柳記念奨励賞

第Ⅲ章　地域社会とメディアのかかわり

テレメンタリー2004「世界遺産は誰のため〜クマと暮らしと知床と〜」
2004年11月14日放送
★テレメンタリー優秀賞

「14枚の素描（スケッチ）〜密着500日！旭山動物園の奇跡〜」
2004年6月26日放送
★第42回ギャラクシー賞　選奨

テレメンタリー2003「14枚の素描（スケッチ）〜旭山動物園の夢〜」
2004年5月30日放送
★テレメンタリー最優秀賞

「鈍色（にびいろ）の聖域〜サハリン開発とオオワシ〜」
2004年5月1日放送
★第13回地球環境映像祭入賞

人間ビジョンスペシャル「心の中の国境　〜無国籍投手スタルヒンの栄光と挫折〜」
2004年2月15日放送
★第21回 ATP 賞2004優秀賞（ドキュメンタリー部門）
★第41回ギャラクシー賞奨励賞

人間ビジョンスペシャル「霧の日記　アリューシャンからの伝言」
2003年2月16日放送
★第20回 ATP 賞2003優秀賞（ドキュメンタリー部門）
★第40回ギャラクシー賞奨励賞
★平成15年日本民間放送連盟賞　最優秀賞（番組部門・テレビ教養部門）

人間ビジョンスペシャル「日本最北愛しき野生（もの）たち　利尻・礼文・サロベツの四季」
2002年2月3日放送
★第8回北海道映像コンクール最優秀賞

人間ビジョンスペシャル「知床　悠久の半島（しま）　〜ヒグマとともに生きること〜」
2001年2月18日放送

(127)

★ニューヨークフェスティバル2002（ドキュメンタリー・自然野生動物部門）銀賞

人間ビジョンスペシャル「日高　大いなる山脈（やまなみ）」
2000年2月27日放送
★北海道映像コンテスト2000優秀賞

人間ビジョンスペシャル「カムイの鳥　生命の原野〜シマフクロウとタンチョウの四季〜」
1999年2月27日放送
★第36回ギャラクシー賞奨励賞
★第41回科学技術映像祭科学技術長官賞

HTB30周年記念番組「ロシアにアメリカを建てた男」
1998年11月29日放送
★第14回世界テレビ映像祭・地球の時代コンクール準審査員特別賞受賞

人間ビジョンスペシャル「雪の花咲く大地なり　大雪山と北極と」
1998年3月1日放送
★1998年度科学放送高柳記念奨励賞

人間ビジョンスペシャル「流氷　白い海　オホーツクの遥かな旅人」
1996年3月10日放送
★第2回北海道映像コンクール最優秀撮影賞
★1996年度科学放送高柳記念賞
★第36回映画テレビ技術賞

人間ビジョンスペシャル「風の王国　生命（いのち）の森　〜大雪山　四季の小宇宙〜」
1995年2月12日放送
★第32回ギャラクシー奨励賞

人間ビジョンスペシャル「森が歌う日　魚が帰る」
1993年11月3日放送
★第31回ギャラクシー賞奨励賞
★1994年度科学放送高柳記念賞

テレメンタリー92「閉ざされた北洋（うみ）〜サケ・マス越境操業事件」
1993年2月14日放送
★テレメンタリー優秀賞

人間ビジョンスペシャル「4,000キロ雁渡る　〜小さな沼とシベリアと〜」
1992年12月23日放送
★第16回動物愛護映画コンクール　内閣総理大臣賞・最優秀賞

「40枚の卒業証書　北星余市高校3年D組」
1989年8月8日放送
★地方の時代映像祭・優秀賞

子どもの宇宙科学シリーズ「とび出せ！宇宙へ」
1989年7月〜9月放送
★1989年度科学放送高柳記念賞

「ロウ管をうたった〜オペレッタと子供たちの115日」
1985年8月31日放送
★地方の時代映像祭・優秀賞
★文化の創造賞

ドラマ
「ミュルヒ」
2009年12月19日放送
★第15回（2010年）アジア・テレビ賞（単発ドラマ／テレビ映画部門）　入選
★平成22年度文化庁芸術祭賞　優秀賞（テレビ部門ドラマの部）
★第36回放送文化基金賞番組部門テレビドラマ番組賞
★第47回ギャラクシー賞テレビ部門優秀賞
★ギャラクシー1月度奨励賞
★照明技術賞　審査委員特別賞
★ABU賞2010テレビドラマ部門審査員奨励賞

「歓喜の歌」
2008年9月7日放送

★ワールドメディアフェスティバル2010エンターテインメント部門（ファミリースペシャル）金賞
★第46回ギャラクシー賞　テレビ部門　奨励賞

「そらぷち」
2007年9月29日放送
★第48回（2008年）モンテカルロ・テレビ祭（テレビ映画部門）ノミネート作品
★第13回（2008年）アジア・テレビ賞（単発ドラマ／テレビ映画部門）優秀賞

「大麦畑でつかまえて」
2006年9月2日放送
★平成18年度文化庁芸術祭優秀賞（テレビ部門ドラマの部）
★第44回ギャラクシー奨励賞
★ニューヨークフェスティバル2008（テレビ映画／ドラマスペシャル部門）ファイナリスト

「うみのほたる」
2005年8月27日放送
★平成17年度文化庁芸術祭優秀賞（テレビ部門ドラマの部）
★第43回ギャラクシー賞　テレビ部門　奨励賞

「六月のさくら」
2004年8月28日放送
★平成16年度文化庁芸術祭　優秀賞（テレビ部門ドラマの部）

「そして明日から」
2003年8月30日放送
★平成16年日本民間放送連盟賞　優秀賞（番組部門・テレビドラマの部）

「夏の約束」
2002年8月31日放送
★平成15年日本民間放送連盟賞　優秀賞（番組部門・テレビドラマの部）
★平成14年度文化庁芸術祭　優秀賞（テレビ部門ドラマの部）

「ひかりのまち」

2000年8月26日放送
★国際エミー賞2001ファイナリスト（アジア代表選出作品・ベスト8）
★平成13年日本民間放送連盟賞テレビドラマ部門優秀賞
★第38回ギャラクシー賞奨励賞
★日本照明家協会賞テレビ部門奨励賞
★JAMCO（財団法人国際番組交流センター）ライブラリー登録作品

アニメ
「ユメミル、アニメonちゃん」
2008年1月～8月放送
★第14回（2008年）上海テレビ祭外国アニメーション部門ノミネート作品
★2009年ニューヨークフェスティバル美術部門ファイナリスト
★第30回（2009年）バンフ・テレビ祭アニメーション部門ノミネート作品

データ放送
「有珠山噴火被災地支援 ～地域データ放送を使った情報提供活動」
2000年
★日本民間放送連盟 テレビ放送活動部門入選

参考文献

・「映像が語る『地方の時代』30年」「地方の時代」映像祭実行委員会 2010（岩波書店）
・「新聞と大衆」K マーティン 1955 （岩波書店）
・「新聞社破綻したビジネスモデル」河内孝 2007（新潮社）
・「実況中継まちづくりの法と政策 PART 4―「戦後60年」の視点から―」坂和章平 2006（文芸社）
・「ジャーナリズム崩壊」上杉隆 2008（幻冬舎新書）
・「それでもテレビは終わらない」今野勉・是枝裕和・境真理子・音好宏 2010 （岩波書店）
・「地域から日本を変える」改革の灯を消すな市長の会 2006（清水弘文堂書房）
・「地方紙の研究」鎌田慧 2002 （潮出版社）
・「地方自立への政策と戦略」平松守彦 2006（東洋経済新報社）
・「テレビと権力」田原総一郎 2006（講談社）
・「ドキュメント希望新聞―阪神大震災と報道」毎日新聞大阪本社／毎日放送報道局編 1995 （毎日新聞社）
・「私だけの放送史民法の黎明期を駆ける」辻一郎 2008

第Ⅳ章　沖縄の言論空間と地方新聞の役割
―ローカルジャーナリズムの立ち位置について―*

吉　岡　　　至

　はじめに：節目の新聞報道から
　1　地域社会における新聞の布置：全国紙と地方紙
　2　ローカルジャーナリズムの言説空間：「報道の温度差」を手がかりにして
　3　沖縄における新聞ジャーナリズムの特質：「普天間問題」報道を事例として
　4　「基地問題」と「当事者」ジャーナリズム
　おわりに：ローカルジャーナリズムがめざすべきもの

はじめに：節目の新聞報道から

　太平洋戦争後の沖縄において、歴史的に大きな節目、歴史的に記憶されるべき日として、1945年6月23日：沖縄・慰霊の日、1952年4月28日：サンフランシスコ平和条約（対日講和条約）発効、1972年5月15日：沖縄の本土復帰、などを挙げることができる。

　沖縄の地方新聞『琉球新報』が2011年に実施した「沖縄県民意識調査」（以下、「琉球新報県民調査2011」と略）においても、もっとも重要な沖縄の近・現代の出来事は、1位が「沖縄戦（1945年）」（50.0％）、2位が「日本復帰（1972年）」（31.2％）という結果になっている[1]。

　1972年5月15日、沖縄の施政権がアメリカ合衆国から日本に返還された日（「施政権返還」の日）が、「沖縄が本土（日本）に復帰した日」（「本土復帰」の日）として位置づけられている。

2012年5月15日、40周年を迎えた日の沖縄の地方新聞2紙の社説をみると、〔県民が「復帰」に込めた「基地のない平和な沖縄」「日本国憲法の下への復帰」の理想は今なお、実現していない〕〔沖縄に在日米軍専用施設の74％が集中し、基地から派生する事件・事故、爆音被害によって、県民の生命や基本的人権が危険にさらされ続けている〕（『琉球新報』）、〔基地問題をめぐる荷重負担の構図はこの40年間、ほとんど何も変わっていない〕〔本土と沖縄の心理的な距離は、今が一番開いているのではないだろうか。基地問題をめぐって「心の27度線」[2]が浮上しつつある〕（『沖縄タイムス』）など、本土復帰後の「基地問題」に触れながら、沖縄にとっての復帰の意義と自立の方向性を示そうとしている。

　また、復帰40年に先立って、2012年4月28日は「サンフランシスコ平和条約（対日講和条約）発効」60周年に当たる日でもあった。この条約発効日は「施政権返還」と直結する歴史的に記憶されるべき日である。なぜなら、この条約によって日本は主権を回復し、連合国の占領状態から独立を果たしたが、沖縄・奄美を含む南西諸島は日本から分離され、米軍統治による異民族支配が始まったからである（1953年12月25日に奄美諸島は本土に復帰）。このことから、沖縄ではこの日は「屈辱の日」として記憶され、語り継がれている。

　60周年を迎えた日の両紙の社説においても、〔日本の国土面積の0.6％しかない沖縄県は、現在、在日米軍の74％を抱えて差別的な荷重負担を強いられている〕〔沖縄の民意を踏みにじってでも新しい基地建設を推し進めようという政府側の姿は「銃剣とブルドーザー」[3]と何が違うのだろう〕（『琉球新報』）、〔沖縄の復帰は40年前に実現したが、サンフランシスコ体制の下で築かれた沖縄の基地群と自由使用という運用形態は、依然として清算されていない〕〔日本復帰は、沖縄にとって、米国統治に終止符を打つ大きな「世替わり」だった。だが、苦難の歴史に終止符が打たれたわけではない〕（『沖縄タイムス』）といったように、「分断」と「復帰」の歴史に触れながら、「人権蹂躙」や「基地負担」の問題が語られている。

第Ⅳ章　沖縄の言論空間と地方新聞の役割

　「復帰」40年、「講和」60年を迎えた2012年は戦後67年に当たる。沖縄において「基地」「人権」「自治」がことさら主要な問題になるのは、いうまでもなく「太平洋戦争」における日本の敗戦によって、米国政府が統治することになった沖縄の戦後社会の変容と深くかかわっている。その戦後を形づくった一つの源流は「沖縄戦」にある。その戦いにおける組織的抵抗が終了した日が1945年6月23日であり、沖縄では「慰霊の日」として位置づけられている。

　戦後67年を迎えた「慰霊の日」（2012年6月23日）の両紙の社説は、〈史実の風化　許さない　沖縄戦の教訓を次代へ〉（『琉球新報』）や〈32軍司令部壕の保存を〉（『沖縄タイムス』）といった見出しのもとで、日本軍による住民の虐殺や従軍慰安婦の存在に関する証言などの問題に触れ、戦争の体験・記憶の継承の重要性を強調している。NHKが2012年に実施した、沖縄県民を対象とする「復帰40年の沖縄」調査（以下、「NHK復帰40年調査」と略）によると、沖縄戦を「忘れてはならないこととして、たえず振り返るようにしたい」とする回答が91.0％に達している[4]。このことからも、戦争の体験者が減少していくなかで、沖縄戦の体験や記憶を風化させてはならないとする県民意識はかえって強くなっている。先に挙げた「琉球新報県民調査2011」でも、「もっと語り継ぐべきだ」とする回答が64.0％に上っている。

　ここに挙げた記憶されるべき日の例のように、沖縄の地方新聞2紙は、節目、節目で過去の歴史を想起し、それらを現在の問題に接合するジャーナリズム活動を展開している。本章では、沖縄の新聞ジャーナリズムを過去と現在をつなぐ地域メディアとして位置づけ、地域における歴史（沖縄戦と敗戦後の社会）と生活（基地問題と地域振興）にかかわる報道実践を、その立ち位置と地域における主体形成との関連で検討し、ローカルジャーナリズムの特質や役割を考察していきたい。

1　地域社会における新聞の布置：全国紙と地方紙

　まず、日本の新聞メディアのなかの地方新聞、とりわけ沖縄の地方紙の位置づけを確認しておく。

　日本の新聞発行事業は、太平洋戦争時における政府の「一県一紙政策」によって新聞の整理・統合が進められた結果、一般報道の新聞は全国紙・ブロック紙・県紙にまとめられたが、この新聞の3分類は基本的に戦後にも引き継がれ、その流通構造は現在も大きくは変わるところがない。つまり、現在の有力県紙の存在は戦時中の「一県一紙体制」の指導・確立と深くかかわっており、戦後における新聞ジャーナリズムの活動もこうした新聞発行の条件下で出発し、今日に至っている。ただし、沖縄における出発点は本土とは事情が異なっている[5]。

　全国紙は、文字通り、東京や大阪などの大都市に本拠を構え、複数の発行所を置き、全国規模の普及を図って事業展開を行っている一般日刊新聞のことで、具体的には『読売新聞』『朝日新聞』『毎日新聞』『日本経済新聞』『産経新聞』の5大紙を指している。この5大全国紙が、一般日刊紙の総発行部数約4,300万部のうち半数以上の約2,500万部を占めていることから、その報道姿勢や記事内容は国民世論の動向に少なからず影響を与えていると想定される[6]。

　他方、「ブロック紙」と「県紙」は、「地域紙（郷土紙）」を含めて、全国紙にたいして地方紙として位置づけられる。地方紙は、それぞれの地域に発行本社があり、発行エリアも特定地域に限定される一般日刊新聞のことであり、そのエリアの広狭から3つに下位分類されている。現在では各県の代表紙としての「県紙」が地方紙に相当するとみなされる。県紙は、全国紙やブロック紙に比べて、県政との結びつきがより密接であることは論を俟たないし、それぞれの地域社会での影響力は当然のこととしても、当該エリアでの普及率を視野に入れると、広範な社会動向を伝える地方紙の報道は全国紙に匹敵するジャーナ

第Ⅳ章　沖縄の言論空間と地方新聞の役割

リズム機能を発揮している側面もある。

　たとえば、2013年上半期（1月〜6月）の都道府県別の一般日刊新聞上位3紙のデータ[7]をもとに、全国紙と地方紙の朝刊販売部数と世帯普及率をみると、47都道府県のうち、全国紙が販売部数の1〜3位を占めているのは9都府県（茨城県、埼玉県、千葉県、東京都、神奈川県、大阪府、奈良県、和歌山県、山口県）で、1・2位を占めているのは1県（滋賀県）であり、全国紙が優位な地域は首都圏などを中心に10の都府県にとどまっている。それ以外の37道府県は地元の県紙ないしブロック紙が1位になっており、そのうち、7県（青森県、福島県、石川県、岐阜県、静岡県、佐賀県、沖縄県）は全国紙以外の地元紙が1・2位を占めている。つまり、東京・大阪などの大都市圏と一部地域を除けば、多くの地域が「県紙」優位の構造になっている。

　また、地元紙の都道府県別の世帯普及率からみても、上記の37道府県で一紙単独で5割を超えるシェアを獲得している県が15あり、そのうち、もっとも高い普及率は『徳島新聞』の75％であり、『福井新聞』（73％）や『日本海新聞』（70％）の2紙も7割を占めている。地元紙が1・2位を占めている7県をみると、2紙を合算した普及率は、青森県60％、福島県58％、石川県86％、岐阜県73％、静岡県54％、佐賀県59％、沖縄県55％であり、いずれも2紙で5割を超えており、それぞれに比較的高いシェアを確保している[8]。

　沖縄県についてみると、1位は『琉球新報』で発行部数（自社公称）163,475部、世帯普及率28％であり、2位の『沖縄タイムス』は発行部数（自社公称）161,210部、世帯普及率27％である。ちなみに、3位は『日本経済新聞』（5,860部、1％）であるが、他の全国紙は千部を超えることがなく、全国紙5紙合計の普及率は1.4％に過ぎない状態である。このように、沖縄県には全国紙がまったくといってよいほど進出していないので、『琉球新報』と『沖縄タイムス』の地元2紙がつねに競い合っているといってよい。しかしながら、一般的な新聞離れが進むなかで、沖縄県での「主読紙」と位置づけられる両紙の部数と普及率は減少傾向にある[9]。

このように日本の新聞ジャーナリズムは大きく全国紙と地方紙でそれぞれ異なる普及パターンを有しており、それぞれに独自の活動と役割が付与されているといえる。こうした新聞流通の構造の特徴を清水真（2010）は「二重の寡占」としてとらえている。つまり、5大全国紙が全体の発行部数の50％以上を占めているというのが第一の寡占レベルであり、他方で、県単位ではそれぞれの地元県紙が優位に立つ傾向が強いというが第二の寡占レベルである。この「二重の寡占」は「一つの偏った構図を浮き彫りにする。つまり、県紙は他の県で読まれない、言い換えれば、地方紙発のニュースは県境で遮断されるという構図である」（p.618）。清水は、この「偏った構図」によってもたらされるニュース受容の問題をつぎのように指摘している。

　　他県の様子を知りたい時に、地元県紙は取材網を持たないから、東京発のニュースと同じように、共同通信の配信記事か全国紙かということになる。隣県のニュースさえ、全国紙や共同通信の取材から東京を経由する。反対に、地方紙は他県で読まれないから、自分の県に関するニュースも、全国紙や共同配信記事が東京を経由して隣県に伝えられていく。そして東京＝全国の目を経てしまうと、ニュースはよそよそしくなる。地方紙の記事とスタンスが違うのである。（清水 2010, p.618）

　県紙（地方紙）が発信するニュースは広く全国で共有されるどころか、隣接県でさえ共有されることも困難な状況であり、県紙のニュースは共有が必要であったとしても、実際には分断されている状況にある、そのことを清水は問題視している[10]。そればかりではなく、そもそも全国紙と地方紙ではそのニュースバリューや報道姿勢——清水のいう「スタンス」と関連する——に大きな違いがみられることも「報道の温度差」としてよく指摘されている点である。

2　ローカルジャーナリズムの言説空間：
「報道の温度差」を手がかりにして

「報道の温度差」に関しては、たとえば2004年8月13日、アテネオリンピック開幕の日に、普天間飛行場へ帰還直前の米軍（海兵隊）ヘリコプターが沖縄国際大学本館に墜落し、爆発・炎上する事故が起こったときの報道に目を向けてみよう。この「事故」は、その現場が米軍の管理下に置かれたことで、ただちに「事件」となり、ニュースメディアが「報道」するところとなった（「沖国大米軍ヘリ墜落事件」）。

当時、沖縄国際大学教授であった石原昌家は、この事件に関する「報道実態」について、つぎのように述べている。

> 1959年6月30日に発生した石川市の宮森小学校の米軍ジェット機墜落事故に近い死傷者（死者17名、重軽傷者200余名）が出ても不思議ではない重大事故であったにもかかわらず、事件発生直後でさえ小泉総理大臣は「アテネ五輪」に熱中し、「夏休み」を理由に稲嶺沖縄県知事の面会さえ拒絶した。また、日本本土のメディアは、新聞もテレビも「読売巨人軍の渡辺恒雄オーナー辞任」と「アテネ五輪」の報道が主で、その重大性の割には「沖国大米軍ヘリ墜落事件」の扱いは小さかった。
>
> これを本土と沖縄の「温度差」という表現で言い表されてきたが、私には日本本土メディアにとって沖縄が遠い「異国」のような存在なのだろうというのが実感だった。[11]

石原は、全国紙でこの事件の扱いが思いのほか小さく、少ないものであったこと——いわゆる全国紙（およびブロック紙や他の県紙）と地元紙との間での「温度差」がみられたことを指摘している。くわえて、「温度差」にとどまら

表Ⅳ-1　全国紙3紙の記事見出し：2004年8月14日朝刊

【朝日新聞】
　第1面のトップは〈巨人・渡辺オーナー辞任　スカウト明大投手に現金〉で、準トップに〈聖地五輪　厳戒下の開演202国・地域1万500人集う〉が掲載されている。両記事に挟まれるかたちで〈沖縄　米ヘリ、大学内に墜落　兵士3人けが「普天間」に隣接〉の短い記事が配置されている。関連記事として、社会面（31面）に〈米ヘリ墜落　民家に部品飛び込む　住民「恐れ、現実に」〉が掲載されている。

【毎日新聞】
　第1面のトップは〈巨人　スカウトで裏金　渡辺オーナー辞任　明大・市場投手に200万円〉であるが、準トップには〈沖縄　米軍ヘリ、大学に墜落　兵士3人負傷　普天間基地近く〉が掲載されている。オリンピック開幕の記事はわきに小さく〈「アテネ五輪　さあ開幕」〉とある。さらに〈関電社長が引責辞任へ　美浜原発事故〉が小さな見出しで取り上げられている。また、総合面（2面）に〈米軍機墜落　現状放置に警鐘　普天間問題　返還論議、影響も〉の見出しで、さらに社会面（27面）に〈米軍ヘリ墜落「一歩間違えば…」基地の街　住民に怒り〉の見出しで関連記事が掲載されている。

【読売新聞】
　第1面のトップは〈アテネ五輪開幕〉で、準トップの扱いで〈人名漢字「不評」さらに79字削除　法制審　追加488字を決定〉と〈巨人・渡辺オーナー辞任　スカウト活動で違反、引責　後任に滝鼻氏〉の2本の記事が配置されている。そのほか、小さく〈美浜原発　破損配管　肉厚0.6ミリ〉の見出しの記事があるが、第一面には米軍ヘリ墜落事件の記事は掲載されておらず、社会面（31面）にのみ〈米軍ヘリ、大学に墜落　沖縄3乗員軽重傷、学生ら避難〉の見出しで記事として扱われている。

出所）各紙の縮刷版を利用して筆者が整理したもの

ず、「異国」という表現を用いていることに留意する必要があるだろう。

　「報道の温度差」の観点からみれば、たしかに、本土のメディアでは、「沖国大米軍ヘリ墜落事故」の発生当初の記事の扱いは小さいものであった。「沖国大米軍ヘリ墜落事件」の翌日（8月14日）朝刊の全国紙3紙（『朝日新聞』『毎日新聞』『読売新聞』）の紙面を確認すると、各紙の記事と見出しは表Ⅳ-1の通りである。

　他方で、地元紙2紙（『沖縄タイムス』『琉球新報』）は事故当日13日には「号外」を出して報道し、翌日14日朝刊でも第一面から大きく記事を掲載して

第Ⅳ章　沖縄の言論空間と地方新聞の役割

表Ⅳ-2　沖縄の地方紙の記事見出し
2004年8月13日「号外」および2004年8月14日朝刊第1面

【沖縄タイムス】
　13日「号外」では〈沖国大に米軍ヘリ墜落　本館に接触、炎上　普天間所属乗員3人重軽傷〉と報道し、14日「第一面」は〈米軍ヘリ、沖国大に墜落〉を大見出しに、〈本館に接触、炎上　乗員1人重傷　2人が軽傷　県警が検証令状〉と〈普天間移設　辺野古以外も検討　牧野副知事「危険性を排除」〉の見出しを軸に記事が大きく掲載されている。ほかの記事は〈アテネ五輪　未明に開幕　熱戦アテネ　谷・野村きょう「金」へ〉のみである。

【琉球新報】
　13日「号外」では＜米軍ヘリ　沖国大に墜落　1号館に接触、炎上　普天間所属CH53機　乗員3人けが〉と報道し、14日「第一面」は、＜米軍ヘリ　沖国大に墜落〉を大見出しに、〈本館に衝突、炎上CH53D機　乗員3人重軽傷　宜野湾市〉、〈「辺野古移設見直し検討」牧野副知事〉、〈四軍調整官が謝罪　問題機種の飛行禁止も〉の見出しを立てて記事が掲載されている。ほかの記事は〈アテネ五輪開幕　参加最多　202選手団〉のみである。

出所）2紙の新聞紙面をもとに筆者が整理したもの

いたことはいうまでもない。両紙の「号外」と「第一面」の記事の見出しの表現をまとめると表Ⅳ-2のようになる。

　あらためて指摘するまでもなく、両紙の14日第1面には、全国紙3紙で比較的大きく扱われていた「読売巨人軍の渡辺恒雄オーナー辞任」の記事は掲載されておらず、「アテネ五輪開幕」の記事も小さい扱いになっている。「全国紙」3紙と地元の「地方紙」2紙の間でその扱いが異なるのは当然かもしれないが、石原の表現を借りれば、本土のメディアでは、「沖国大米軍ヘリ墜落事件」はニュースバリューの低い「異国」での出来事としてとらえられていた観がある。

　こうした「報道の温度差」について、とくに沖縄の米軍基地問題報道との関連で、『琉球新報』の高嶺朝一（当時、常務取締役・前論説委員長）もつぎのように「地元紙の立場」を述べている。

　　沖縄の新聞で特に基地問題を担当してきた者として、そのことを痛感するのだが、一歩引いて考えると、一つのテーマへの関心が長続きせず、時々

(141)

刻々の出来事に流されるマスメディアの性格から来る自然の現象であろう。
　それでも私たちが、東京をはじめ県外のマスメディアの沖縄報道に温度差を感じるのは、それだけ主体的に米軍基地報道に取り組んできているからだ。正確に表現すれば、県民世論に後押しされて地域のマスメディアとして基地報道に取り組まざるを得ないからであろう。[12]

　同様の指摘は、『沖縄タイムス』の長元朝浩（当時、東京支社長・前編集局長）の発言にもみられる。「本土紙の扱いが小さいこと」について聞かれ、長元はつぎのように答えている。

　それは、戦後史のなかで継続して基地問題を位置づける報道と、一般的なニュースとして一過性の記事として、基地を扱う場合の差でもあるでしょう。一人の死者もいないという今回のような場合の扱い方は、普通の記事と同じ見方では、ずっと扱いは下がります。むしろ、沖縄のメディアが発信していることを受けて、全国紙なども次第に報道をしていくきらいがあるのです。
　先日の都市型訓練施設の抗議大会の報道も東京と沖縄では格差が極めて大きく「言説空間」が違うことを痛感します。つまり、知事を先頭に抗議しても、住んでいる世界が異なるのですから、伝わらない。[13]

　石原の「異国」という表現につなげていえば、そもそも地元紙と全国紙では「言説空間」――ニュース報道が展開される空間／新聞ジャーナリズムが棲み、活動する世界――が異なるという見方が長元によっても強調されている。「言説空間」が異なれば、「何が報道する価値のある出来事か」といったニュースバリューの判断に違いが現れることになり、本土と沖縄との間でニュースの扱いに落差が生じ、それが両メディア間の「報道の温度差」として意識されることになる。さらには、ニュースバリューの違い以上に、報道の仕方やメディア

の立ち位置の違いが顕著に現れてくることにもなるわけである。この事件に関連して、屋嘉比収は報道の姿勢や視座の違いについて以下のように言及している。

　とくに顕著だったのは、この事件に対する本土での議論と沖縄での議論との違いである。本土での議論の大部分は、日米地位協定により警察の調査権が米軍によって強制的に規制されたことに対する不満を背景に、主として「国家主権の問題」として論議された。それに対して沖縄では、同事件に対する日本政府や本土マスコミの無関心への不満と米軍による強制的規制への反発や批判を含めつつも、主として「人権や住民の命への侵害の問題」として論じられた。その議論の違いは、米軍基地に対する沖縄と日本本土との認識の違いを端的に示すものといえよう。(屋嘉比 2005, p. 264)

屋嘉比の指摘にしたがえば、「報道の温度差」や「言説空間の相違」から生じる問題は、たんに記事の大小や多寡にとどまらず、本土と沖縄の問題の論じ方の違い、いわば本土と沖縄の間でのジャーナリズムの立ち位置の違いを示すものとしてとらえることができる[14]。
　次節からは、地元紙の「基地問題」報道を事例として、ローカルジャーナリズムの立ち位置や地域メディアの役割を検討していきたい。

3　沖縄における新聞ジャーナリズムの特質：「普天間問題」報道を事例として

(1)　「沖縄問題」と新聞ジャーナリズム

　大田（1985）は、戦後沖縄におけるもっとも深刻な問題は、日米安保条約と密接に結びついている軍用「土地問題」とそれから派生する地方自治の問題であり、それゆえ沖縄の地元2紙の社説では、政治問題に力点が置かれ、そのな

かで土地＝基地問題が中心を占めており、復帰後も最重要課題として論及され続けている背景には、基地から派生する事故が絶えず、日常的に住民生活を脅かしている事実があるからだ、と述べている。

「琉球新報県民調査2011」によると、沖縄の米軍基地について、「撤去」（26.3％）あるいは「縮小」（39.6％）を望んでいる人は65.9％に上っている。また、「NHK復帰40年調査」においても、「全面撤去」（21.7％）と「本土並みに縮小」（56.1％）を合わせると、基地を「削減」すべきと考える人は77.8％に達している。こうした沖縄県民の意識は、NHKの過去30年の調査結果と比べてもあまり大きくは変化しておらず、現実としても米軍基地は沖縄に集中しており、その整理縮小も進んでいないのが実態である。

「基地問題」を含む「沖縄問題」は、新崎盛暉（1968）によって「ほんらい一体であるべき日本本土と沖縄の分断をうみだす原因となり、また分断の結果として発生した政治的、経済的、文化的、あるいは思想的諸問題の総体」（p.16）であると定義されている。また、ロバート・D・エルドリッヂ（2003）は、いわゆる「沖縄問題」を、「東京と沖縄の間の複雑な社会的、行政的関係を含むと同時に、日米間の国際政治や安全保障の問題を巻き込んだ、ダイナミックで複雑化した問題であったし、今もそうであり続けている」（v）ものととらえている。沖縄が本土復帰して以降も「沖縄問題」の領域やその構造は大きく変わってはいないだろし、そのなかで「基地問題」の解決が重要な課題であることも論を俟たない。

新崎（2005）は、沖縄戦後史（現代史）を、日本軍の組織的抵抗が終わる1945年6月から現在に至るまでの期間を6期に区分しているが、その第6期を「日米安保再定義という上からの安保見直しと、沖縄が提起した下からの安保見直しが激突する1995年秋以降」と位置づけており、「2005年のいわゆる米軍再編協議によって、日米安保体制はまた新しい時期を画そうとしており、日米同盟の完成期とでもいえるかもしれない」と説明している（ii）。

ここでは、「沖縄問題」として位置づけられる「基地問題」、とりわけ「普天

間基地移設／返還問題」(以下、「普天間問題」と略) に関する『琉球新報』と『沖縄タイムス』両紙の論調の傾向ないしはその特徴を確認していくことにする。具体的には、2010年5月の社説のテーマ・見出しと基地問題に関する言及内容を確認する作業を通して、新聞報道の姿勢ないしはその視座を検討し、沖縄の新聞ジャーナリズムの立ち位置を検討していく。

分析の対象とする2010年5月は、上記の位置づけの延長線上での、完成期というよりも、むしろ変革期ともなりえる可能性のあった時期である。なぜならば、2009年夏に民主党政権が誕生してのち、鳩山由紀夫首相のもとで、「普天間基地移設問題」に関して新たな動き (方針ないしは政策) が出てきたからである。すなわち、従来の「名護市辺野古」への移設案ではなく、「民主党政権政策マニフェスト 2009」と関連する、いわゆる基地の「県外移設」の方向性である[15]。この移設問題は紆余曲折を経て、方針決定の最終期限が2010年5月末に設定されたため、その最終局面の段階で、新聞報道においても「基地問題」が集中して論じられることとなった。

(2) 「普天間問題」をめぐる最終局面の経過

両紙の社説の論調や傾向を検討するにあたって、ひと月余りの「普天間問題」をめぐる最終局面での主な動きを確認しておくことにする[16]。

まず4月25日には、「米軍普天間飛行場の早期閉鎖・返還と、県内移設に反対し国外・県外移設を求める」大規模な県民大会が読谷村運動広場で開催されている。この大会は、那覇市長・翁長雄志をはじめとする4人の共同代表からなる実行員会によって組織されたものであるが、1996年の普天間返還合意後では、県内移設に反対する初の超党派の大会として開催され、参加者は約9万人 (主催者発表) に上り、まさに「島ぐるみ」の運動として位置づけられるものであった。大会では、「私たち沖縄県民は、県民の生命・財産・生活環境を守る立場から、日米両政府が普天間飛行場を早期に閉鎖・返還するとともに、県内移設を断念し、国外・県外に移設されるよう強く求める」との内容を含む決

議文が採択された。

　翌 4 月26日には共同代表を含む要請団が上京し、平野博文官房長官、北沢俊美防衛大臣に決議文を手渡し、政府の回答を求めた。また、 4 月30日には大会実行員会は仲井真弘多沖縄県知事が鳩山由紀夫首相に「県内移設断念と国外・県外移設」を明確に主張するように要請している。この段階では、連立与党 3 党のなかの社民党と国民新党は、福島瑞穂・亀井静香両党首の会談で「国外・県外の移設」で意見が一致していた。

　5 月に入り、 4 日に鳩山首相が就任後初めて来県し、仲井真知事や稲嶺進名護市長と会談したほか、宜野湾市の普天間第二小学校で住民との対話集会に臨んだ。会談では、鳩山首相は県内移設を公式に表明し、謝罪したが、仲井真知事は民意を尊重し県外移設の実現の追求を要望し、稲嶺市長も「到底受け入れられない」として拒否の姿勢を示した。

　5 月 7 日、鳩山首相は官邸にて徳之島 3 町長と会談し、普天間飛行場の一部機能の受け入れを正式に要請したが、民意は断固反対だとして受け入れは拒否され、移設案を固めることも困難と判断し、15日に予定されていた再来県も見送られることになった。その後、11日に名護市辺野古の周辺への移設に関する政府原案の全容が判明し、「建設に際しては住民生活や環境に最大限配慮する」ことが明記され、在沖米軍の県外、国外への一部訓練移転や米軍基地の環境保全、原状回復を図る環境特別協定の締結方針を盛り込み、全体として新たなパッケージとして位置づけられた。この政府原案をもって、12日にワシントン郊外の国防総省で日米の実務者協議が開かれ、本格的な対米折衝が開始された。

　「本土復帰38年」を迎える 5 月15日に向けて、14日に33回目の「 5 ・15 平和行進」がスタートし、15日には「 5 ・15 平和とくらしを守る県民大会」が開催され、鳩山内閣にたいして、普天間飛行場の県内移設断念と、同飛行場閉鎖のための米国との交渉を求めるアピールが採択された。翌16日には「普天間基地を返せ！人間の輪で普天間基地を包囲する県民大行動」が実施され、同飛行

場の無条件閉鎖・返還を訴えるとともに、稲嶺名護市長と伊波洋一宜野湾市長が、県内移設断念と県民の基地負担軽減などを求める共同声明を発表した。

　他方で、日米両政府は米軍普天間飛行場の移設に関する合意文書を28日に発表する方向で最終調整が進められ、21日に来日したヒラリー・クリントン米国務長官と岡田克也外務大臣との間で、鳩山首相が目指す5月末の移設問題の決着に向けて努力する方針が確認され、22日には日米両政府間での合意文書の全容が固まった。

　こうした日米協議を経て、鳩山首相は23日に再度来県し、米軍普天間飛行場の移設先を名護市辺野古とする方針を初めて明らかにしたが、仲井真知事は「移設は困難」との認識を強調し、稲嶺市長も「断固拒否」の立場をとった。他方で、連立与党である社民党の福島党首が来県し、仲井真知事・稲嶺市長・伊波市長と会談し、辺野古への移設反対の意向を伝え、共闘を呼び掛けた。

　最終的には、予定された28日に日米両政府は、普天間飛行場移設と沖縄の基地負担軽減に関する共同声明を発表し、普天間基地の辺野古への移設案が合意された。その後、移設案に関する政府方針は同日の臨時閣議で決定され、署名を拒否した福島消費者行政担当大臣（社民党党首）は罷免され、30日には社民党は連立政権から離脱した。28日の日米合意を受け、名護市では「『辺野古合意』を認めない緊急市民集会」が市役所で行われ、約1,200人が参加した。また、那覇市でも「普天間問題の日米合意を糾弾し辺野古移設を決して許さない5・28県民大会」が市内の県民広場で開かれ、約1,500人が参加し、デモ行進も行われた。

　このひと月の間に、地元紙では関連する県民世論調査の結果が大きく報道されている。

　沖縄タイムス社は、鳩山首相来県後に実施した緊急世論調査の結果を5月11日の紙面で伝えている[17]。それによると、「県内移設表明」について75.9％が「評価しない」と回答しており、「評価する」は9.0％と1割に満たない。他方で、89.0％が「国外・県外への移設」を求めており、「沖縄県内」とする者は

11.0%にとどまっている。また、76.3%が「県民の意向が反映されていない」と感じており、「県外移設は公約ではない」とする鳩山首相の発言にたいしても「支持しない」が89.9%を占めている。

また琉球新報社は、日米合意後に、毎日新聞社と合同で実施した「県民世論調査」の結果を31日の紙面に掲載している[18]。それによると、「辺野古移設」に「反対」が84.1%に上り、「賛成」は6.3%にとどまっている。また、「沖縄への米海兵隊の駐留」についても「必要ない」との回答が71.2%に達しており、その駐留を定めた「日米安保条約」を維持すべきとする回答は7.3%に過ぎず、条約の改定や破棄などを求める者が大多数になっている。くわえて、鳩山内閣の支持率も「支持する」は8.0%の低水準で、「支持しない」が78.2%を占めるに至っている。

いうまでもないことだが、最終局面での「県内移設」の決着にたいして県民世論の反発が強いことは調査結果からも明らかである。

ちなみに、同時期に実施された共同通信社の全国世論調査結果によると[19]、鳩山内閣の支持率は「支持する」が19.1%で低調ではあるが、前月の20.7%と大きく変化はしていない。他方で、「支持しない」は73.2%に達しており、前月の64.4%に比べると10ポイント近く増加している。また、「普天間飛行場移設の政府方針」については「評価しない」(66.1%)が「評価する」(25.4%)を大きく上回っているが、「普天間移設問題の首相の責任」については「辞めるべきだ」(51.2%)と「辞めなくてよい」(44.4%)との間には極端な開きはみられなかった。

(3) 社説での「普天間問題」への言及

では、『琉球新報』と『沖縄タイムス』両紙の社説における「普天間問題」への言及はどのようなものだったのだろうか。2010年5月ひと月間の両紙の社説のテーマ・見出しを一覧にしたものが、表IV-3および表IV-4(章末に掲載)である。両紙の社説のスタイルが異なるため、単純に比較できない側面も

第Ⅳ章　沖縄の言論空間と地方新聞の役割

あることをまず断っておかなければならない。

　通常の場合、『琉球新報』は1回の社説で二つのテーマを取り上げるのにたいして、『沖縄タイムス』は1回につき1テーマになっている。特別の場合は、『琉球新報』では社説欄のスペースはそのままだが、1テーマにすべての枠を用いる（通常の2倍の記事量になる）のにたいして、『沖縄タイムス』では通常22行5段のところを、25～27行6段に増枠することで記事量を増やしている。

　こうした形式面の特徴から2010年5月の社説の変化に注目してみると、『琉球新報』では、新聞休刊日を除く30回のうち、社説で言及されたテーマは49本で、「普天間問題」に関するものは約半数の24本、そのうち11回も特別の単一テーマとして取り上げられている。特別の単一テーマの社説の場合は、見出し（メインとサブ）と文中の小見出しも付けられ、論点が明示されている。また、そこでとりあげられたテーマは、「憲法記念日」（3日）と「本土復帰38年」（15日）を除けば──両社説とも「基地問題」に言及してはいるが──、あとはすべて焦眉の課題である「普天間問題」が中心テーマになっており、24～29日の社説は、表Ⅳ-3に示されたテーマからもわかる通り、連載企画を思わせるように集中的に「普天間問題」に言及している。

　それに比べると、『沖縄タイムス』の場合は、全体30本のテーマのうち、「普天間問題」に関するものは16本で半数を超えているが、増枠された社説はそのうちの4本にとどまっている。増枠された社説はいずれも「普天間問題」に関するテーマであるが、28～30日の3日間は連続して取り上げられている。『沖縄タイムス』の社説の場合は、通常から単一テーマを掲げるスタイルであるため、増枠されて分量が多少厚くなり、見出しが追加されはするが、文中の小見出しが設けられたりすることはないため、とくに形式的に強調されて報じられる印象をあまり受けない。

　新聞の編集に関わる問題もあるだろうが、社説の形式的・量的な側面でいえば、『沖縄タイムス』に比べると、『琉球新報』はかなり「普天間問題」に焦点

を当てた社説を掲載していたことがわかる。

　また、両紙に共通しているのは、「普天間問題」が焦点化され、その動向が注目される「鳩山首相来県」（4・5日）と、「鳩山首相再来県」から「辺野古移設案」「日米共同声明」に至る期間（24～29日）に精力的に議論が展開されている点である。加えて、『琉球新報』では「本土復帰38年」と「今日包囲行動」の両日（15・16日）でも「普天間問題」が強調されている。さらに、『沖縄タイムス』では「日米共同声明」後に「安保の歪み」（30日）と「社民 政権離脱」（31日）をテーマに「普天間問題」が論評されている。

(4) 社説での「普天間問題」への視座

　つぎに、両紙の社説では最終局面を迎えた「普天間問題」がどういった視点から論評されていたのかを確認しておこう。この問題に関して両紙の立ち位置に大きな違いはみられない。すなわち、基本的には、「抑止力」としての米海兵隊の県内基地移設の必要性に疑問を呈し、「普天間問題」に関して「名護市辺野古移設案」反対の立場で「国外・県外移設」を求め、新たな日米関係を構築することを訴える論調である。たとえば、鳩山首相が来県した際の両紙の社説では、つぎのような主張がなされている。

　　なぜ、日本に海兵隊が必要なのか、在日米海兵隊の駐留目的は何なのかを明らかにする必要がる。
　　普天間の代替施設建設と海兵隊のグアム移転のために日本側は1兆円を超える巨額の税金を投じようとしているが、それは安全保障の利益と釣り合いのとれたものなのか。
　　はっきりさせるべき点はあまりに多い。そうした疑問点を封印したまま海兵隊のヘリ基地を移設しようとしても、日本中どこでも反対にあうだけだ。
　（『沖縄タイムス』5月4日〈県内移設は無理だ　海兵隊の必要性議論せよ〉より）

第Ⅳ章　沖縄の言論空間と地方新聞の役割

　……基地負担の軽減を求める沖縄の民意を追い風にして国外・県外移設の可能性をなぜ追求しないのか。「不可能」と言い切るのはあまりにも早計だ。
　そもそも、普天間飛行場、もしくは代替基地を沖縄に置き続けることが「抑止力」になるという発想自体、極めて疑わしい。……
　首相は５月末までに移設案を決めると明言してきたが、民意に沿わない決定なら問題の解決にならない。腰を据えて政府内の合意形成を図り、「国外・県外」案を米国に提示し交渉に臨むべきだ。今回の首相訪問が、政府内で検討されている「県内移設」を抜本的に見直す契機になることを切望する。
(『琉球新報』 ５月５日〈民意傾聴し「県内」断念を　新基地建設しては禍根残す〉より)

　こうした「米軍基地の移設・新設」に関する立場を前提として、以下では、両紙に共通する視座を抽出してみたい。

(a) **民意の強調**
　第一に指摘できることは「民意」の強調であり、具体的な表現としても多用されている点である。とくに『琉球新報』でその傾向が顕著である。たとえば、同紙での言葉の使用からみても、見出しで強調されたものが４件（いずれも〈民意〉の表現）あり、本文中の小見出しでも２件（〈民の声〉と〈民意〉）が確認される。記事本文中では、〈民意〉という表現は12件にも及んでいる。すべてを例示することは避けるが、記事本文中で〈民意〉という表現が多用されている例を二つ挙げておく。
　22日の通常の社説「米国務長官来日」では、見出しでも〈明確な民意を受け止めよ〉と民意が強調されているが、これが社説の趣旨であるから、記事本文でも〔国外移設という民意〕〔民意無視の県内移設〕〔日米双方とも民意を知った上で〕〔民意に反した政策〕〔民意無視は主権在民の否定〕〔県民の明確な民

(151)

意に耳を傾け〕といったように、一つの社説で6回も〈民意〉という表現が用いられている。

また、24日の特別の社説「辺野古移設表明」では、本文小見出しの〈民意に立脚した同盟を〉のなかで、そのときまでに強調されてきた〈民意〉が集約的に表明されている。すなわち、〔先月の4・25県民大会でも「県外・国外」移設の民意を明確に国内外に発信した〕〔この期に及んでもなお「民意」を踏みにじるのか。県内移設の押し付けに対し「沖縄差別」と感じる県民が増えている。首相は、県民の"マグマ"が爆発寸前であることに十分留意すべきだ〕〔首相は今からでも国外移設や撤去で対米交渉をやり直すべきだ。県民、国民は民意に立脚した「対等な日米関係」こそ求めている〕との主張である。

ほかにも記事本文中では〈県民〉の感情・願望・期待とともに「普天間問題」が頻繁に語られている。たとえば、〔米軍基地や米兵犯罪によって命や暮らしを脅かされている県民はまさに「命を守って」と切実に願っている〕（3日）、〔「国外・県外」を熱望する大多数の県民の期待を裏切る発言であり、落胆を禁じ得ない。首相は県民の声に真摯に耳を傾け、一部といえども県内に移設する考えは捨てるべきだ〕（5日）、〔沖縄にとって、「普天間」の返還は、ささやかな要求でしかない。県民の我慢にも限度がある。政府はこれ以上、沖縄に基地を押し付けるのはやめてもらいたい〕（16日）、〔県民の多くが次世代に「基地沖縄」ではなく、「基地のない平和で豊かな沖縄」を引き継ぎたいと望んでいる〕（27日）、〔県民の切なる願いは「耐え難い苦痛の解消」であり、痛みを「再発させない抜本策」なのである〕（29日）、〔県民は怒りを抱えつつも、日米両首脳に普天間撤去の英断を期待している〕（31日）など、記事のなかで県民の思いが伝えられている。

このように『琉球新報』の社説では、全体を通して〈民意〉が繰り返し強調されているのである。

他方、『沖縄タイムス』では、社説のスタイルの違いもあるが、〈民意〉という表現の使用は、『琉球新報』に比べると、きわめて抑制的である。社説の見

出しで確認できるのも、〈このままでは民意漂う〉（10日「参院選共闘難航」）の1件のみであるが、これは間接的に「普天間問題」の〈民意〉と関連づけられるにとどまっている。社説の見出しで〈民意〉と関わる表現を挙げるなら、〈怒 怒 怒 怒 怒…〉（24日「辺野古回帰」）にみられる県民感情の強調であろう。ただし、記事本文中での〈民意〉という表現は全体でも5件にとどまっており、言葉として繰り返し用いられることもない。具体的に挙げれば、〔4月25日の県民大会で示された民意と大きな隔たり〕（4日）、〔県内移設で納めるつもりなのか。沖縄の民意を軽んじるのもいいかげんにしてもらいたい〕（7日）、〔沖縄の民意が国政に反映されない現状がある〕（10日）、〔現行案を譲らない米国の顔色ばかりうかがい、肝心の地元、沖縄の民意を無視する〕（23日）、〔名護市で反対の市長を誕生させた地元の民意を両政府は踏みにじった〕（29日）などに限られている。

そのなかで『沖縄タイムス』で特徴的なのは、具体的な県民の声を掲載している点である。たとえば、5日社説「首相『県内』容認」での以下のような件である。

　普天間第二小学校に集まった市民は鳩山首相にさまざまな被害を訴えた。同校教諭はヘリの爆音が授業を遮り、失われる勉強時間の多さを指摘した。電話中に頭上のヘリをやり過ごすもどかしさを語った婦人は、「九州までなら飛行機で1時間ほどなのに、なぜ県外はだめなんですか」と迫った。
　こう訴える住民を前に首相の言葉は軽く聞こえる。

このように社説自体が、「民意」に基づく言説、あるいは「民意」を表象する言説空間として位置づけられており、さきに指摘した「怒」の連呼（文字の連打）にみられるように、ローカルジャーナリズムが具現される新聞紙面が「民意」に基づく、「民意」を反映する、「民意」が発露される場（フォーラム）にもなっているといってよい。

いずれにしても、〈民意〉の強調は、県民の「代弁者」として新聞を位置づけ、社説においてその「声」を伝える役割を果たしていることになろう。また、〈民意〉を無視する政治は民主主義への挑戦、民主主義国家の自殺行為として批判される。〔両政府が辺野古移設の強行で民主主義を破壊するのか。差別的な対沖縄政策によって、両政府は民主主義を語る資格を失いつつある〕(『琉球新報』27日) といったデモクラシーの問題へと接合されていく。

(b) 基地の負担

　第二に指摘できることは、「普天間問題」と関連して沖縄の「基地負担」が強く論じられている点である。さまざまなところで繰り返し伝えられている基地負担の現状を示す数値、〔日本の約0.6％の面積しかない沖縄に、今なお、日本全国にある米軍基地(専用基地)の約74.2％が集中している〕(『沖縄タイムス』15日) というのがそれである。両紙の社説でも何度か繰り返されている。概括的な現状の認識——沖縄への圧倒的な負担／沖縄への負担の押し付け——を読者へ促すことになるが、この基地負担は沖縄への「差別」としても論じられている。たとえば、『沖縄タイムス』30日の社説では、上記と同様の数値を示したあとで、基地が沖縄に〔集中する現状を固定化する差別的な構造が堅固にある。これが日米安保の実態なのだ〕と論じている。それは〔日米安保のコストを沖縄に負わせ、その恩恵は本土が享受するという構図〕(『沖縄タイムス』28日) なのである。

　また、沖縄の歴史的経験、とりわけ戦争体験(「沖縄戦」)の記録と記憶が語られる。すなわち、〔沖縄は太平洋戦争で本土防衛の「捨て石」とされ、日本で唯一おびただしい数の住民を捲き込んだ地上戦が行われた。20万人余に上る犠牲者のうち約9万4千人が沖縄の一般住民だ〕(『琉球新報』5日) というのがそれである。戦後65年を経てもなお、沖縄の「終わらない戦後」が前景化されるのである。それは、現在でも想起され共有されなければならない「犠牲」として論じられ、未来に向かっては反戦・平和を希求するメッセージ——「基

第Ⅳ章　沖縄の言論空間と地方新聞の役割

地のない平和で豊かな沖縄」――と結びつけられる場合もある。

　さらに、基地負担は日常生活での「犠牲」としても語られる。先に挙げた『沖縄タイムス』の社説での県民の声はその一つの例である。『琉球新報』4日の社説では、〔米軍犯罪は復帰後だけでも5,600件を超え、うち強盗、殺人、強姦など凶悪事件が560件と1割を占めます。演習による火災も512件、沖縄国際大学に墜落した海兵隊のヘリ事故も含め米軍航空機関連事故は497件を数えます〕といった統計数値も伝えている。また同紙12日の社説では、沖縄の過重な基地負担の象徴とされた「普天間問題」の源流は1995年の米兵による少女乱暴事件であったことも指摘されている。米軍基地や米兵犯罪によって命や暮らしが脅かされている現状が、いまを生きる沖縄の人びとの切実な訴えとしてさまざまに語られている。

　『琉球新報』5日の社説では、上記の基地集中の数値と沖縄戦での犠牲者に触れたのちに、〔県民は戦後65年にわたり、米軍基地から派生する事件・事故に脅かされ、騒音被害に苦しめられてきた。拙速な判断は積年の不満を爆発させかねない。米軍にとっても敵意に囲まれた地域に基地を置くのは得策ではなかろう〕と、民意に沿わない決定なら問題の解決にならないことを論じている。

　こうした社説における「普天間問題」への視座は、「民意」を強調しながら「基地負担」を語ることで「基地拒否」の言説を紡ぎ出しているのであり、総じて、65年にわたる「基地の島」の歴史的経験から基地の「移設」ではなく基地の「撤去」を目指す沖縄の民意を代弁するものになっている。この言説空間を鹿野政直のいう「基地の重圧と対峙するなかで培われてきた思想的達成」[20]と結びつけることもできるだろう。なぜなら、「基地拒否」の社説の言説はそのまま沖縄の「基地拒否」の運動を具現していると思われるからである。

　以上みてきたように、『琉球新報』と『沖縄タイムス』の両紙が「普天間問題」を社説で論じる際に、「民意」と「基地負担」をその視点として強調して

「基地移設／返還問題」を伝えている。そのことは、ローカルジャーナリズムの役割や立ち位置からすれば、妥当かつ必要なことだといえよう。林利隆（2006）の言葉を借りれば、よりよい地域社会をつくり、地域の住民の暮らしに役立つという信念に沿うテーマである限り、当事者として積極的に関与したり、事柄の解決にのりだしたりすることは、それが地域に根ざす「地方紙」の当然の責務なのである（p.81）。地方紙の社説はその責務をしっかりと担うことが求められるだろう。

4 「基地問題」と「当事者」ジャーナリズム

(1) 沖縄における「抵抗」のジャーナリズム

『琉球新報』と『沖縄タイムス』の2紙に代表される沖縄の地方新聞の「立ち位置」についてさらに考えてみたい。

鎌田慧（2002）は、沖縄の新聞を目にすると、新鮮な驚きを感じるだろう、と述べている。鎌田は、「読者と怒りを共有しているとの確信が、『本土』の主体のあやふやな報道ときわだったちがいを示している」（p.35）ことに触れ、沖縄の新聞の立場をつぎのように説明している。

　そこでは、基地の問題や米軍の演習や事故、あるいは、米兵の暴行事件やそれに対する県民の反対闘争などが前面に据えられ、政府発表記事が1面トップを飾る、本土のみなれた紙面とは、あきらかに異なっている。……「国民」「県民」というようなひと括りにしたいいかたには、どこか危うさが漂っていて、そこに共通する願いをとりだすのは至難の業なのだが、沖縄のひとびとには、共通する熱い想いがある。「基地の縮小、移転」である。これは、財界人をふくめた、圧倒的世論といえる。

　日本にある基地の75パーセントを、この細長い、ちいさな島におしつけられている現実の悲惨から、沖縄の新聞は出発している。（鎌田 2002, p.34-

第Ⅳ章　沖縄の言論空間と地方新聞の役割

35）

それゆえ、本土の紙面とは似て非なるものになるのだが、「それは新聞社の横暴や独断というべきものではなく、ほかならず沖縄世論の反映」であって、「読者と新聞のもっとも幸せな関係」なのである[21]。読者と新聞の距離が近いのは、基地の被害にたいする怒りというよりも、基地をそのままに頬被りしている「本土」への怒りによるものだと、鎌田はとらえている。こうした「怒り」こそが、沖縄の新聞の「立ち位置」を特徴づけているものの一つだろう。

たとえば、先に社説の視座で取り上げた『沖縄タイムス』2010年5月24日の社説では、そうした県民の怒りを共有していることを示す象徴的な見出しを目にすることができる。この社説は「辺野古回帰」と題されており、米軍普天間飛行場の移設先を名護市辺野古に決めたことを受けてのものだが、その欄の中央には〈怒　怒　怒　怒　怒…〉と見出しが打たれており、まさに社説において、「県民感情」が強調された表現になっている。これは、鳩山首相が仲井真知事との面談のために来県した際に、沿道を埋めた多数のプラカードに書かれた「怒」の文字をそのまま用いたもので、まさに県民の立場にたって、人びとの抗議の響きとその活動をそのまま伝えるものといってよい。

おそらくこうした「怒り」と結びついた「抵抗」のジャーナリズムの一つの出発点は、1956年に、プライス勧告に示された軍用地問題に端を発した「島ぐるみ闘争」の爆発的な高まりに求めることができるだろう。

戦後沖縄の言論は米軍に統制されていたこともあり、最初に沖縄の人びとの窮状を広く伝えたのは『朝日新聞』の報道であったとされている。その記事（1955年1月13日朝刊）は、社会面（第7面）を大きく使い、〈米軍の「沖縄民政」を衝く　米国からの手紙で自由人権協会が調査〉との見出しのもとでいくつかの論点が示され、〈農地を強制借上げ　煙草も買えぬ地代〉といった訴えを伝えていた。「沖縄問題」に関するこの報道は当時、本土で大きな反響を呼んだといわれている。また、孤立した闘いを余儀なくされていた沖縄の民衆にか

(157)

ぎりない励ましを与えたともいわれている[22]。

　沖縄では、その後に続く「島ぐるみ闘争」が地元の地方新聞に方向性を与えたといわれている。すなわち、それまでは、占領下にあって、対米追従的な姿勢であったり、政府批判ができにくい状態であったりしたのだが、「軍用地問題」を契機に住民運動が盛り上がり、それが新聞の論調を変えていったという側面があった。それは、住民の立場に立った報道であり、統治者への批判を含む記事への変容を促すものとなったわけである。つまり、沖縄の「抵抗」のジャーナリズムは、新聞側から形成されていったというよりも、むしろ住民の運動のなかから形作られていった側面があったといえる[23]。

　沖縄では、これまでにもいく度か、「島ぐるみ」に相当する運動が展開されてきているが、戦後50年に当たる1995年の「米兵による少女乱暴事件」に端を発した「基地問題」のジャーナリズムは、「怒り」や「民意」が発露され、新聞が社会・政治問題を構築していった、また、その問題が現在にもつながっている一つの象徴的な事例として位置づけられる[24]。実のところ、この事件報道は、被害者の人権を守る立場から事件発生の報道は見送られており、〈暴行容疑で米兵3人の身柄拘束　県警〉という、小さな2段の見出し記事（『琉球新報』1995年9月8日夕刊社会面）から始まっている。しかしながら、「この事件がきっかけとなって、県民の反基地感情に火をつけ、40年ぶりの"島ぐるみ闘争"から安保論争という"パンドラの箱"を開ける勢いにまで発展して」いくことになり、新聞においても沖縄からの「基地問題」の「異議申し立て」「検証作業」「キャンペーン報道」が勢力的に展開されていった[25]。

　こうした報道姿勢は現在の沖縄の新聞ジャーナリズムの方向性を示すものである。それは「それぞれの地域社会に内在する固有の問題を当事者意識に立って論争的に提示するという方向」をもつものであり、「地域の人びとととともに当事者として問題をとりあげ、その是非と解決を論じる」活動として位置づけられる[26]。

第Ⅳ章　沖縄の言論空間と地方新聞の役割

(2) 沖縄の「声」のジャーナリズム

　前節の社説の視座で指摘した「民意の強調」は、一般のニュース報道においては県民を中心とした沖縄の「声」を反映したジャーナリズムの実践として現れる。先にみた「普天間問題」をめぐる最終局面での報道においても、読者の声やオピニオン・論壇などの常設欄とは別に、新聞紙面に多くの県民の「声」が掲載されている。その主な記事を例示すれば、以下のようになる。

Ⅰ　ニュース報道と関連して独立したコラムのような形式で「声」を伝えるもの
※いずれも発言者の氏名・顔写真・年齢・居住地などとともに掲載
① 「4・25県民大会」を伝える記事との関連で
　a.『琉球新報』4月26日　参加者の声20名
　b.『沖縄タイムス』4月26日　参加者の声20名、県民の声「私も言いたい」8名
② 「首相来県」の記事との関連で
　a.『琉球新報』5月4日　県民の声「首相に言いたい！」8名
　b.『沖縄タイムス』5月5日　「首相来県発言要旨」の紙面での県民の声10名
③ 「5・15平和行進」の記事との関連で
　a.『琉球新報』5月16日　「5・15平和行進　参加者の声」で参加者の声5名
④ 「基地包囲行動」に関する記事
　a.『琉球新報』5月17日　「普天間包囲行動　参加者の思い」で参加者の声16名
　b.『沖縄タイムス』5月17日　「普天間問題　首相へ訴え」で参加者の声10名

Ⅱ　特集や企画連載などの記事のなかで「声」を伝えるもの
① 『琉球新報』
　4月27～29日　「民意は伝えた　4・25県民大会　それぞれの思い」（上・中・下）
　5月7～9日　「裏切られた民意　首相「県内」表明への怒り」（上・中・下）
　5月28～31日　「許さぬ〝頭越し〟日米合意への怒り」（全4回）
② 『沖縄タイムス』
　4月28～30日　「民意一つに　県民大会を終えて」（上・中・下）
　5月7～11日　「裏切られた民意」（全5回）
　5月25～28日　「『辺野古』回帰の波紋　5月〝決着〟の影で」（全4回）

たとえば、前掲Ⅰのなかで、下記に示したいくつかの具体的な声（発言者に関する情報は省略、カッコ内は掲載記事の整理記号）に耳を傾けてみると、紙面に反映された「普天間問題」に関する「民意」の現勢を確認できるように思われる。

〈政府に主体性求める〉沖縄の置かれた立場が、あるときはクローズアップされ、あるときは忘却されるように、すり替えられる現実を何とかしたい。基地は国外へ。撤去が無理なのであれば、公平に負担していくべきだ。政府に主体性を求めたい。（Ⅰ①a.）

〈県民の声に耳傾けて〉日本の安全保障に米軍基地が必要だというが、それなら沖縄にだけ置かないで、国全体で負担してよ。そういう声を発しないといけない。そうしないと、また声自体がないことにされてしまう。政府はこの県民の声に耳を傾けてほしい。（Ⅰ①b.）

〈米機騒音で起床　体縮むほど怖い〉朝は午前5時ごろ、（米軍普天間飛行場の米軍機の）エンジン調整音で起きる。母の服を必死でつかみながら逃げた、沖縄戦の体験がある。米軍機のごう音を聞くと、車中にいても体を縮めてしまうほど怖い。首相はまだアメリカを向いている。もっと県民の声を聞いてほしい。（Ⅰ②b.）

〈基地のおしつけ　明らかに差別だ〉戦後65年、沖縄だけに基地負担をおしつけてほったらかしているのは差別以外の何物でもない。全国どこも引き受けると手を挙げるところはないし、知らんぷりだ。政府は沖縄を知らなすぎる。真の友愛精神、民主主義を唱えるならば、差別をなくすことが先決だ。（Ⅰ②b.）

〈子供を被害に遭わせたくない〉大謝名に暮らしており、米軍機騒音に常にさらされている。沖国大ヘリ墜落事故の発生直後、地域の生活道路が封鎖されたことを今も鮮明に覚えている。子供たちに基地被害を体験させたくない。基地をなくしてほしい。（Ⅰ④a.）

〈代替でなく平和的に撤去を〉沖国大の米軍ヘリ墜落事故を機に、このままではいけないとの思いを強くした。沖縄にこれ以上、基地を押し付けるのではなく、また日本のどこかに代替基地を造るのではなく、日米両政府は平和的に撤去してほしい。（Ⅰ④a.）

　ここで語られているさまざまな「思い」や「考え」が「民意」として存在するものとなるのだろう。「民意」とは、ある事象について人びとが願っていることや求めていることを含むものだろうが、人びとの「意識」は不定形・不確定でとらえどころのないものである。したがって、人びとの「思い」や「考え」がなんらかのかたちで表明されなければ、その「民意」の存在を知覚することができない。そうした「民意」は、一定の仕組み（選挙、住民投票、政党の予備選挙、世論調査など）によって「知覚」されるものにすぎないのかもしれない（髙作正博 2013, p.23）。しかしながら、議会での討議や、選挙・住民投票の結果などとは異なる「非制度的な手続き」によって、その時々の文脈に沿いながら「民意」を知覚できる場所・空間をニュースメディアに求めることも可能ではないだろうか。そうであるならば、新聞メディアも「民意」の反映・形成の場所・空間の一つとなり、「民意の代弁者」となりえるだろう。具体的には、上に引用したように、新聞紙面（空間）に当事者・関係者の発言が掲載されることで、具現化された「民意」として公的に知覚されることになるといってよい。

⑶　ローカルジャーナリズムの「当事者性」

　こうした沖縄の新聞ジャーナリズムの実践は、ある程度、寺島英弥のいう「つながるジャーナリズム」に近似する報道姿勢に沿うものだろう。寺島（2008）によれば、情報や訴えの発信の主体とは、地域に暮らすさまざまな「個」の当事者側であり、マスメディアは、読者や視聴者でもある地域の一人ひとりから、「自由に表現する権利」や「知る権利」としての報道活動をいわば委託されており、新聞の役割は、'Vulnerability'をもつ者（「社会的に不利益を受けやすい弱者」ないしは「さまざまな問題を抱えている人びと」）に発言の「場」を提供し、課題の解決に役立てていくことであり、記者も地域社会の一員として位置づけられる。こうした「つながるジャーナリズム」の見方からすれば、発言の場のない当事者の声を、新聞がいかに読者や社会につなぐ場になれるか、記者がその担い手（つなぎ手）になれるかが、またその活動が問題の解決につながっていくかが、新聞の評価として問われてくるのである（評価する主体も当事者側である）。

　当事者の側にたつローカルジャーナリズムの実践は、「ある問題を、誰が、どんな立ち位置から、誰に向かって語るのか、というポジショナリティの問題」と密接にかかわっており、沖縄の「基地問題」などを考える際にも発話者のポジショナリティの問題が言及されることがある（宮地尚子 2007, p. 127）。前項で例示した「普天間問題」の報道における当事者の発言のなかに「基地をおしつける」といった表現がみられるが、それは「不利益を受けやすい弱者」や「問題を抱えている人」からの「声」だからである。当事者の立場からすれば、「基地がある」のではなく、「基地が押しつけられている」のである[27]。

　また、当事者の側にたつジャーナリズムからすれば、アメリカや日本の政府とも関わる「基地問題」の扱いにおいても、「基地被害」に関する県民の「声」が伝えられているように、つねに生活の現場から住民の目線に立った報道（「生活政治」のジャーナリズム）がなされている側面がある。空を仰いで「あ

れが隊長機だ」といえるのも、また「きょうの騒音はひどい。いつもと違う」と、住民と同じ目線で語ることができるのも地元紙記者なのである（長元 2013, p. 25）。こうした視点は、地域密着のローカルジャーナリズム一般に共通する立ち位置だといえよう。

『琉球新報』で軍事・基地問題担当の経験をもつ松元剛は、日常生活を寸断する米軍機の爆音の深刻な被害に接した経験が自らの基地取材の原点にあるとして、「基地に接して暮らす多くの住民の苦しみを共有しながら、住民の目線で基地問題をとらえ、肩肘張ってその弊害をただす報道に軸足を置く。これが沖縄の基地ジャーナリズムの立ち位置」（松元 2006, p. 151）であると述べている。松元によれば、こうした軸足は現場を踏むことによって形作られるのであり、「日常を脅かす基地の存在をとげのある目線で定点観測しつつ、対米追従を繰り返す日米関係の危うさを鋭く突いていく報道」（p. 158）が求められているのである。つまり、「生活」を軸とした基地負担の軽減の要望や訴えは、イデオロギーの問題ではなく、人権、環境、まちづくりの問題であることを意味しており、そうした報道姿勢が「基地問題」の報道においても重視されているのである。

おわりに：ローカルジャーナリズムがめざすべきもの

本稿で取り上げた沖縄における「普天間問題」の報道は、「辺野古への移設」をめぐって現在もいまだ継続されている。その報道を通して確認したことは、沖縄の新聞ジャーナリズムが、問題を抱える当事者の側にたった民意の代弁者として活動をしているという、そのローカルジャーナリズムとしての立ち位置である。

もちろん、「普天間問題」に具現されている「基地問題」は、いわゆる「沖縄問題」の中心をなすものであるが、それはたんに「沖縄が抱える問題」という意味での「地域の問題」に矮小化されるものではなく、「沖縄が体現する日

本全体の問題」としてより普遍性をもつものであるから、沖縄の「声」は地域のなかで閉じられたものとしてとどまるのではなく、各種のニュースメディアを通して、その地域を超えて広く全国に届かなければならいだろう。地域の内部の「声」を聞き、それを地域の外部に伝えること、これもローカルジャーナリズムに求められる活動だろう。

　花田達朗（2012）はジャーナリズムの使命として「公権力の監視」と「弱者への寄り添い」を挙げている。この二つは相互に連動するものであるが、ここでの「弱者」とは権力構造・社会構造の中で権力と資源を持たないが故に弱い立場に置かれている人びとのことであり、だからこそ、誰かが「弱者」の側にたってその声に耳を傾け、証人となり、その声を記録して、それを社会一般と国家へ伝えなければならない。また、「寄り添う」とはその生活の現場で当事者に寄り添うということであり、当事者の言葉をその現場で聞き、その言葉の背後にある歴史的・社会的文脈とともに理解することだという（花田 2012, p. 585）。この意味で沖縄の新聞ジャーナリズムは「当事者に向き合う現場主義」で貫かれているといえるだろう。

　また本稿でいう「ローカルジャーナリズム」の「ローカル」はたんに自治体の単位を意味するものではない。それは、一つの「地域」をさす言葉として、また全国紙と地方紙の区分からもわかるように、「全国／中央（national/central）」にたいする「地域／地方（local/ peripheral）」をさす言葉として通用している。「ローカル」とは、自らが直面する課題を解決するための生活圏の空間的広がりを示すもので、その意味で、ある時には自治体をさす場合もあれば、広域的な地域をさす場合もあるが、「ローカル」はあくまでもそこに住む人を中心として展開する意味連関をもった生活空間としてとらえることができるだろう（藪野祐三 2005, p. 14）。

　新聞ジャーナリズムが、その生活空間に軸足を置いて地域住民に寄り添い、人びとが抱える問題解決の視点を報道していくこと、言い換えれば、新聞自体が当事者意識をもって弱者に寄り添うなかで、記者が「ローカル」という現場

で当事者の声を聞き、当事者が抱えている問題の解決を見出し、より普遍的な問題に接合させていくこと、これが地方新聞の重要な役割の一つではないだろうか。

そもそもジャーナリズムの目的が、市民の自由、そして自治に必要な情報を市民に提供することであるとすれば（コヴァッチ B.・ローゼンスティール T. 2001＝2002, p.13)、新聞のニュース報道や評論・解説は、政治的主体の形成と密接にかかわっているといえる。沖縄の地方新聞が、そのニュースや評論を通して、政治的主体の形成にどのようにかかわっているのか、あるいは政治的主体化の契機をどのようにつくりだしているのかは、今後にさらに検討していかなければならないが、自治の観点からすれば、沖縄という地域における政治的主体——それは同時に地域社会の生活者でもある——を、デモクラシー（共同の意思決定による自治の実践）の担い手として主体化することができるかどうか、その可能性が問われなければならないだろう。

表Ⅳ-3 『琉球新報』2010年5月の社説一覧

日付	テーマ	見出し	小見出し	備考
1日	① 上海万博開幕	協調と指導力高める祭典に		-
	② メーデー	原点に返り意義考えたい		C
2日	① 米軍再編4年	県外・国外軸に修正図れ		A
	② 学童指導員増員	公的支援さらに強化を		-
3日	憲法記念日	9条の輝き世界へ次代へ 命守る政治の有言実行を	「空洞化」と基地が連動 「改憲ありき」脱皮を	B
4日	鳩山首相へ	「福案」でなく「覆案」か 知恵ある「次」に解決期待	民の声聞く耳どこへ 地位協定改定も急務	A
5日	首相来県	民意傾聴し「県内」断念を 新基地建設しては禍根残す	疑わしい「抑止力」 基地集中は差別	A
7日	① NPT会議	相互不信脱し、核廃絶図れ		-
	② もんじゅ再開	不安は解消されていない		-
8日	① 徳之島移設案	対症療法をやめ根治策を		A
	② ギリシャ危機	各国は強調し支援強化を		-
9日	① 生物多様性	県域を越え地域戦略築け		C
	② 交通事故損失	若者啓発は大人の使命だ		-
10日	① 普天間政府案	米政権の対応は不可解だ		A
	② 在外公館勧告	特権意識排し業務改めよ		-
11日	① 英国総選挙	問われる二大政党制の是非		-
	② B型肝炎訴訟	一日も早い解決が必要だ		-
12日	① 5月末「断念」	決着は民意を踏まえてこそ		A
	② パロマ事故判決	安全管理に自覚と責任を		-
13日	① 知事に望む	政府との交渉は堂々と		A
	② W杯日本代表	全力で挑み勝利をつかめ		-
14日	① 米軍実弾訓練	危険な嘉手納も撤去論議を		C
	② 自殺者3万人超	社会全体で防止に努めよ		-
15日	本土復帰38年	未来開く自助努力を 脱基地、自立への志強く	沖縄密約が示した背信 確かな眼力と文化の力	B
16日	今日包囲行動	普天間撤去の意志示そう 基地集中は差別そのもの	政治家の無理解 我慢の限度	A
17日	① 小沢氏再聴取	政界の"病巣"根絶へ毅然と		-
	② タクシー苦境	需要喚起で顧客取り戻せ		-

(166)

第Ⅳ章　沖縄の言論空間と地方新聞の役割

18日	① KY内閣	暦より民意読み問題解決を		A
	② タイ騒乱	罪のない人々の命奪うな		−
19日	① 国民投票法	改憲より「活憲」が大切だ		
	② 口蹄疫	水際対策強化し侵入阻め		
20日	① 沖縄一括交付金	かさ上げ額確保は当然だ		
	② 外壁落下	定期調査と補修が不可欠		
21日	① 韓国哨戒艦沈没	軍事的緊張を回避せよ		C
	② アスベスト訴訟	救済より補償に重点を		
22日	① 米国務長官来日	明確な民意を受け止めよ		A
	② 裁判員制度1年	冤罪撲滅図る司法改革を		
23日	① 首相再来県	原点に返り「県外」追求を		A
	② 仕分け第2弾	天下りの"本丸"に迫れ		
24日	辺野古移設表明	実現性ゼロの愚策撤回を 撤去で対米交渉やり直せ	首相に「三つの軽さ」 民意に立脚した同盟を	A
25日	普天間と振興策	アメとムチもはや通じず 経済発展阻むのは基地	優れた判断 機会損失は莫大	A
26日	アメリカに問う	民主主義の王道 普天間県外移設に舵を切れ	日米安保不安定化の根 敵意に囲まれた基地へ	A
27日	普天間と民主主義	県内移設は権力の暴走だ 「改革」の原点に回帰を	政争の具にするな 進む「解釈改安保」	A
28日	普天間と政府方針	日米関係のあいまいさ象徴 玉虫色が残す将来への禍根	「撤去」の基本に回帰を 背信行為隠す二枚舌	A
29日	福島大臣罷免	非は沖縄切り捨てた側に 政権トップの感覚を疑う	日米声明で決着せず 民意無視合意は破綻	A
30日	① 施政方針写し	市長は自分の言葉で語れ		−
	② 相撲界不祥事	闇社会との関係を断て		
31日	① 社民政権離脱	「国外・県外」の追求継続を		A
	② NPT最終合意	核廃絶の工程表が必要だ		

※6日は新聞休刊日（『沖縄タイムス』も同様）
※「移設問題」への言及の分類（『沖縄タイムス』も同様）
　A：直接に「移設問題」に関連するテーマに掲げて言及しているもの
　B：個別テーマとの関連で「移設問題」に言及しているもの
　C：個別テーマに敷衍して「移設問題」に言及しているもの
出所）『琉球新報』の社説をもとに筆者作成

(167)

表IV - 4 『沖縄タイムス』2010年5月の社説一覧

日付	テーマ	見出し	備考
1日	上海万博開幕	信頼を伴う経済発展を	C
2日	生活保護最多	「格差と貧困」にメスを	−
3日	憲法記念日	公文書はだれのものか	−
4日	鳩山首相来県	県内移設は無理だ	A
		海兵隊の必要性議論せよ	増枠
5日	首相「県内」容認	何を信じろというのか	A
7日	「普天間」大迷走	民主党に骨はないのか	A
8日	ギリシャ危機	「対岸の火事」ではない	−
9日	派遣法改正	希望の持てる働き方へ	−
10日	参院選共闘難航	このままでは民意漂う	C
11日	「普天間」政府原案	反対ばかりの中でなぜ	A
12日	B型肝炎和解	万全の救済策が必要だ	−
13日	普天間問題と県政	知事はどうしたいのか	A
14日	小沢氏政倫審へ	真相を包み隠さず話せ	−
15日	復帰38年	沖縄の終わらない戦後	B
16日	米軍機飛行規制	有名無実化していないか	−
17日	くい打ち政府案	閣議了解は最悪事態だ	A
18日	口蹄疫対策	感染封じ込めに全力を	−
19日	一括交付金	地域性を考慮すべきだ	−
20日	国民投票法施行	強行策のツケが今に…	C
21日	裁判員制度1年	多角的な検証が必要だ	−
22日	小沢氏再び不起訴	まだ決着してはいない	−
23日	鳩山首相再来県	シマがまた分断される	A
24日	辺野古回帰	怒 怒 怒 怒 怒…	A
25日	韓国哨戒艦沈没	国際社会が共同対処を	−
26日	児童ポルノ	サイバー虐待見逃すな	−
27日	事業仕分け	天下りの弊害が随所に	−
28日	全国知事会	本土側が声上げる時だ	A
		不公平の放置許されず	増枠
29日	日米共同声明	首相の退陣を求める	A
		沖縄を再び切り捨てた	増枠
30日	安保の歪み	解消されない不公平	A
		県民に「悔しい思い」	増枠
31日	社民 政権離脱	ひるまずに存在感示せ	A

※『沖縄タイムス』の社説に「小見出し」はない
出所)『沖縄タイムス』の社説をもとに筆者作成

第Ⅳ章　沖縄の言論空間と地方新聞の役割

注　記

＊本論文は以下の2つの拙稿を一部再構成したうえで加筆改稿したものである。
「日本のなかの沖縄の新聞―ローカルジャーナリズムの立ち位置―」(関西大学経済・政治研究所『セミナー年報2011』2012年3月)
「戦後沖縄における新聞ジャーナリズムの営為と思想―『琉球新報』と『沖縄タイムス』を事例として―」(関西大学経済・政治研究所『日本の地域社会とメディア』研究双書　第154冊　2012年3月)

1) サンフランシスコ講和条約締結・発効(1951・1952年)」は1位・2位の出来事と深くかかわるものであるが、それ自体は3.3%で下位(その他を除く17項目中16位)にとどまっている。この調査は、沖縄県内満20歳以上の者2,000人を対象に実施されたもので、調査期間は2011年11月1日〜24日、有効回収数は1,137人(有効回答率56.9%)である。詳細は琉球新報社編(2012)を参照のこと。
2) 「27度線」は対日講和条約によって日本本土と沖縄を分離する、洋上に引かれた「国境線」を指している。
3) 「銃剣とブルドーザー」とは、米軍による基地建設のための強制的な土地収用を指す言葉である。米国民政府は、1953年4月3日に布令109号「土地収用令」を公布し、真和志村安謝・銘刈、小禄村具志、伊江村真謝、宜野湾村伊佐浜など、各地で強制的な土地接収を開始した。武器を持たず必死に反対を訴える住民に対し、米軍兵士が銃剣で武装し、ブルドーザーを使って家屋を押しつぶし、耕作地を敷きならしていった。
4) この調査は、沖縄県の20歳以上の県民1,000人を対象に実施されたもので、調査期間は2012年2月18日〜3月4日、有効回答数(率)1,123人(62.4%)である。詳細については、河野啓・小林利行(2012)および河野啓(2013)を参照のこと。
5) 太平洋戦争時に政府が進めた一県一紙体制は、沖縄では1940年12月25日に、その当時活動していた主要3紙――『琉球新報』『沖縄朝日新聞』『沖縄日報』――が『沖縄新報』に統合されるかたちをとった。それ以降は『沖縄新報』が1945年の敗戦時までの唯一の報道機関であり、その新聞発行は首里が陥落する寸前の5月24日まで続けられた。

　　新聞発行は戦時中にいっとき途絶えたが、現在の『琉球新報』の前身である『ウルマ新報』が沖縄の中部に位置する石川市(現・うるま市)で、1945年7月26日に創刊されたところから戦後の沖縄の新聞が始まる。

　　『ウルマ新報』は米占領軍が石川収容所にいた島清に依頼し指示してつくらせたもので、事実上の創刊者は米占領軍であって、沖縄人が最初から主体的に企画し創刊したとはいえないものであった(大田 1966, p.25)。沖縄の人々の戦後が収容所で始まっているのと同

(169)

じく、沖縄の戦後ジャーナリズムも——これをジャーナリズムと呼ぶことができるのであれば——収容所から始まっている。『ウルマ新報』の発行は、『沖縄新報』が廃刊してから約二ヶ月後の、また沖縄戦が事実上終結した6月23日から約一ヶ月後のことであり、日本で戦争が終結したとされる8月15日以前のことである。この時点で、すでに沖縄では戦後に向けての、また米軍の占領に向けての新聞発行が行われていたことに留意すべきだろう。

6) 一般日刊紙の総発行部数は2013年10月時点の統計（日本新聞協会調べ）による。また、5大全国紙の発行部数合計は2013年1月〜6月の統計（日本ABC協会調べ）による。

7) 都道府県別のデータはウェブサイト「読売広告ガイド」に掲載されている「販売部数都道府県別上位3紙」を用いている。
URLは http://adv.yomiuri.co.jp/yomiuri/busu/busu09.html

8) ちなみに、全国紙についてみると、1紙単独で都道府県ごとの世帯普及率が4割を超えるものはない。また、2紙合計でその普及率が5割を超えている県は茨城県、埼玉県、千葉県（東京首都圏）と、奈良県、山口県の5県である。

9) 昨年2012年同期（1月〜6月）のデータによれば、1位は『沖縄タイムス』で発行部数（自社公称）185,439部、世帯普及率32％であり、2位の『琉球新報』は発行部数（自社公称）171,650部、世帯普及率30％であり、両紙合計の普及率は62％である。

10) 清水は、ニュースの共有に関して、全国紙との提携とは別に、地方紙間での記事交換や共同企画による記事の作成・掲載などの取り組みを評価している。清水(2010, 2012, 2013)を参照。

　　また、ニュースの共有化は、事業の収益性を別にすれば、紙媒体の紙面から離れてインターネットの利用が考えられる。実際に地方紙の一部のニュースは、「47NEWS」（全国47都道府県・52参加新聞社と共同通信の内外ニュースサイト）や、新聞社が提携しているニュース検索サイトなどで流通している。また、新聞社自らがニュースサイトを運営することで多様な地域ニュースを提供しているので、新聞紙の販売エリアを超えたニュース利用はある程度まで可能になっている。くわえて、「電子新聞」（紙媒体の紙面そのものをインターネット上で閲覧可能なデジタル新聞）は、従来の郵便による新聞紙送付とは異なる、販売エリアを超えた新聞紙の流通形態とニュースの流通構造に変容をもたらしている。ちなみに、沖縄の地方新聞2紙はともに「電子新聞」のサービス提供（有料）を行っている。

11) 沖縄国際大学南島文化研究所 (2006), p.1.

12) 沖縄国際大学南島文化研究所 (2006), p.31.

13) 沖縄国際大学南島文化研究所 (2006), p.33. なお、「先日の都市型訓練施設の抗議大会」とは、米軍キャンプ・ハンセン演習場「レンジ4」の都市型戦闘訓練施設での実弾射撃訓

練中止を訴える、超党派による緊急抗議県民集会のことを指している（2005年7月19日に金武町で開催）。基地問題に関する超党派の抗議県民集会は、都市型訓練施設の問題での開催は初めてであり、米兵による少女乱暴事件に抗議するため1995年10月21日に宜野湾市で開催された10・21県民大会以来10年ぶりのことであった。

14) こうした地元紙と全国紙との間の「温度差」に関することは新聞紙面でも取り上げられている。たとえば、沖縄タイムス・琉球新報・共同通信3社企画というユニークな連載『日本はどこへ 普天間交渉』（沖縄タイムス掲載期間：2011年4月26日～5月7日全11回）のなかの一つの記事（第7回5月2日掲載）では、本土メディア・全国紙への「不信感」がニュースの切り口になっている。記事では、米軍普天間飛行場の「県内移設」断念を訴える地元2紙と、県内の「辺野古移設」が最善と主張する本土大手紙の社説を対比させるなかで、基地問題とその報道では「政府と沖縄県との間の溝と同様に、沖縄のメディアと本土のメディアとの間にも大きな『温度差』がある」ことを指摘し、基地問題に関して「本土メディアが議論を深める役割を『放棄』しているとの不信感」が今も根強くあることを示している。

15) 民主党政権政策マニフェスト2009には、「7 外交 51 緊密で対等な日米関係を築く」のなかに「日米地位協定の改定を提起し、米軍再編や在日米軍基地のあり方についても見直しの方向で臨む」と記載されている。ちなみに、菅直人政権での民主党政権政策マニフェスト2010では、「3 外交・安全保障」のなかで「普天間基地移設問題に関しては、日米合意に基づいて、沖縄の負担軽減に全力をつくします」という方針転換が示されている。かわって、「強い経済」のなかで、「沖縄」が設定され、「沖縄を東アジアの経済・文化交流の拠点と位置づけ、地域の特性を活かせる施策の先行実施や、地域独自の施策の支援を行います」と謳われている。

16) 記述にあたっては『琉球新報』『沖縄タイムス』両紙の記事内容を参考にした。

17) 沖縄タイムス社調査は5月6～8日の3日間、県内の電話データに基づき、無作為に電話をかけて回答を得る方法で実施され、回答者は663人（男性287人、女性376人）であった。

18) 琉球新報社調査は、5月28～30日の3日間、県内の11市と14市町村に住む有権者を対象に無作為に発生させた番号に電話をかけて回答を得る方法で実施され、回答者は1,588件のうち1,026人であった。

19) 共同通信社調査は、5月28・29日の2日間、全国の有権者を対象に、無作為に発生させた番号に電話をかけて回答を得る方法で実施され、回答者は1,457件のうち1,033人であった。

20) 鹿野政直「沖縄の呻吟 本土が呼応を」（『朝日新聞』2010年5月24日朝刊）。この記事は鹿野（2011, p.2-3）に収録されている。

(171)

21) 比屋根照夫も雑誌の鼎談のなかで、同様の指摘をしている。「言論が読者に支えられていて、読み手と書き手の間にダイナミズムがある。それが沖縄の新聞の大きな特徴です。……新聞社が県民をどこかに誘導しようということではなくて、民意の上にたっている。沖縄の戦後のさまざまな体験、重層的な声が反映されているということだと思うんです。」(鼎談「本土紙と地元紙の溝を埋める『沖縄報道』に欠けている視点」『Journalism』2013年2月号、p.5)
22) 中野好夫・新崎盛暉 (1976)『沖縄戦後史』岩波新書 p.80-82を参照。
23) 少なくとも1950年代半ばごろまでは、沖縄における新聞ジャーナリズムの指導性には限界があったといえる。この点に関して大田 (1966) は、「新聞が戦争直後から沖縄民衆のあいだに潜在的に存在したものを引き出し、意見の形成を助け、明瞭なる目的をあたえる役割をはたしたとはいえない」と結論づけ、「むしろ逆に、もり上がる一般民衆の声が新聞論調を変え、やがて新聞に指向すべき目標をあたえた」と述べている (p.96-97)。
24) 県民感情や民意を軸に1995年の「少女暴行事件」を事例として報道の言説分析を行ったものに、山腰修三 (2011) がある。
25) 当時の報道内容をまとめたものとして、琉球新報社編集局編 (1995)『異議申し立て 基地沖縄』琉球新報社、沖縄タイムス社編(1996)『50年目の激動——総集 沖縄・米軍基地問題——』沖縄タイムス社がある。
26) 林 (2006) p.77を参照。林は、「観察・解釈ジャーナリズム」——地域社会の成員に代わって状況を定義づけるジャーナリズムの営為——にたいして「関与・解決ジャーナリズム」と位置づけている。後者は、状況を進んでつくりだし、当事者の一員となって、問題に関与し、その解決にのりだしていくジャーナリズムの営為としてとらえることができる。
27) 野村浩也は、「在日米軍基地の75％が沖縄にある」といった記述の仕方を、客観的・事実確認的・学問的・非政治的なものとして安易に承認するわけにはいかず、沖縄人というポジショナリティから言い直せば、「日本人は在日米軍基地の75％を沖縄に押しつけている」というのが正確であり、米軍基地は、多くの沖縄人の意志に反して、日本人が民主主義を通して強要しているものであり、あくまで人為的、政治的そして暴力的産物なのだが、前者の記述は、基地を強要している側、すなわち日本人というポジショナリティが消去されている、と指摘している (2001, p.178)。ここで、日本人と沖縄人は植民者と被植民者の関係として語られており、ポジショナリティはその政治的・権力的な位置を意味している。

　本稿で用いている「普天間問題」という表現もジャーナリズムの立ち位置と関係しているところがある。「移設問題」とも「返還問題」とも表記せず、便宜的に「普天間問題」を用いることにした理由は、「返還」「撤去」「新基地」ではなく、「移設」という表現その

第Ⅳ章　沖縄の言論空間と地方新聞の役割

ものに一定の見方が反映されることに注意が必要だからである。『琉球新報』2010年5月28日の社説では、その表現について概要つぎのように説明されている。政府や本土主要各紙では普天間「移設」問題として取り扱われるが、普天間問題の原点は「返還」ではなく「撤去」だった。しかし、県民の「返還」要求を、政府は米国との交渉で逆手に取られ、返還する代わりに「代替施設」を要求された。その普天間問題は、名護市辺野古では「返還」でも「移設」でもなく、「新基地建設」問題として表現されるが、米軍と日本政府にとっては「日米安保が果たす抑止力に必要な海兵隊基地の移設」という主張から、「移設」問題として強調される。言葉が違うと受け止め方も異なるが、「普天間問題」という言葉には、撤去、返還、移設、新基地建設という多様な立場と意味が含まれている。どういった表現・言葉を用いるかは、その使用者の立ち位置を示すことにもなる。

引用文献・参考文献一覧

【引用文献・参考文献】

新崎盛暉（1968）「沖縄「問題」の二十余年」（中野好夫編『沖縄問題を考える』太平選書）

新崎盛暉（2005）『沖縄現代史新版』岩波新書

石坂悦男編著（2013）『民意の形成と反映』法政大学出版局

稲葉三千男・新井直之・桂敬一編（1995）『新聞学〔第3版〕』日本評論社

内田満編（1999）『現代日本政治小事典』ブレーン出版

エルドリッヂ，ロバート・D.（2003）『沖縄問題の起源』名古屋大学出版会

大田昌秀（1966）「沖縄の新聞」（辻村明・大田昌秀『沖縄の言論——新聞と放送——』南方同胞援護会）

大田昌秀（1969）「沖縄新聞小史」（『新聞　沖縄戦後史——沖縄タイムス社史——』沖縄タイムス社）

大田昌秀（1985）「政治ジャーナリズム論」（日本新聞学会、現・日本マス・コミュニケーション学会『新聞学評論』34号）

沖縄国際大学南島文化研究所（2006）『米軍ヘリ墜落事件は、どのように報道されたか——全国マスメディア対象悉皆調査——』（海兵隊ヘリ墜落事件報道実態調査研究会報告書2006年1月13日）

沖縄タイムス社編（1996）『50年目の激動——総集　沖縄・米軍基地問題——』沖縄タイムス社

川平成雄（2011）『沖縄空白の一年　1945-1946』吉川弘文館

鎌田慧（2002）『地方紙の研究』潮出版社

鹿野政直（2011）『沖縄の戦後思想を考える』岩波書店

河野啓・小林利行（2012）「復帰40年の沖縄と安全保障——「沖縄県民調査」と「全国意識

(173)

調査」から──」(NHK放送文化研究所『放送研究と調査』2012年7月号)
河野啓 (2013)「本土復帰後40年間の沖縄県民意識」(NHK放送文化研究所『NHK放送文化研究所年報2013』第57集)
コヴァッチ, B.・ローゼンスティール,、T. 加藤岳文・斎藤邦泰訳 (2001=2002)『ジャーナリズムの原則』日本経済評論社
清水真 (2010)「地方紙の存在証明」(高田昌幸・清水真編『日本の現場 地方紙で読む』旬報社)
清水真 (2012)「米軍再編を巡る地方紙の報道」(花田達朗・高田昌幸・清水真編『日本の現場 地方紙で読む 2012』旬報社)
清水真 (2013)「民意を繋ぐ回路の模索──地方紙の記事交換・インターネットジャーナリズム──」(石坂悦男編著『民意の形成と反映』法政大学出版局)
新城郁夫 (2010)『沖縄を聞く』みすず書房
高作正博 (2013)「民主主義における『民意』と『討議』[附論]民意へのアプローチ」(石坂悦男編著『民意の形成と反映』法政大学出版局)
田仲康博 (1999)「『沖縄問題』と『沖縄の問題』」(状況出版編集部『沖縄を読む』状況出版)
寺島英弥 (2008)「地域コミュニティーとどうつながるか──『当事者の発信』を支援する地方紙の新たな可能性──」(日本新聞協会『新聞研究』2008年9月号)
長元朝浩 (2013)「普天間問題の打開策を探るメディアの役割とメディアへの期待」(『Journalism [ジャーナリズム]』2013年2月号 朝日新聞社)
野村浩也 (2001)「ポジショナリティ 本質主義 アイデンティフィケーション」(姜尚中編『ポストコロニアリズム』作品社)
野村浩也 (2005)『無意識の植民地主義──日本人の米軍基地と沖縄人──』御茶の水書房
花田達朗 (2012)「『地方』、『現場』、そして当事者──地方紙とフクシマ──」(『日本の現場 地方紙で読む 2012』旬報社)
林利隆 (2006)『戦後ジャーナリズムの思想と行動』日本評論社
藤竹暁編著 (2005)『図説 日本のマスメディア [第二版]』NHKブックス
前田哲男・林博史・我部政明編 (2013)『〈沖縄〉基地問題を知る事典』吉川弘文館
松元剛 (2006)「沖縄・基地ジャーナリズムの立ち位置」(古野喜政・隅井孝雄・川瀬俊治編著『ジャーナリズムのいま』みずのわ出版)
宮地尚子 (2007)『環状島=トラウマの地政学』みすず書房
屋嘉比収 (2005)「銃口はどこへ向けられたか」(黒澤亜里子編『沖国大がアメリカに占領された日 8・13米軍ヘリ墜落事件から見えてくる沖縄/日本の縮図』青土社)
藪野祐三 (2005)『ローカル・デモクラシーⅠ』法律文化社

山腰修三（2011）「沖縄社会における反基地感情のメディア表象：沖縄地方紙の言説分析（1995年9月-11月）を中心に」（慶應義塾大学メディア・コミュニケーション研究所『メディア・コミュニケーション』第61号）
琉球新報社編集局編（1995）『異議申し立て 基地沖縄』琉球新報社
琉球新報社編（2012）『2011 沖縄県民意識調査報告書』琉球新報社

【雑誌記事】
「特集 沖縄の声をどう聞くか」（『新聞研究』1997年8月号 No.553 日本新聞協会）
「特集 民意とは何か」（『現代思想』2008年1月号 vol.36-1 青土社）
「特集 沖縄『復帰』とは何だったのか」（『世界』2012年6月号 岩波書店）
「特集 沖縄報道を問い直す」（『Journalism「ジャーナリズム」』2013年2月号 no.273 朝日新聞社）

【ウェブサイト】
沖縄タイムス http://www.okinawatimes.co.jp/
日本新聞協会 http://www.pressnet.or.jp/
読谷バーチャル平和資料館 http://heiwa.yomitan.jp/index.html
琉球新報 http://ryukyushimpo.jp/

第Ⅴ章　被災地メディアとしての臨時災害放送局
―30局の展開と今後の課題―

市　村　　　元

　はじめに
1　震災当日から設立された「臨時災害放送局」
2　30局の「臨時災害放送局」が生まれた背景
3　臨時災害放送局は何を伝えたか
4　「緊急時の放送」から「復興を支える放送」へ
5　3年目の臨時災害放送局
6　放送局の運営はそう容易くない
7　臨時災害放送局のこれから
　まとめ：臨時災害放送局とは何か

はじめに

　東日本大震災から3年近くが経過した。岩手・宮城の津波被災地ではようやく瓦礫の撤去が進んだが、復興住宅の建設や産業の再生にはなお多くの課題が立ちはだかっている。福島では、原発事故終息のめどは立たず、なお14万人を超える人々が避難生活を送っている（2013年11月現在）。人々が故郷に帰り共同体が再生する日が来るのかどうか、来るとしていつになるのか、そのめどはまったく立っていない。
　そうした状況の中で、震災後のメディアについて振り返りを行なうのはいささか気が引けるところではあるが、本章では、震災後、28自治体に30局誕生し

た「臨時災害放送局」について現段階での評価と課題をまとめたい。

「臨時災害放送局」とは、放送法施行規則第1条の5に「暴風、豪雨、洪水、地震、その他による災害が発生したときに、その被害を軽減するために役立つ」放送と規定された臨時の放送を行なう局である。自治体単位で免許され、自治体の首長が免許人となる。

この制度は、阪神・淡路大震災の直後に総務省が出した「非常災害時における放送局に関する〝臨機の措置〟について」という依命通達[1]によって誕生した。第一号の臨時災害放送局は、兵庫県を免許人とした「兵庫県臨時災害放送局（エフエム796フェニックス）」だった。同放送局は、阪神・淡路大震災後の1995年2月15日から3月末まで、1か月半にわたり、神戸市を中心とする被災者向けに生活情報や支援の情報を提供、その有用性が評価された。

以来、2000年に起きた北海道の有珠山噴火、2004年の新潟・中越地震、2007年の中越沖地震、2011年の秋田県の豪雪被害、宮崎県・新燃岳噴火などに際し、臨時災害放送局が地元自治体に設置され、1ヶ月半から最長1年の期間、ライフライン情報や復興に向けた行政情報を地元住民に提供した[2]。それぞれの活動は大いに評価され、今回の東日本大震災発災までに「大災害時には〝臨時災害放送局〟」という考え方は定着したものとなっていた。

それにしても、今回のように、28自治体に30局[3]もの臨時災害放送局が誕生し、2年8か月を経過した2013年11月現在も、そのうちの14自治体15局が臨時災害放送局としての活動を継続している。これは極めて異例である。免許を付与する総務省では、「今回の災害は想定を大きく超えるもので、総務省の考え方も臨時災害放送局のあり方も、従来とは大きく異なったものとなった」[4]と話している。

東日本大震災以降2年8ヶ月の臨時災害放送局の展開を設立経緯から振り返ってみたい。

第Ⅴ章　被災地メディアとしての臨時災害放送局

1　震災当日から設立された「臨時災害放送局」

(1)　電話による申請で直ちに免許付与

　大震災後、最初に「臨時災害放送局」の免許を受けたのは、岩手県花巻市のコミュニティ放送局「えふえむ花巻（FM-ONE）」である。

　2011年3月11日午後2時46分、えふえむ花巻では新年度に向けたスタッフ会議が開かれていた。そこに震度6弱の揺れ。花巻駅前のビルの3階にある放送所は大きく揺れ、停電で放送はストップ。放送局長の落合昭彦さんらは屋外の駐車場に避難した。誰もが建物の倒壊を心配するほどの揺れだったという。揺れがおさまるのを待って落合さんらは歩いて数分の花巻市役所に向かった。

　えふえむ花巻は、2010年9月に開局したばかりの新しいコミュニティ放送局である。現在の花巻市は、2006年に旧花巻市と東和町、石鳥谷町、大迫町が合併して誕生したのだが、その際、統一的な防災無線システムがないことが問題となった。そこで防災無線に代わる情報手段としてコミュニティ放送局が設立された。市が建設費用を負担し民間が運営する「公設民営」方式であった。そうした経緯から、えふえむ花巻は市と防災協定を結び、大災害など「緊急時には市の災害対策本部から放送を出す」ことを決めていた。

　落合さんらが市役所に向かったのはそのためだが、同時に「非常用発電機のある市役所からであれば、放送を出すことができる」という思いもあった。

　市役所は大混乱していた。その中でえふえむ花巻取締役の小原雅道さんが、公聴広報課の佐藤加津三課長（当時）と協議。「この地震では、相当の被害が出ることが予想される。花巻市全域にクリアな災害情報を届けることが必要だ。臨時災害放送局の免許を受け、増力した電波で放送を出そう」との方針が決まった。一般のコミュニティ放送局に許されている電波の出力は20W、これに対し臨時災害放送局の出力は「他の無線局に影響を与えない範囲で」制限がない。したがって、より大きい出力で放送を出すことができる。

佐藤課長が免許申請のため仙台市の東北総合通信局に電話した。しかし何度かけても電話はつながらない。そこで佐藤課長は東京の総務省に直接電話をかけた。午後4時少し前である。すると、総務省からは意外な答えが返ってきた。「それでは本日16時に臨時災害放送局の免許を交付します。すぐに必要な措置をとってください」震災発生からおよそ1時間、電話一本で直ちに免許が交付されたのである。
　こうして、えふえむ花巻は東日本大震災後の臨時災害放送局の第1号となった。花巻市役所から職員が送信所と主要な中継局に向かい、その日のうちに出力を20Wから100Wに変更した。
　さて、3月11日当日、東北総合通信局に電話し続けた人物がもう一人いる。岩手県奥州市のコミュニティ放送局「奥州エフエム」の放送局長、佐藤孝之さんである。
　奥州エフエムは、2008年6月の宮城・岩手内陸地震の際に、約2週間、市民向けの災害情報を出し続け評価を高めた。その経験から、佐藤さんは「今回は臨時災害放送局の免許を受け、増力した電波で被災者向けの情報を出そう」と判断、直ちに奥州市役所に駆けつけ、及川潔生活指導部長らと協議した。そして、臨時災害放送局の免許を受けるべく、総合通信局に電話をかけた。
　しかし、そのころ、仙台市内の古いビルにある総合通信局は「ビル倒壊の危険がある」として全員が建物から避難していた。避難は3日間に及んだ。佐藤さんが東北総合通信局の武藤祐二放送課長（当時）を携帯電話の電話口でつかまえたのは、翌3月12日の正午過ぎであった。
　震災の当日、武藤課長は東京の総務省で「全国放送課長会議」に出席していた。地震発生で会議は中止となったが、仙台の総合通信局とは連絡がとれない。また新幹線も止まったため、武藤課長は、約1週間、東京にとどまらざるをえなかった。
　佐藤さんの電話を受けた武藤課長は、直ちに臨時災害放送局としての免許を交付。奥州エフエムは臨時災害放送局として、出力を150Wに増力して、災害

対応の放送を開始した。

(2) コミュニティ放送局10局が臨時災害放送局に移行

臨時災害放送局の第1号となった「えふえむ花巻」も第2号の「奥州エフエム」も、既存のコミュニティ放送局が臨時災害放送局に移行したケースである。

臨時災害放送局を開設する場合、このように既存のコミュニティ放送局が臨時災害放送局に移行するケースと、これまでコミュニティ放送局がなかった自治体が、新たに臨時災害放送局を立ち上げるケースの2通りがある。

どちらの場合も、臨時災害放送局の免許は申請した自治体の長に与えられる。したがって、既存のコミュニティ放送局が臨時災害放送局に移行する場合、放送事業者がいったん自らの免許を休止し、代わって自治体の長が臨時災害放送局の免許を取得。その運営を改めてコミュニティ放送局に委託するという形をとる。「移行」といってもコミュニティ放送局と臨時災害放送局は制度上全く違った存在だからだ。

とはいえ、コミュニティ放送局が臨時災害放送局になるのは、新しく放送局を立ち上げるのに比べはるかに容易でありメリットもある。まず、既存の局のファシリティをそのまま利用できる。また、普段から親しまれている放送なので、改めて周波数を告知する必要もない。何よりも地元に築いた人的ネットワークと放送のノウハウがある。違うのは放送出力を増力し、より広い範囲にクリアな放送を届けられることだ。というわけで、被災地域のコミュニティ放送局の対応は素早かった。

「えふえむ花巻」「奥州エフエム」に続いて、やはり震災翌日の3月12日に茨城県の「エフエムかしま」が臨時災害放送局に移行。さらに、3月14日に茨城県の「つくばラジオ」、そして3月16日には、宮城県の「登米コミュニティFM (H@!FM)」、「ラジオ石巻」、福島県の「福島コミュニティ放送（FM-POCO)」が臨時災害放送局に移行した。

宮城県塩釜市の「エフエムベイエリア（BAY WAVE）」が臨時災害放送局に移行したのは3月18日である。震災当日、海岸から200メートルほどに位置していたエフエムベイエリアの局舎は津波で大きな被害を受けた。局舎は70センチほど浸水し、スタジオ施設、局内の配線等が使いものにならなくなった。翌3月12日、専務の横田善光さんが塩竈市役所を訪れ、村上昭弘防災課長（当時）と対策を話し合った。

　塩竈市の防災無線網は大きな打撃を受けていた。かろうじて動いている設備も非常用電源が切れれば使えなくなることが明らかだった。村上課長は「防災無線が機能しない以上、一刻も早くラジオを復活させたい。防災無線室の一角に仮設スタジオを作り、放送を出そう」と提案。これを受けて、横田さんらは急遽、送信所の10W送信機など機材を防災無線室に運び、市役所屋上に仮設アンテナを設置してとりあえず放送を再開した。さらに福島市のMTS（現MTSプラン）[5]から借りた100W送信機の到着を待って、3月18日、臨時災害放送局に移行した。

　3月20日、岩沼市の「エフエム岩沼（ほほえみ）」が続いた。そして最後に、福島県いわき市の「いわきコミュニティ放送（SEA WAVE）」が3月28日、臨時災害放送局に移行した。いわきコミュニティ放送は、震災発生直後から臨時災害放送局への移行を目指したが、福島第一原発の水素爆発に伴って、いわき市内湯の岳にある送信所付近の放射線量が問題となり、作業をいったん中断。その分開局が遅くなった。

　こうして、大震災発生後2週間あまりで、岩手、宮城、福島、茨城のコミュニティ放送局10局が臨時災害放送局に移行した。そしてすべての局が震災直後は24時間体制で放送を続けた。放送内容は、災害対策本部からの情報、交通や物資の情報、ライフライン情報、避難所情報、安否情報、自治体からのお知らせ等、いずれもテレビ放送や県域のラジオ局が伝えない「わが町の情報」であった。

(3) 新しく生まれた「臨時災害放送局」

　一方、既存のコミュニティ放送局がない地区で、新たに臨時災害放送局を新設する場合は、機材の調達、送信所の設置、スタッフの確保など多くの問題を解決しなければならない。その点、時間がかかるのは当然なのだが、新設局第1号となった宮城県大崎市の「おおさき災害エフエム」の場合、臨時災害放送局の開設は3月15日、震災から4日目のことであった。

　設立の中心となった福地孝さんは、大崎市内で無線機器等を取り扱う会社を経営している。福地さんらは、以前から「大崎エフエム放送設立準備会」という組織を作り、コミュニティ放送局の設立を目指して活動を続けていた。免許のいらないミニFMでの放送を行なう等、放送実務の練習も行っていた。

　大震災の発生を受けて、福地さんらは大崎市役所に臨時災害放送局の設置を働きかけた。「臨時災害放送に必要な機材、送信機等は我々で準備する。大崎市に負担はかけないので、臨時災害放送局を開設しよう」。

　市民向け防災無線のなかった大崎市がこれを了承し、3月15日、福地さんが東北総合通信局に電話で臨時災害放送局の免許申請を行なった。折り返し、東北総合通信局から「免許交付」の連絡があり、臨時災害放送局がスタートした。免許申請のための費用約10万円は大崎市が支払ったが、市は放送内容や運営には全くタッチしなかった。

　3月19日に新設局第2号として開局した岩手県の「みやこ災害エフエム」の場合も、地元の「宮古コミュニティ放送研究会」が設立の主体となった。

　この研究会もコミュニティ放送局の設立をめざして活動しており、その当面の目標は2011年7月に北東北で開催される全国高校総合体育大会であった。宮古市では、ヨット競技とレスリングが行われることになっていた。そこで、競技期間に合わせて、臨時のエフエム放送[6]を行なおうという計画が立てられていた。しかし、大震災の発生で、計画はすべて吹き飛んだ。津波被害を受けた宮古市での競技開催は中止となった。

　その代わりに急遽浮上したのが、臨時災害放送局の設置である。「宮古コ

ミュニティ放送研究会」副会長の及川育男さんやプロデューサーの橋本久夫さんらが山本正徳市長に働きかけ、臨時災害放送局の開設が決まった。放送所は研究会が事務所としていた市中心部のオフィスビルの3階。送信機の到着を待って、3月19日に開局した。

　以来、「みやこ災害エフエム」は、2013年8月25日まで、2年5か月余りにわたって放送を継続する。その間、運営の中心となったのは「宮古コミュニティ放送研究会」事務局長の佐藤省次さんである。ただし、臨時災害放送局の開設そのものには、佐藤さんは関わっていない。

　佐藤さんは、宮古市の都市整備部長をつとめた人物。2010年に定年を迎えたのだが、企画調整等さまざまな業務を行なってきた経歴とスタッフをまとめられる人柄を買われ、研究会の事務局長に就任していた。大震災の日、佐藤さんは事務所で高校総体に向けた臨時エフエム局の免許申請書を書いていた。そこに地震と大津波が襲った。

　佐藤さんの自宅は宮古市の隣の山田町にあった。その自宅を津波が飲み込んだ。佐藤さんと妻、長男はそれぞれ宮古市の勤務先にいたが、自宅には佐藤さんの両親と叔母の3人がいた。父親は寝たきりである。心配になった佐藤さんは研究会のスタッフに車で送ってもらい、山田町に向かった。しかし、自宅を見降ろす高台から見た光景は信じがたいものであった。すべてが破壊されつくしていた。

　その日から、佐藤さんの避難所回り、遺体安置所回りが始まる。避難所の庭で野宿も数日間体験した。連絡が取れなかった妻と長男には、自宅近くの避難所で再会できたのだが、両親や叔母の行方はまったく不明であった。ひと月近くたった4月5日、ほぼ捜索をあきらめた佐藤さんは、宮古市の「宮古コミュニティ放送研究会」事務局に復帰した。そこでは、すでに臨時災害放送局「みやこ災害エフエム」の放送が始まっていた。

　翌日、両親の遺体が自衛隊の捜索で発見された。捜索に立ち会っていた長男が2人を確認した。しばらくして、行方不明だった叔母の遺体も釜石沖の海上

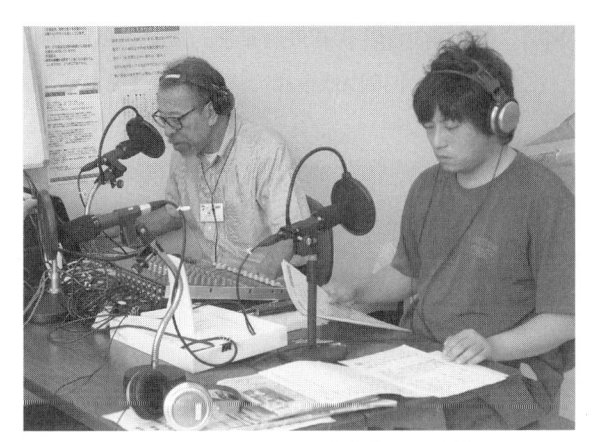

第Ⅴ章　被災地メディアとしての臨時災害放送局

宮古災害エフエム・佐藤省次さん（左）

捜索で見つかった。

　それ以降、佐藤さんが臨時災害放送局の運営にかたむけた努力は並々ではなかった。宮古市内に「みなし仮設」としての中古の家を借り、臨時災害放送局のリーダーとして、自らマイクに向かい、スタッフの取材、制作の一切を指揮してきた。「噂は放送しない。必ず真実を確かめよう」「人々のプライバシーは侵さない」「街に出て、人々の声を聞こう」「少しでも被災者に寄り添い、飾らない言葉で伝えよう」。それが佐藤さんが繰り返し語った臨時災害放送局の運営方針であった。

(4)　元 TV キャスターが設立した「りんごラジオ」

　「おおさき災害エフエム」「みやこ災害エフエム」に続いて、新設3番目の臨時災害放送局となったのは、3月21日に開局した宮城県山元町の「やまもと災害エフエム（りんごラジオ）」である。代表の高橋厚さんは元・東北放送の人気キャスター。報道局長を最後に2002年に退職し、山元町で暮らしていた。

　実は、高橋さんと筆者は当時からの知り合いである。筆者がTBSから福島市のテレビユー福島に転籍し、常務取締役報道制作局長を拝命した際、最初に

(185)

あいさつに行ったのが系列の東北放送報道局長、高橋さんであった。その時高橋さんは、「まもなく定年。その後は福島との県境にある山元町に移り住んで農業をやる。すでに畑となるヤマは借りており、毎週、妻と一緒に土地作りに通っている」と明るい表情を見せていた。仙台の国分町で飲んだ時も、「野菜ができたら食べてくださいね」と言っていた。それから9年。臨時災害放送局の代表としての高橋さんに久しぶりに再会した。

高橋さんが臨時災害放送局の開設を思い立ったのは、2005～6年ごろ、亘理郡の「コミュニティFMラジオ設立準備会」に加わり、勉強会等を続けていたためだ。山元町と隣接の亘理町を含めた広域のコミュニティ放送局設立の可能性を検討したものだったが、当時の結論は「山元町、亘理町の現状ではコミュニティ放送局を運営するのは資金的に無理がある」というものだった。

だが今回、山元町はとてつもない被害を受けた。犠牲者は633人、家屋の全壊2,200棟、町の可住面積の65パーセントが津波の被害を受け、多くの人々が避難生活を余儀なくされた。しかし、テレビ放送や県域ラジオ局の報道では、山元町の具体的な情報はほとんど伝えられない。今回の大震災でしばしば指摘された報道の地域偏在が具体的に表れた地域の一つが山元町であった[7]。「町の人たちが知りたい情報が何も伝えられていない。それなら自前で臨時災害放送局を作り、必要な情報を伝えるしかない」。

3月16日、高橋さんは災害対策本部に齋藤俊夫町長を訪ね、臨時災害放送局の開設を提案。続いて新潟県「ながおかエフエム」社長（当時）の脇屋雄介さんに電話で相談した。脇屋さんとは「コミュニティFMラジオ設立準備会」のシンポジウムにパネリストとして来てもらって以来の知り合いだった。

話を聞いた脇屋さんは「アンテナや送信機などの機材は準備する。すぐに動こう」と、機材をかき集め、3月19日に車で山元町にかけつけた。そして町役場の1階階段下に機材を設置、そこが最初の放送所となった。開局は3月21日。大慌ての開局であった。

高橋さんも脇屋さんも放送局の運営費用については何も考えていなかった。

第Ⅴ章　被災地メディアとしての臨時災害放送局

りんごラジオ・高橋厚さん

　機材の費用はタダ、スタッフは全員ボランティア。そんな状況でのスタートだった。以来、現在まで、高橋さんと奥さんをはじめとするスタッフの献身的な努力が続いている[8]。高橋さんがこだわっているのは、「りんごラジオは、山元町の情報を出すための放送局。だからよそから借りてきた番組で時間を埋めることはしない」ということだ。そのために毎日早朝から町に出て、人々の声を取材してから出勤する、そんな毎日である。

(5) 被災地全域に設立された臨時災害放送局

　「りんごラジオ」以降も、主として被災地沿岸部で臨時災害放送局の新設が続いた。新設された局は18自治体に20局。既存のコミュニティ放送局が移行した10局とあわせ、全部で30局に上る。これを地図上に示したのが＜図Ⅴ-1＞である。津波被災地である三陸の海岸沿いに多くの新設局が並んでいる。自治体数と局の数が異なるのは、岩手県宮古市が田老地区に、また宮城県気仙沼市が本吉地区に、別免許を受けた送信所を設けたためだ。

　これら30局の開設の時期を見ると、まず、既存のコミュニティ放送局10局の場合はすべて2011年3月中に臨時災害放送局に移行、素早い立ち上がりであっ

(187)

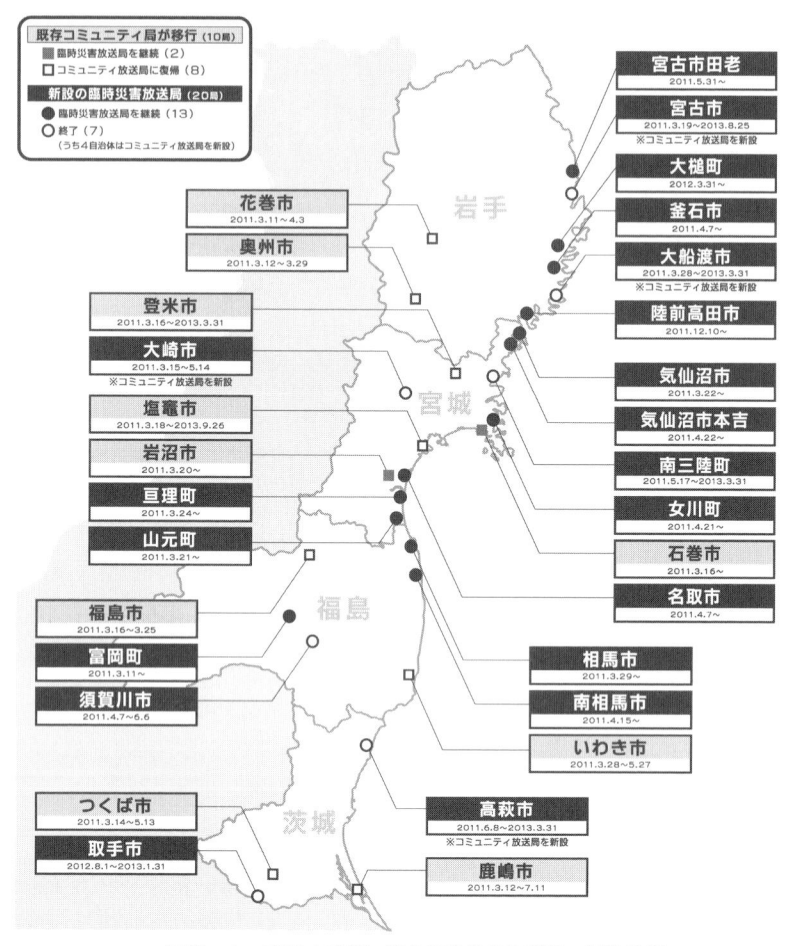

図Ⅴ-1 東日本震災に伴う臨時災害放送局の開設状況
(2013年11月現在)

た。
　一方、新設局の場合は、3月中に開局したのは、大崎市、宮古市、山元町。続いて、宮城県気仙沼市、同・亘理町、岩手県大船渡市、福島県相馬市の合計7局。4月に開局したのが、岩手県釜石市、宮城県名取市、福島県須賀川市、

(188)

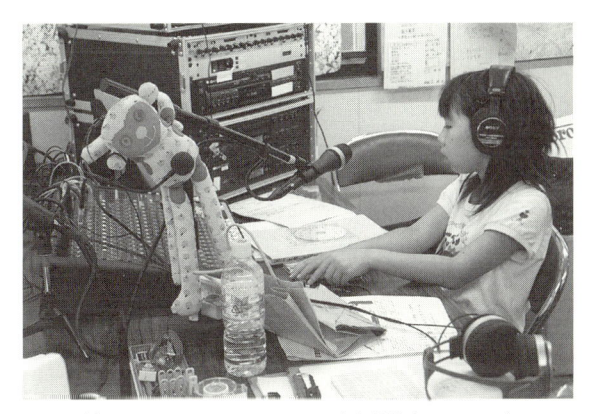

第Ⅴ章 被災地メディアとしての臨時災害放送局

様々なパーソナリティが…（亘理災害エフエム）

同・南相馬市、宮城県女川町、それに気仙沼市本吉局の6局。5月に宮城県南三陸町、岩手県宮古市の田老局。さらに6月になって茨城県高萩市が臨時災害放送局を開局した。震災後3か月での新設は、14自治体16局であった。

　開局はこれで一段落と思われたのだが、半年後の同年12月から2012年3月にかけて、岩手県陸前高田市（12月10日）、福島県富岡町（3月11日）、岩手県大槌町（3月31日）の3つの臨時災害放送局が開局した。この時期に3局が集中したのは、後述する日本財団による臨時災害放送局の設立支援が、この時期を期限としていたためである。

　そしてもう1局。2012年8月、茨城県取手市が臨時災害放送局を開局した。何故この時期に？なぜ取手市に？と疑問もわく開局ではあるが、取手市の担当者は「ぜひ、臨時災害放送局のノウハウを取得したかった」と話す。取手市の場合は、2011年に臨時災害放送局を開局したいと総務省に相談していたのだが、この地区には電波の空き帯域がなく、いったんは開局を断念した。それが、アナログTV放送の終了でようやく帯域が空き、2013年1月までの半年間限定で開局したもの。「取手市の空中放射線量を毎日伝える」というのが臨時災害放送局設置の理由だった。

(189)

2　30局の「臨時災害放送局」が生まれた背景

(1) 総務省が設立を積極的に支援

　多くの臨時災害放送局が誕生し、長期に継続している背景としては、まず、震災と津波の被害が広範囲に及んだこと、復旧に長い時間を要することが第1にあげられる。加えて、大きかったのは臨時災害放送局の設立を総務省が積極的に支援したことである。

　今回、総務省は臨時災害放送局の設立について、電話による申請だけで即日許可するという措置をとった。これについて当時の東北総合通信局放送課長、武藤祐二さん（現・東海総合通信局放送課長）は、「災害など非常時には、通信の途絶や情報の途絶はできるだけ早期に回復しなければならない。もともと臨時災害放送局の設立は〝臨機の措置〟と規定されている[9]のだから、〝臨機〟に行われなければならない」と話している。

　そしてもう一つ、武藤課長が「今回は未調整だった部分も整理させていただいた」という重要な総務省の方針転換がある。従来、自治体が免許人となる臨時災害放送局では「CMは出せない」という考え方が一般的であった。それを「制度上、CMを出せないとはどこにも書かれていない」とCM許容の方針を打ち出したのである。

　既存のコミュニティ放送局が臨時災害放送局に移行した場合、「CMを出せない」となると、その期間は収入を得られない。それでは臨時災害放送を長く続けるわけにはいかない。このことは中越地震の際に設立された臨時災害放送局でも問題点として議論された[10]。

　これについて今回、総務省は、CMを出すことは「制度上禁止されていない（認められている）」「CM実施については、被災地の現状、予想されるリスナーの反応等を十分に勘案して、免許主体である市町村が判断すればよい」[11]と制度の解釈を実質的に変更したのである。その結果、今回は、多くのコミュ

ニティ放送局が通常の経営を続けながら臨時災害放送局としての放送を行うことが可能となった。

(2) 日本財団の支援と「緊急雇用創出制度」

さらに、臨時災害放送局の設立を大きく後押ししたのが、全国からの被災地支援の動きである。臨時災害放送局の活動が報じられると、全国共同募金会や資生堂などの企業、あるいは個人が次々に各局を応援する支援金や義捐金を寄せた。その中でも最も大きかったのが日本財団による財政支援であった。

2011年4月に打ち出された日本財団の支援の内容は、「1か月以上継続する災害放送局で、自治体の出資や他の団体の助成を受けていない」局を対象に、①既存のコミュニティ放送局が、臨時災害放送局に移行した場合は、開局補助20万円、運営補助200万円／月（4か月間）、②新たに設立された臨時災害放送局には、開局補助50万円、運営補助150万円／月（4か月間）、加えて車両購入費も150万円まで補助する、というものである。

1局あたり最大で800万円余りとなる支援金の使い道は、機材の購入、運営スタッフの給与、パーソナリティへの謝礼、車両の購入などさまざまだが、「ともかく開局をと急いで借り入れた機材の費用が支払えた」「当初は無給のボランティアでやっていくつもりだったスタッフに給与の支払いができ、運営が安定した」と歓迎された。

日本財団の支援は2012年3月までで打ち切りとなったが、それまでに支援を受けた局は、既存のコミュニティ放送局5局（石巻、塩竈、登米、岩沼、いわき）、新設の臨時災害放送局17局（大船渡、釜石、陸前高田、大槌、気仙沼、気仙沼本吉、南三陸、女川、名取、亘理、山元、大崎、相馬、南相馬、富岡、須賀川、高萩）の合計22局に上る。

もしこの支援がなければ、ここまで臨時災害放送局の開局はなかっただろうし、開局した局がここまで長期に活動を継続することもなかっただろう。

活動の継続については、もう一つ、国による大きな支援の制度があった。国

機材には日本財団のシールが…（気仙沼災害エフエム）

の「緊急雇用創出事業」制度である。この制度は国の交付金によって都道府県に基金を設け、雇用創出のための各種事業を行なうというもの。景気対策として、2009年から存在した制度だが、東日本大震災の発生を受けて被災者雇用のための予算が拡充され、使途についても要件が緩和された。この制度を使えば、臨時災害放送局を運営する自治体や事業者は被災住民を放送のための臨時職員として雇用することができる。

　実際、ほとんどの臨時災害放送局がこの制度でスタッフを雇用した。雇用したスタッフの数は、福島県南相馬市の「ひばりエフエム」が10人、宮城県気仙沼市の「気仙沼災害エフエム」が6人、岩手県釜石市、同・大槌町が5人などなど。人件費として補助されるのは1人あたり500万円／年程度である。

　つまり、この制度を活用すれば臨時災害放送局運営の大きな部分を占める人件費に費用がかからない。その上、被災住民の雇用も確保できる。市や町にとっては二重のメリットがある。この制度の運営については、支援の窓口である県の対応によって差があり、また補助が単年度制であるため「来年は補助されるのか」と気をもむ面もあるのだが、運営資金のない臨時災害放送局にとっ

第Ⅴ章　被災地メディアとしての臨時災害放送局

ては頼りになる制度であった。

　つまり、日本財団の支援で初期の機材費と4カ月間の運営費がまかなわれ、その後も「緊急雇用創出事業」制度によって、さほどの費用がかからず運営を継続できる、という状況が生まれた。もちろんそのこと自体は歓迎すべき支援であり、制度であるのだが、その反面、「費用がかからずに自分たちの放送局ができるのなら…」と、一部に、設立や運営を安易に考える空気が生まれたことも否定できない。

3　臨時災害放送局は何を伝えたか

(1)　混乱期に「わが町の情報」を伝える

　さて、30局設立された臨時災害放送局は何を伝え、被災者にはどのように受け止められたのだろうか。

　震災直後、被害が甚大だった被災地域では、広範な停電のためテレビ放送を見ることができなかった[12]。また、電話、携帯電話網も大きな打撃を受け、情報伝達は大きな困難に直面した[13]。防災無線システムも各所で破壊され、使い物にならなかった。そうした中では、携帯型のラジオだけが唯一の情報入手の手段となった。震災直後、テレビも電話もない避難所で、誰かが持ち込んだ携帯型のラジオを多くの人々が取り囲んだという。

　震災後に行われた各種の調査では、震災直後「最も役立ったメディア」としてラジオ放送があげられている[14]。しかし、ラジオ放送が直ちに多くの人たちに聞かれたかと言えば、「携帯ラジオを持っていない」「ラジオは持っていたが、避難所までは持ち出せなかった」という被災者も多く、県域ラジオ局や既存のコミュニティラジオ局の最初の仕事は、全国からラジオを集めて配ることだった。全国のラジオ局が「被災地にラジオを届けよう。使っていない電池式のラジオはありませんか」とリスナーに呼びかけ、ラジオを集めて、被災地に送った。ソニーやパナソニック等のメーカーや日本財団も被災地にラジオを届

(193)

けた。そして、届いたラジオを、役場の職員やラジオ局のスタッフが避難所や被災家庭に配って回った。

　そんな動きもあり、1～2週間と過ぎるうちにラジオの数も増え、かなりの人にラジオで情報を届けることが可能となった。被災直後、「わが町の生活情報」が全く伝えられなかった避難所、避難先で、ラジオが伝える情報が大きな力となったことは疑いがない。そうした結果が「ラジオが最も役に立った」とする調査結果につながったのであろう。

　やがて、停電が復旧した地区ではテレビ放送も受信されるようになった。だが、既述のようにテレビの報道は、比較的主要都市に近い被災地域に集中し、岩手県北部や宮城県南部といった地区の情報はあまり伝えられなかった。加えて、福島第一原発の爆発事故が起こってからは、原発事故の対応に多くの放送時間が割かれ、被災住民にとって必要な生活情報等にあてられる時間は少なくなった。

　頼りのラジオも県域のラジオ局ではなかなか「わが町の情報」までは伝えてくれない。りんごラジオの高橋厚さんが語っているように、多くの地域で「町の人たちが知りたい情報が何も伝えられていない」という情報の飢餓状況が起こっていたのである。多くの市や町が臨時災害放送局の設立に向かったのは、こうした状況を受けてのことだ。

　多くの臨時災害放送局が当初の段階で伝えた放送内容は、わが市、わが町の被害の広がり、避難所に関する情報、支援物資の情報、停電や水、道路、鉄道の状況、それらの修復についての情報、これらは災害対策本部、警察、消防からの情報である。また、住民から寄せられる安否に関する情報、さらに、どこでどのような商店が営業を再開したかなどといった生活関連情報等々、いずれも被災住民にとって必要な情報ばかりだ。

　ただ、新設局の場合はさまざまな困難がある。まず、そうしたラジオ放送が始まったことを人々に知ってもらわなければならない。ラジオを配ること、周波数に合わせてもらうこと。放送を出すだけでなく、人々に知ってもらい、親

第Ⅴ章　被災地メディアとしての臨時災害放送局

しんでもらわなければならない。こうしたことを実現するため、多くの臨時災害放送局では進んで町に出て、人々の声を聞くことを行なった。人々の声を取材し、その声を多くの住民に聞いてもらうことで、人々の中に浸透しようと努力を続けた。初期の段階では、臨時災害放送局に取り組んだ多くのスタッフがボランティアであった。にもかかわらず、彼らは「みんなに役立つ放送を出そう」と献身的に取り組んだ。

　臨時災害放送局の情報がどこまで聞かれていたかについては、厳しく見る評価もある。しかし、生活に必要な情報が十分に届かなかった震災初期の段階で、数少ない貴重な情報源の役割を果たしたことは疑いがない。

(2)　**自治体の取り組み姿勢に大きな違い**

　ただ、臨時災害放送局の取り組みと言ってもその活動姿勢は一様ではない。震災初期に立ちあがった局の中にも、自治体との連携が十分でなく、このためラジオを配ることも、放送を始めたことについての告知もなく、ただ放送を流しただけという取り組みに終ったところがある。これでは「聞かれる放送」とはならない。逆に、臨時災害放送局の免許が自治体に与えられるものであることから、自治体の担当者が運営スタッフの活動に過剰に介入し、結果として十分な情報が流せなかったところもある。

　ある臨時災害放送局で、運営スタッフが津波で被害を受けた地区の商店の開店情報をラジオで流そうとした。すると、自治体の担当者から「待った」がかかった。「これは自治体の放送なのだから、特定のお店の宣伝につながる情報を流すのは困る」というのである。震災直後の生活の混乱期、どこで何を売っているかは被災住民の生活にとって大いに価値ある情報のはずなのだが、自治体の担当者は「公的な放送なのだから、私的な内容は困る」の一点張りだった。そういうことを言い始めたら、民間の活動や復興イベント等についても、たいていの情報は伝えられない。

　自治体担当者の意識は、「震災で防災無線が使えなくなった。散り散りに

(195)

なった住民に広報誌を配るのもままならず、自治体の広報が十分に行きとどかない。ラジオ放送をやるのはそれを補うため」、つまり、臨時災害放送局は「役所の〝お知らせ〟を流すもの」という考え方だ。そこには、みんなのための〝放送〟という意識が完全に欠如している。

　同じ自治体で、スタッフが避難所を取材し、被災住民のインタビューをラジオで伝えた。すると役場の担当者がスタジオに飛んできた。「何という放送を出すのか。これは自治体の放送なのに、役場や首長を非難するとは何事か」。この時の住民のインタビューには「役場は何をやっているのか」「本当に住民のことを考えているなら、もっと対策を急いでくれ」という意見が数多く含まれていた。担当者は、それが「けしからん」と言うのである。

　それ以来、取材した住民のインタビューは放送前にすべて自治体担当者のチェックを受けることになった。そして、少しでも行政を批判する内容が含まれているインタビューはカットされた。自治体の担当者は「公的な放送なのだから公平に」というが、これでは公平でも公正でもない。結局、この臨時災害放送局では、行政の〝お知らせ〟以上の放送は流せなくなってしまった。初期の混乱期が終わり、復興期に入ってもその姿勢に大きな変わりはなかった。

　この局は、当初の段階で多くのボランティアと研究者が現地に入り、既存のコミュニティ放送局も支援した臨時災害放送局だったのだが、そんな状態のまま、およそ2年で閉局となった。

　この夏、自治体の担当者に再び話を聞いた。「どうして閉局したのですか？」担当者の答えは「もともと放送は防災無線の代替。だが、防災無線も2012年にはほぼ復旧した。放送の初期の目的を達したということです」

　「でも、復旧・復興の段階で、放送としてやるべきことはまだあったのではないですか？」すると、「放送を終わるにあたって、住民からの反対の声は全く上がらなかった。つまり、それだけ聞かれていなかったということでしょうね」

　「あなた方が規制しすぎたので、放送がつまらなくなった。それで聞かれな

かったのではないですか？」「そうかもしれません。しかし、震災初期の情報提供が一定の役割を果たしたことは確かです」

4　「緊急時の放送」から「復興を支える放送」へ

(1)　少ないスタッフで出し続ける「復興FM」

　2011年12月から2012年3月にかけて、岩手県陸前高田市、大槌町、福島県富岡町の臨時災害放送局が相次いで開局した[15]。

　12月10日に開局した「りくぜんたかた災害FM」は、震災後に設立された特定非営利活動法人「陸前高田市支援連絡協議会（Aid' TAKATA）」（村上清代表）が市に働きかけて設立したものだ。Aid' TAKATAは東京在住の陸前高田市出身者の集まりである「高田人会」が中心となって設立したNPO法人で、被災者支援のために復興支援グッズを製作・販売したり、復興のためのフォーラムを開催したりしている。津波で壊滅した高田松原の松材を使い、仮設住宅に暮らす老人たちが一つ一つ手作りしたキーホルダー、通行手形等も販売している。

　そのAid' TAKATAの集まりで、「陸前高田市にもFM局を設立してはどうか」という話が出た。そこでNPO理事の千葉秀喜さんらが市役所と協議を始めたのだが、行政や市議らの反応はいまひとつ。「震災直後の混乱期ならともかく、今さらラジオでもないだろう」との意見もあった。しかし、「これから復興に向かうためにも、被災者のためのラジオが必要だ」「市が協力できないのなら我々だけでもやる」と設立に踏み切った。市も「あなた方が自分たちの力でやるのなら」と免許人になることを承諾した。

　そうして始まった臨時災害放送局ではあるが、その前途はそう容易いものではなかった。NPOの千葉さんらは東京在住、現地の運営は、スタッフとして雇用された主婦の阿部裕美さんらに委ねられた。

　阿部さんはご主人と市内で和食店を経営していた。津波発生時、開店準備中

陸前高田災害エフエム・阿部裕美さん

だった阿部さんとご主人は避難。高台の家にいた義父、高校を卒業したばかりの娘さんも無事だった。だが、店舗は跡かたもなくなった。高田松原近くの実家も流された。阿部さんが、ご両親がなくなったことを確認したのは震災から2カ月余りたってからだ。

　秋になって、ご主人は北上市に自分の店を出した。大学入試が延期となっていた娘さんも埼玉県の私大に入学し家を出た。そんなときに臨時災害放送局でスタッフを求めているのを知った。「被災したみんなのためになるのなら」と阿部さんは募集に応じた。

　臨時災害放送局の常勤職員は、阿部さんともう一人の男性の2人。あとは週に一度自分の番組を担当するパーソナリティが数人いた。といっても、技術を兼ねた相方の男性は他にも仕事を持っており、実質の常勤スタッフは1.5人。主婦の阿部さんには「放送」についての経験もノウハウもまったくない。そんな状態のスタートだった。阿部さんらは毎日午前9時と午後5時からの2回、1時間の生放送で、陸前高田市の情報、企業・団体からの情報、イベント情報、天気予報等を伝えるとともに、各パーソナリティが自分たちで集めた話題で番組を構成した。

　とはいえ、毎日の生放送で情報を伝えるのは常勤スタッフの阿部さんの役割

第Ｖ章　被災地メディアとしての臨時災害放送局

だ。とくに当初の段階で市と局との連携がうまくいっていなかったため、行政からの情報がうまく入ってこない。1.5人のスタッフでは、町に出て様々な取材を行なっている余裕もない。取材は電話に頼らざるを得ず、自分が伝えている情報に満足できないフラストレーションもたまった。

　昨年秋、陸前高田市を訪ねた際、阿部さんは、「こんな状態ではいつまで続けられるか自信がない。復興のために役立っているという実感がともなっていない」と、珍しく弱音をはいていた。

　今年の夏再び阿部さんを訪ねた。阿部さんの表情は１年前より明るかった。苦しい中で続けてきた臨時災害放送局の活動がようやく市内に浸透し、リスナーからの反応が数多く聞かれるようになったためだ。そうした状況が行政当局にも理解され、以前より協力が得られるようになった。１時間の生番組「情報every陸前高田」への情報協力、市の広報番組の制作もスムーズになった。今年から「議会中継」も行っている。さらに大きいのはスタッフの増員である。この春から陸前高田市が緊急雇用創出事業の費用を使い、２人のスタッフを常勤で雇い入れた。「これでようやく取材にも行かれる。みんなも取材に行って町の人とのつながりを深めてほしい」と阿部さんは話している。

(2)　**原発避難者に向けた放送**

　福島県富岡町が2012年３月11日に開局した「とみおか災害エフエム（おだがいさまFM）」は、富岡町から放送を出すのではなく、福島県郡山市富田の仮設住宅から放送を出すという特殊なケースだ。富岡町は、福島第一原発の事故でおよそ１万５千人の町民全員が避難を余儀なくされた。福島県内では、多くの町民が郡山市内３か所の仮設住宅をはじめ、三春町、大玉村、いわき市等の仮設住宅で暮らしている。県外避難者は、徳島県を除く全国46都道府県に分散している。「そうした避難町民にふるさと富岡の情報を届けたい」というのが開局の趣旨だ。

　この臨時災害放送局の前身は富岡町民の多くが避難した郡山市の多目的ホー

(199)

ル・ビッグパレットで開局した「ミニFM」である。2011年3月、原発事故から逃れた富岡町と川内村の住民、最大時で2,300人がビッグパレットに身を寄せた。ホールの通路を段ボールで仕切るという不便な生活だった。そうした生活の不便や孤立感や不安を少しでも慰めようと社会福祉協議会とボランティアが協力して5月からミニFMによる放送を始めた。

　ミニFMには郡山市の県域ラジオ局「FMふくしま」のスタッフもボランティアで参加した。通常のラジオ局勤務が終わってからビッグパレットに駆けつけた。ミニFMから流れる災害対策本部の情報、避難所内での話題、そして音楽とトーク。それらは次第に避難所内で人気となり、リスナーが増えていった。

　だが、一時避難所はあくまで一時のもの。やがて、人々の生活は避難所から仮設住宅へ、あるいは借り上げ住宅へと拠点を移し、ビッグパレットの避難所も8月で閉鎖、ミニFMも3か月で終了した。

　各地の仮設住宅に分かれ、全国に散り散りになった町民が、故郷への一体感を持ち続けるためにはどうしたらいいのか。ミニFMをやっていたときに感じたような住民の絆をつなぎ続けたい。ミニFMを担当していた社会福祉協議会の吉田恵子さんらが出した結論は「もう一度FMをやろう」だった。吉田さんらの相談を受けた東北総合通信局も協力的に動き、「町をもたない自治体」に異例の臨時災害放送局の開設が認められた。NHKアイテックの技術協力も得た。日本財団の支援も締め切りぎりぎりで受けることができた。

　作業は急ピッチで進み、郡山市富田の仮設住宅にある富岡町生活復興支援センター（おだがいさまセンター）内にスタジオ、センターの庭にアンテナが立てられた。出力は10W、臨時災害放送局の名前は「おだがいさまFM」、開局は震災1周年にあたる3月11日と決まった。

　開局当日、遠藤勝也町長（当時）が、おだがいさまセンターのスタジオ前でクス玉を割り、生放送に出演してふるさと再建への意気込みを語った。夜には、キャンドルジュンさんがプロデュースしたキャンドルアートが仮設住宅の

第Ⅴ章　被災地メディアとしての臨時災害放送局

2012年3月11日　おだがいさまFM開局

広場を飾り、多くの町民が震災の犠牲者を追悼、故郷に思いをはせた。臨時災害放送局の開設に走り回った吉田さんは、「仮設暮らしの町民に少しでも元気を届けたい。避難しているみんなが〝ふるさと富岡〟を感じ、一体感を保ち続けて故郷の再建に頑張ってほしい。放送はインターネットにものせ、全国に避難している町民に届けたい。全国の町民には町がタブレット端末を配布する」と夢を語っていた。

　しかし、そうした熱気を維持し、住民にとって有用な情報を送り続けるにはそれなりの努力と労力が必要である。おだがいさまFMの当初の常勤スタッフはやはり1.5人。その体制で、情報を収集し、放送を維持していくのはかなり難しい。今年3月まで1年間、常勤スタッフとしてスタジオを守り続けた平岡知子さんは、「本当に住民の役に立つ放送を出せているのか、いつも不安だった」と振り返る。平岡さんは元FMふくしまのアナウンサー。ボランティアとしてビッグパレットでのミニFM活動に参加したのをきっかけに退社し、おだがいさまFMの常勤スタッフとなった。しかし、「スタッフが足りない。町当局の情報提供も次第に少なくなり、情報不足に陥ってしまった」と、平岡さんの不安は、陸前高田市の阿部さんが語った不安とほぼ同様だった。

おだがいさま FM の出力は10W。仮設住宅のポールからの送信では、受信できるエリアは限られている。郡山市内３か所の仮設住宅でも送信所のある富田の仮設住宅はともかく他の２か所では受信はなかなか難しい。カーラジオや、仮設住宅の屋根の上では受信できても室内ではほぼ受信不能である。ましてや大玉村や三春町等では受信できない。このため、中継所を設ける案なども当初は出されたが、その後の進展はない。

　タブレット端末を全国の避難世帯に配布する計画は実施された。その結果、全国からの反応も多少はある。しかし、タブレット端末がどの程度利用されているのか、端末でどの程度おだがいさま FM が聞かれているのか、避難住民の中には「ラジオへの期待と現実のズレ」を語る人たちも少なくない。

　平岡さんは2013年３月末、緊急雇用創出事業の適用が切れたのを機に、常勤スタッフをやめ、いまはフリーアナウンサーとして活動。おだがいさま FM では週１回パーソナリティをつとめている。平岡さんは「１年間不安はあったけど、やって良かったと思う」と話す。そして、新たに常勤スタッフとなった若い３人に、「できるだけ外に出て町民の声を取材し、〝ふるさとの声〟をみんなに届けてほしい」と期待をかけている。

⑶　「復興エフエム」の番組編成

　復興期に入った臨時災害放送局は何を伝えればいいのか。「復興エフエム」と一口に言うが、真に被災住民が求めている放送とは何なのか。この点は、どの臨時災害放送局にとっても大きな課題だ。もちろんそれには「正解」は存在しない。

　大震災から２年を経た２つの臨時災害放送局の編成表を比較してみた。

　例えば、福島県南相馬市「ひばりエフエム」の編成表は極めてバラエティに富んでいる。定時の生放送（50分）が午前９時、正午、午後５時の３回。ほかに午前10時から30分、市内の放射線モニタリング情報を伝える。自主制作番組としては、このほか作家の柳美里さんのトーク「ふたりとひとり」（30分）、地

第V章　被災地メディアとしての臨時災害放送局

南相馬ひばりエフエムプログラム

お便りお待ちしています！　mail：hibari795@gmail.com　fax：0244-24-3210

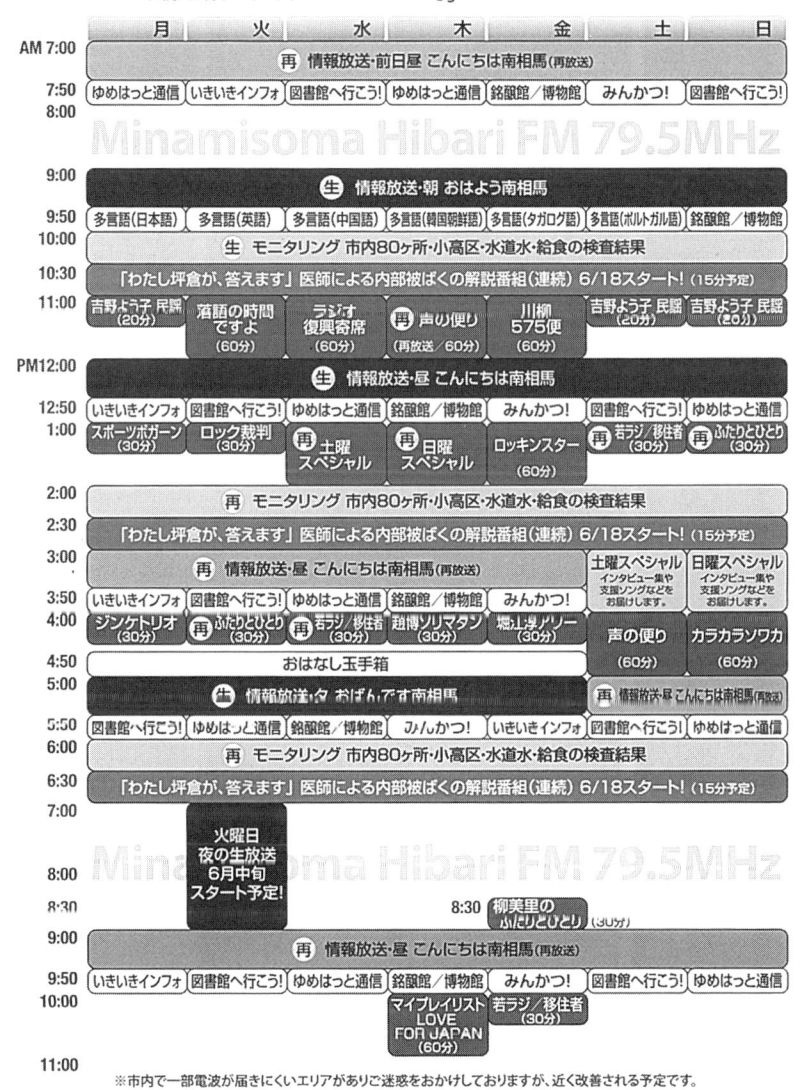

	月	火	水	木	金	土	日
AM 7:00			再 情報放送・前日昼 こんにちは南相馬（再放送）				
7:50–8:00	ゆめはっと通信	いきいきインフォ	図書館へ行こう！	ゆめはっと通信	銘醸館／博物館	みんかつ！	図書館へ行こう！
9:00	生 情報放送・朝 おはよう南相馬						
9:50–10:00	多言語(日本語)	多言語(英語)	多言語(中国語)	多言語(韓国朝鮮語)	多言語(タガログ語)	多言語(ポルトガル語)	銘醸館／博物館
10:30	生 モニタリング 市内80ヶ所・小高区・水道水・給食の検査結果						
11:00	「わたし坪倉が、答えます」医師による内部被ばくの解説番組（連続）6/18スタート！（15分予定）						
	吉野よう子 民謡 (20分)	落語の時間ですよ (60分)	ラジオ復興寄席 (60分)	再 声の便り (再放送／60分)	川柳575便 (60分)	吉野よう子 民謡 (20分)	吉野よう子 民謡 (20分)
PM12:00	生 情報放送・昼 こんにちは南相馬						
12:50	いきいきインフォ	図書館へ行こう！	ゆめはっと通信	銘醸館／博物館	みんかつ！	図書館へ行こう！	ゆめはっと通信
1:00	スポーツボガーン (30分)	ロック裁判 (30分)	再 土曜スペシャル	再 日曜スペシャル	ロッキンスター (60分)	再 若ラジ／移住者 (30分)	再 ふたりとひとり (30分)
2:00	再 モニタリング 市内80ヶ所・小高区・水道水・給食の検査結果						
2:30	「わたし坪倉が、答えます」医師による内部被ばくの解説番組（連続）6/18スタート！（15分予定）						
3:00	再 情報放送・昼 こんにちは南相馬（再放送）					土曜スペシャル インタビュー集や支援ソングなどをお届けします。	日曜スペシャル インタビュー集や支援ソングなどをお届けします。
3:50	いきいきインフォ	図書館へ行こう！	ゆめはっと通信	銘醸館／博物館	みんかつ！		
4:00	ジンケトリオ (30分)	ふたりとひとり (30分)	若ラジ／移住者 (30分)	趣博ソリマタン (30分)	堀上学ノリー (30分)	声の便り (60分)	カラカラソワカ (60分)
4:50	おはなし玉手箱						
5:00	生 情報放送・夕 おばんです南相馬					再 情報放送・朝 こんにちは南相馬（再放送）	
5:50–6:00	図書館へ行こう！	ゆめはっと通信	銘醸館／博物館	みんかつ！	いきいきインフォ	図書館へ行こう！	ゆめはっと通信
6:00	再 モニタリング 市内80ヶ所・小高区・水道水・給食の検査結果						
6:30	「わたし坪倉が、答えます」医師による内部被ばくの解説番組（連続）6/18スタート！（15分予定）						
7:00							
8:00		火曜日夜の生放送 6月中旬スタート予定！					
8:30					8:30 柳美里のふたりとひとり (30分)		
9:00	再 情報放送・昼 こんにちは南相馬（再放送）						
9:50	いきいきインフォ	図書館へ行こう！	ゆめはっと通信	銘醸館／博物館	みんかつ！	図書館へ行こう！	ゆめはっと通信
10:00			マイプレイリスト LOVE FOR JAPAN (60分)	若ラジ／移住者 (30分)			
11:00							

※市内で一部電波が届きにくいエリアがありご迷惑をおかけしておりますが、近く改善される予定です。

(203)

元の民謡歌手吉野よう子さんの「民謡うた巡り」（20分）、地元の若者たちや移住者のトーク番組（30分）など。編成表には、このほか、「落語の時間ですよ」「ラジオ復興寄席」「ロック裁判」「川柳五七五便」「スポーツボガーン」など様々な番組が並ぶ。自主制作以外のこれらの番組は、全国各地のコミュニティ放送局や番組プロダクションが「自由に使って欲しい」と送ってきたものだ。

　ひばりエフエムのスタッフは、緊急雇用創出事業で雇用された10人のスタッフ。中心となっている今野聡さんを含め全員が放送については未経験者だ。今野さんは、「復興期に入っての情報は、震災直後とは当然違うが、なお伝えなければならないことは多い」と話す。

　南相馬市は原発事故直後、南部の小高区が半径20キロ内の警戒区域に指定され、区域内の住民1万2千人が避難した。2012年4月になって、小高区の大半は「避難指示解除準備区域」となり、昼間のみ住民の立ち入りが許可されたが、地区の西側はなお「居住制限区域」「帰宅困難区域」として立ち入りが許可されていない。震災発生時7万1千人だった南相馬市の人口は2013年秋の段階で5万1千人と2万人減となっている。それだけ市外への避難者が多いのだが、市内の原町区、鹿島区の仮設住宅、借り上げ住宅に住む住民も多い。

　こうした避難者や住民に向け、伝えることはなお多い。また、「みんなに聞いてもらえる放送にするためには、さまざまな番組が必要」と今野さんは言う。バラエティに富んだ番組編成を行なうために全国の協力者の力を借りているのだという。

　一方、宮城県山元町の「りんごラジオ」の編成表は、すべて自主制作番組で埋められている。町内の情報を一日3回の生放送で伝える「ありがとう！りんごラジオです」「朝刊ひろい読み」「健康情報」「町内各所からの中継」、町民の様々な声を紹介する「やまもとヴォイス」「学校だより」などなど。すべてをりんごラジオのスタッフが制作する。

　代表の高橋厚さんは「山元町限定の放送なのだから、わが町の情報、わが町の生活を伝えないと意味がない」と、あくまで自主制作にこだわっている。す

第Ⅴ章　被災地メディアとしての臨時災害放送局

りんごラジオ FM 80.7 MHZ

～ 放送プログラム ～

- 8:00　■ありがとう！りんごラジオです
  山元町の情報をお伝えします。
- 9:00　■情報カフェ
  コーヒーを飲みながら朝刊ひろい読み。
- 10:00　■健康一番！
  ダンベル体操、ロコトレ運動、健康情報の紹介、町の人達をお招きして健康の秘訣等をアドバイスして頂きます。
- 11:00　■ハローやまもと！
  町内の色々な場所から山元町の今を生中継。
- 12:00　■ありがとう！りんごラジオです
  山元町の情報をお伝えします。
- 13:00　■りんご音楽館
  毎回テーマに沿った音楽を選び、お届けしています。
- 14:00　■やまもとヴォイス
  山元町民の声。～いい町には声がある～
- 15:00　■ラジオいろいろ教室
  民話や歴史、俳句から話し方まで、町のあの人から教わろう。
- 16:00　■学校・幼稚園便り
  町内の小中学校や幼稚園から先生をお招きし、お話を伺います。
- 17:00　■ありがとう！りんごラジオです
  山元町の情報をお伝えします。
- LAST～　■音楽

皆様からのご意見、ご感想をお待ちしております。　TEL・FAX 0223-29-4772

でに紹介したように、高橋さんは毎朝6時に家を出てりんごラジオに向かう。その途中、町の人々に声をかけ近況を話してもらう。朝8時半からの「おはようさん」はそうした声を伝える番組だ。毎日、町内の新たな情報や町民の声を伝え続ける作業は並大抵の努力では成し遂げられない。

　りんごラジオの信念は「いい町には〝声〟がある」なのだと、高橋さんは口癖のように話す。町には、賛成の声、反対の声、笑い声、泣き声、怒りの声などさまざまな声がある。そうしたさまざまな声を伝え、みんなで考え、少しでも良い町のあり方を提案していく。ラジオはそうした「声の広場」なのだという。朝早くから町に出て高橋さんが伝えてきた町の声は、すでに3千人を超えている。

　ただし、臨時災害放送局の多くが、「ひばりエフエム」や「りんごラジオ」のような放送を行っているかといえば、むしろ両局は例外に近い。局により程度の差はあるが、一日3回～4回、地元の行政情報やイベント情報を生あるいは録音で伝え、残りは地元の昔話など、あとはミュージック・バードの音楽を流しているというケースも多い。中には、スタッフはパート1人、一日3回、繰り返しの行政情報を伝え、役場の広報誌の中から記事をひろい読みしているというところもある。「復興に役立つ放送を」と続けている臨時災害放送だが、その内実はさまざまである。

5　3年目の臨時災害放送局

(1)　**行政当局が「わが町の放送」の重要性を見直した**
　さて、東日本大震災後、28自治体に30局誕生した臨時災害放送局であるが、震災3年目の2013年11月現在、臨時災害放送局としての活動を継続しているのは、このうちの14自治体15局である。
　ここに至るまでの動きを類型別にみると、まず、既存のコミュニティ放送局が臨時災害放送局に移行した10局のケースでは、震災後2か月余りの2011年5

第Ⅴ章　被災地メディアとしての臨時災害放送局

月末までに、岩手、福島、茨城の6局が臨時災害放送局としての活動を終え、通常のコミュニティ放送局に復帰した。2か月ほどで通常のコミュニティ放送局に戻るのは、これまでの災害時の例と同様である。

　残る宮城県の4局は、地元自治体の強い要望を受けて、その後も臨時災害放送局としての活動を継続した。津波被災地を中心に、「まだまだ復興に向けて、自治体全域に伝えなければならない情報は多い」と自治体が判断したためである。

　ただし、通常のコミュニティ放送局がいつまでも臨時災害放送局として増力した電波で放送を出し続けるのは、制度上から言っても無理がある。4局のうち、登米市の登米コミュニティエフエム（H@!FM）が2013年3月で2年間にわたる活動を終了、続いて塩竈市のエフエムベイエリア（BAY WAVE）も2013年9月に臨時災害放送局を終了し、それぞれ通常のコミュニティ放送局に復帰した。今も臨時災害放送局として放送を続けているのは、石巻市のラジオ石巻、岩沼市のエフエムいわぬま（ほほえみ）の2局だが、この2局も2014年3月末までには通常のコミュニティ放送局に復帰する。

　臨時災害放送局に移行しての活動をそれぞれのコミュニティ放送局は、どう評価しているのだろうか。

　臨時災害放送局第1号として震災当日に免許を受けたえふえむ花巻（FM-ONE）の場合、臨時災害放送局として100Wの電波で災害情報を発信した期間は約1か月。短い期間ではあったが、「臨時災害放送局として広域の花巻市全域に情報を届けたことで、局の認知度が一挙に高まった」と放送局長の落合昭彦さんは振り返る。

　えふえむ花巻が開局したのは大震災半年前の2010年9月。放送も営業活動もようやく軌道に乗り始めた時期の大震災だった。臨時災害放送局として注目された結果、「市民にとって大切な放送」という意識が市民の間に一挙に広がり、「その後の営業や取材がやりやすくなった」という。

　2年間にわたって臨時災害放送を続け、南三陸町の臨時災害放送局にも協力

(207)

した登米市の登米コミュニティエフエム（H@!FM）。代表取締役の斉藤恵一さんも「臨時災害放送局として活動し、市内全域から隣接の南三陸町にまで災害情報を送り続けたことで、局の存在感は大いに高まった」という。中でも大きいのは行政当局がコミュニティ放送局の必要性を強く認識したこと。市の災害対策本部と連携し、生活情報、防災情報を市民に提供し続けたことが、「災害時にコミュニティ放送が大いに役に立つ」という認識につながった。

その結果、市は1億3千万円の費用を投じ、登米市内で放送が聞こえにくかった7か所に、中継局を建設することを決断した。1億3千万円の出所は合併特例債。2014年度に全域をカバーする中継所網が完成する。さらに登米市は第2段階の整備として、緊急時に自動的に起動する「個別受信ラジオ」を各戸に配布することも予定しているという。

福島県いわき市のいわき市民コミュニティ放送（SEA WAVE）の場合も、市が送信所を整備するという新たな展開となった。これまでいわき市民コミュニティ放送の送信所は市内湯の岳の山頂付近1か所のみ。広域で山地も多いいわき市では、電波の通りにくい地域も多かった。そうした中山間地域を中心に市が2億3千万円の費用を投じて13局の送信所を構築する決断をしたのである。2億3千万円の出所は復興交付金などだが、この結果、2014年度までに市内全域でクリアな放送を受信できる環境が整うことになった。

いわき市民コミュニティ放送の臨時災害放送については、当初はなかなか局と市側の足並みがそろわなかった。放送継続期間についても、当初の段階で2か月と決めた市側が早々と終了届を出し、継続を希望した局の意向は通らなかった。しかし、現実問題としていわき市で、震災と原発事故の直後、市民に役立つ情報を提供し続けたのは、SEA WAVE しかなかった。

というのは、福島第一原発事故直後の3月15日、政府が原発から半径20キロ以内を「避難地区」に、さらに30キロ圏までを「屋内退避地区」に指定したのを受けて、NHK をはじめとするすべての放送局、地元紙を含むすべての新聞社、通信社がいわき市から撤退してしまったからだ。30キロ圏にかかっていた

のはいわき市の北部地区だったが、全社がいわき市での取材を自主規制したのである。マスコミ各社がいわき市に復帰したのは、事態がかなり落ち着きを見せた5月中旬であった。そんな事情で、最もいわき市民が情報を欲していた時期に、いわき市の情報を伝えるメディアは、SEA WAVE しかなかった。当然、いわき市民の中での SEA WAVE の評価は高まった。

こうした結果を見て、市当局としても災害時における地域放送局の役割、その重要性を再認識せざるを得なかった。実は、いわき市民コミュニティ放送は、震災前から「いわき市全域に放送が届くようにしたい」と何度も市側に協力を要請していたのだが、市側は応じなかった。それが、2か月の臨時災害放送局の結果を受けて、「災害時には放送が有効だ」と認識を改めたのである。放送局長の安部正明さんは、「いわき市は、2003年に静岡市と清水市が合併して広域の静岡市が誕生するまでは日本一の広さを持つ市だった[16]。中継所が十分に整備され、広域のいわき市全体に情報を届けられる体制が整うことは、今後の局のあり方にとっても大きな意味を持つ」と話している。

(2) 新設局4局がコミュニティ放送局に移行

一方、新たに設立された臨時災害放送局18自治体20局の状況だが、まず、2011年3月の開局から2か月で閉局したのが福島県須賀川市[17]、宮城県大崎市の2局。また、茨城県取手市の場合は特殊で、2012年8月開局、2013年1月までの半年間という期間限定の免許だった。さらに、宮城県南三陸町と茨城県高萩市、岩手県大船渡市が2013年3月までのおよそ2年間で活動を終了。続いて岩手県宮古市の臨時災害放送局も2013年8月25日で閉局した。閉局したのは、以上の7局である。

と言っても、このうちの大崎市、高萩市、大船渡市、宮古市の場合は、臨時災害放送局を閉局後、NPOや株式会社が主体となってコミュニティ放送局の免許を取得。恒久的なコミュニティ放送局としての活動を開始している。

大崎市では、臨時災害放送局を立ち上げたメンバーらがNPO法人「おおさ

きエフエム放送」を設立。コミュニティ放送局の免許を取得し、2013年6月、「おおさきエフエム放送(Bikki FM)」を開局した。また、茨城県高萩市は、2013年3月31日で臨時災害放送局を閉局したが、翌日の4月1日から、NPO法人「たかはぎFM」に移行、コミュニティ放送局としての放送を始めた。岩手県大船渡市の場合も2013年3月末で臨時災害放送局を閉局したが、5日後の4月5日、NPO法人「防災・市民メディア推進協議会」がコミュニティ放送局「FMねまらいん」を開局した。

　岩手県宮古市の場合は、2013年春のコミュニティ放送局移行を目指したが、スタジオ等の建設が間に合わず、臨時災害放送局の活動を8月25日まで延長。8月26日に、「宮古エフエム放送株式会社」が「みやこエフエム放送（みやこハーバーラジオ）」を開局した。

　つまり、新設局として開局した18自治体20局のうち、2013年11月現在、放送局としての活動を完全に終了したのは、福島県須賀川市、茨城県取手市、宮城県南三陸町の3局のみ。それ以外は、12自治体13局[18]が臨時災害放送局としての活動を継続。4自治体の4局が新たにコミュニティ放送局を立ち上げ、「地上基幹放送事業者」としての放送を開始していることになる。

(3) 災害に強い町を作る

　コミュニティ放送を開始した4自治体のうち、まず茨城県高萩市の草間吉夫市長に話を聞いた。

　2011年6月から臨時災害放送局で市民向けに情報を伝えてきた高萩市では、草間市長が早くから恒久的なコミュニティ放送局の設立を表明。2012年12月には、受け皿として、NPO法人「高萩エフエム」を設立した。スタジオ、送信所等の建設費2,300万円は、高萩市が建設費用を負担する「公設民営」方式。費用は、全額、国の「復興町づくり支援事業交付金」等が利用できた。

　目標とした2013年4月の開局に向けては、工事の遅れや免許申請の遅れで、「間に合わないのではないか」とも見られたが、臨時災害放送局の設立にも協

第Ⅴ章　被災地メディアとしての臨時災害放送局

高萩市・草間吉夫市長

力した新潟県長岡市の「FM ながおか」社長（当時）の脇屋雄介さんが精力的に動き、4月1日に「たかはぎFM」は無事開局した。開局までを、強力に主導してきた草間市長は、「すべては〝市民の命を守る〟ために進めてきたことだ」と胸を張る。

　東日本大震災で高萩市役所は大きな損傷を受け、使いものにならなくなった。市内は4日6時間にわたって停電した。防災無線も未整備だったため、市民への情報伝達は、広報車が2時間半かけて市内を回りスピーカーで伝えるしかなかった。各避難所には、手書きの貼りだしを行なったが、「情報伝達には、大きな悔いが残った」と草間市長は言う。

　こうした思いから、草間市長は次々に対策を打ち出した。その第一が2011年6月の臨時災害放送局の立ち上げ、続いて8月には市の情報を伝えるツイッターを開設した。防災無線の整備は、財政健全化のさ中、困難な課題ではあったが、2011年中に3か所を整備、2013年度にはそれを34か所まで広げた。さらに、Jアラート（J-ALERT）[19]と連動したエリアメールの整備。携帯ラジオの全戸配布。要介護者に対しては、緊急時に強制的にスイッチが入る個別受信機も配布した。そして、それらの総仕上げが恒久的なコミュニティ放送局の立ち上げであった。

(211)

「災害に強い町を作る。市民の命を守ることが行政の最大の使命。コミュニティ放送はそのための強力なツールだ」と草間市長は何度も強調した。

(4) 防災メディアとしてのコミュニティ放送局

「災害時に備えて〝わが町の放送局〟を作る」という考え方は、多くの自治体に共通している。岩手県大船渡市の場合も、そうした防災発想から、コミュニティ放送局の設立へと向かったケースだ。

大船渡市が臨時災害放送局を立ち上げたのは2011年4月7日。岩手県奥州市の「奥州エフエム」放送局長の佐藤孝之さんが設立を提案した。防災無線網が大きな打撃を受けていた大船渡市がこの提案に同意、臨時災害放送局の開局となった。担当は市の秘書広報課。広報課員2人、「緊急雇用創出事業」で雇用した4人のスタッフでシフトを組み、生活関連情報、災害対策本部の情報やイベント情報等を伝えた。

しかし、臨時災害放送局の運営に市が極めて積極的だったかと言えば、なかなかそうもいかなかった。秘書広報課の人員が減ったこともあり、1年を経過するころには「人手不足の中でいつまでやるのか」という声も出されていた。

その空気が大きく変わったのは、担当部署が秘書広報課から総務部防災管理室に代わってからだ。大船渡市は、東日本大震災の経験から防災計画の抜本的な見直しを行ない、防災のための情報通信基盤整備を2012年度までに打ち出した。そして、その重要な柱として、コミュニティ放送局の開設を位置付けたのである。

情報基盤整備は3本の柱から成る。その第一は、インターネットを活用した地域SNSを構築、市内各所からの災害情報を収集するとともに、防災無線システムやJアラートと連動して、市民のパソコン、スマートフォン、携帯電話向けに緊急情報・防災情報を配信する。第2は、有線系のインターネット網が使用できなくなる事態に備え、市内にWiMAXによる無線ネットワークを構築する。そして第3に、防災情報の効果的な伝達ツールとして、臨時災害放送

第Ⅴ章　被災地メディアとしての臨時災害放送局

局をコミュニティ放送局に発展させ、地域情報メディアとして活用する、というものだ。

このため、2012年度、大船渡市は、国の「災害に強い情報連携システム構築事業」としての補助金2億7,800万円を活用して、地域SNSと市内のWiMAX網を整備。さらに、「ICT地域のきずな再生・強化事業」としての総務省の補助金7,600万円（うち5,100万円は復興交付金）を活用し、コミュニティ放送局のスタジオ、送信所を整備した。

そして、これらを運用する受け皿として、NPO法人「防災・市民メディア推進協議会」が、2012年8月1日、地元の地域紙「東海新報社」社長の鈴木英彦さんを理事長として設立された。理事には、「カモメの卵」で知られるさいとう製菓、地鶏販売の株式会社アマタケ、スーパーの株式会社マイヤなど地元の有力企業のトップが名を連ねた。地域SNSやWiMAX網を構築したNTTPCコミュニケーションズも法人正会員として協議会に参加した。

こうして2013年4月5日、「防災・市民メディア推進協議会」が運営するコミュニティ放送局「FMねまらいん」が、東海新報社内に設けられたスタジオから放送を開始した。「ねまらいん」とはこの地方の方言「ねまらい」から来ている。「ねまらい」とは「ちょっと座ってゆっくりして」という意味である。市民に寄り添う放送局を目指して、この名前が公募130通の中から選ばれた。

6　放送局の運営はそう容易くない

(1) 東海新報社長の不思議な自信

「FMねまらいん」の常勤スタッフは、パーソナリティ4人、事務担当が1人の計5人。他に無給の放送局長と、NTTPCコミュニケーションズのスタッフが非常勤で勤務している。

しかし、「防災のためのメディア」と言っても、普段から防災情報ばかり流していたのでは「人々に聞かれる放送」にはならない。4人のパーソナリティ

(213)

東海新報社・鈴木英彦社長

　が交代で取材する一方、1日3回の生放送で大船渡市内の情報、話題、お店紹介、高校生の活動や地元バンドの活躍などを伝えている。だが、スタッフ5人では、なかなか充実した放送内容にするのは難しい。加えて、放送局を維持していくための十分な収入は得られるのか。

　「防災・市民メディア推進協議会」理事長で、東海新報社社長の鈴木英彦さんに話を聞いた。

　まず放送内容の充実について鈴木さんは、「市民の中から市民パーソナリティを募集し、番組を作ってもらう。また、大船渡市の広報番組も充実させたい」と話す。その一方、鈴木さんは「聞いてもらえる放送を作るには、思っていた以上にお金がかかる」とも言う。そこで、「東海新報社の持っている取材網を活用。新聞のスタッフが放送の制作も一部担当してはどうか」と聞いてみた。だが、鈴木さんの答えは、「それはなかなか難しい」とのこと。「新聞側のスタッフがなかなか納得しないだろう」というのである。営業についても「新聞と放送のセット販売という形で、広告費を集められないか」と聞いたが、この点についての答えも否定的だった。

　放送局の運営を支えるNPOの会費収入や広告費収入はどうなっているのだ

ろうか。鈴木さんによると、NPOの会費収入は現段階では年300〜400万円程度。広告収入は2013年夏現在では、「時報」に提供がついている程度で微々たるものだという。これで運営を継続できるのか？

鈴木さんは、「防災のためということで、あと先を考えずコミュニティ放送を立ち上げたのだが、いざ運営するとなると、人件費等で月130万円以上がかかる。いまの収支状況ではいずれは行き詰り、困難に直面するだろう」と実情を語っている。

ただ、その割には鈴木さんの表情には切羽詰まった感じはない。現段階では「防災・市民メディア推進協議会」立ち上げの際に集めた協賛金1千数百万円があるという事情もあるが、「本当に追い詰められれば、その時にアイデアも出てくるさ」と、明るく語るのである。

東海新報は、鈴木さんの父親の鈴木正雄さんが1958年に創刊した地域紙だが、創刊間もない1960年、チリ地震津波によって海岸近くにあった木造2階の社屋を流されてしまう。販売部数も最悪の時期には1,700部にまで落ち込み、売り上げより借金が多い時期も続いた。しかし、懸命の営業活動で部数も次第に増え、2011年の震災前には1万7,000部を数えるまでになった。

東日本大震災の当日、高台に移転していた東海新報社は局舎にこそ損害は受けなかったが、停電に見舞われ輪転機が止まった。だが、震災前に導入していた自家発電装置のおかげで、照明やコピー機を動かすことはできた。急きょ被災状況の第一報をまとめた「号外」を発行。A3版のカラーコピーで2,500部を印刷し、各避難所に貼り出した。今回の震災で大船渡市の人口は6,000人以上減った。東海新報の発行部数も4月には8,000部まで減少したが、2013年夏時点では、1万4,000部にまで回復している。

「私は3歳で満州から引き揚げてきた。新聞社の経営でも、これまでに何回も窮地をくぐりぬけてきた。だからコミュニティFMの経営もきっと何とかなる」そんな風に語る鈴木さんの不思議な自信は、なんとなく説得力を伴っていた。

(2) コミュニティ放送などやらなければ良かった

　経営の難しさは、他のコミュニティ放送局にとっても同様である。高萩市の草間市長が「市民の命を守るメディア」と強力に設立を推進したNPO法人「高萩エフエム」の場合も、現実の運営はなかなか厳しそうである。NPOの常勤職員は2人、ほかにパーソナリティをつとめるパート職員が5人、ボランティアスタッフが5人と言う体制だ。

　運営費用の基本は市の行政情報発信委託費。議会中継の委託費を含め年958万円にのぼる。これに加え、設立から5年間は市が680万円の補助金を出す。放送局側の独自資金は、NPOの会員、市民のサポーターが出す会費収入が年150万円程度。肝心の広告収入については、開局から4か月間で合計54万円とほとんど当てにできない実績だ。これで、人件費を年1,100万円程度支払い、残りを運営諸費や番組制作費に充てる。

　果たしてこれで草間市長が言うような「高萩市民に親しまれる放送」が可能なのだろうか。現段階の放送では、1日5回の生放送のほかは多くの時間が音楽で占められている。学校便りなどの番組のほか、本日の給食のメニューは？などというコーナーもある。もちろん、高萩エフエムも始まったばかり、「今後の営業活動と番組開拓に期待する」といったところだが、有力企業もほとんどなく、商業活動も冷え込んでいる高萩市の現状では、営業担当者も相当苦労をせざるを得ない。

　一方、より深刻な状況にあると思われるのが、宮城県大崎市の「おおさきエフエム放送（Bikki FM）」の場合である。

　大震災後、新設局第1号として立ち上げられた「おおさき災害エフエム」が2か月で閉局。運営主体だった「大崎エフエム放送設立準備会」は、その後、恒久的なコミュニティ放送局の設立を目指し、大崎市に協力を求めた。そして、市がいったんは「公設民営」方式を検討したのだが、市議会が初期投資負担を否決し、計画はとん挫した。しかし、あきらめきれない準備会メンバーは、2012年2月、NPO法人「おおさきエフエム放送」を立ち上げ、自前でコ

第Ⅴ章 被災地メディアとしての臨時災害放送局

びっきエフエム（大崎市）

ミュニティ放送設立に動いた。設備については4年リースで導入し、2013年6月15日に「おおさきエフエム放送（Bikki FM）」を開局した。「ビッキ」とはカエルのことである。

　NPOの中心となっているのは理事長の加藤雅晴さんと実質的な局運営の責任者、企画制作編成・事業部統括の栗田恵志さんの2人。いずれも臨時災害放送局立ち上げ当時からのメンバーだ。

　加藤さん、栗田さんによると、おおさきエフエムのスタッフは、アナウンサー2人、技術2人、それに営業、総務を入れて総勢7人。その人件費と取材制作の経費、それに機材のリース費が年間500万円程度かかる。運営経費としては毎月200万円程度になるという。これに対して、収入の方はNPOの会費やサポーターの賛助金で年200万円程度。被災地復興のための新事業に対する国の助成金が年300万円×3年間。肝心の広告収入は、6月から8月の実績では、時報、タイム合わせて10数万円であった。「計画では年1,000万円程度の広告収入を見込んだのだが…」と2人は肩を落とす。「このままでは毎月赤字が増えるばかり。こんなことならコミュニティ放送などやらなければよかったと何度も思う」と加藤さん、栗田さんは声をそろえる。

「2人で首をくくる場所を探しています」と冗談を言う2人だが、かと言って、坐して破綻を待つわけにはいかない。栗田さんらが、今、懸命に作業しているのは、大崎市をはじめ、近隣の自治体と防災等の協定を結び、広報番組を流すことで、各自治体から年200万円程度の委託費を引き出そうというスキーム。すでに大崎市、加美町、涌谷町と協定を結んだほか、美里町、色麻町とも交渉中だ。来年度からは、宮城県の北部地方振興事務所、仙台や多賀城に駐屯地を持つ陸上自衛隊東北方面隊などからもなにがしかの協力が得られそうだという。

　もう1か所、2013年8月にコミュニティ放送局を開局したのが岩手県宮古市。局の運営主体は「宮古エフエム放送株式会社」（及川育男社長）であり、株主には、商工会議所、漁協、宮古市魚菜市場、岩手県北バス、浄土ヶ浜パークホテル、陸中建設等が名を連ねている。コミュニティ放送局の愛称は、公募の結果「宮古ハーバーラジオ」に決定した。

　宮古市の場合も、大船渡市と同じく国の補助金を使った「公設民営」方式である。コミュニティ放送局の設備整備費の総額は1億9,000万円。総務省の「ICT地域のきずな再生事業」による補助がこのうちの6,300万円。残りの1億2,700万円は復興交付金でまかなわれた。当初、2013年春の開局を目指したが、工事の遅れ等により、開局は2013年8月26日となった。前身の「みやこ災害エフエム」は8月25日で閉局した。

　社長の及川さんは、「すべてはこれから…」と言う。番組制作の中心となるのは、これまで臨時災害放送局で活躍してきたパーソナリティ4人[20]。及川さんの目論見では、収入は宮古市の広報番組制作委託費900〜1,000万円、広告収入300万円、その他イベント司会などの収入も見込んでいる。それで運営経費およそ1,200万円をまかないたいと言う。それが、本当に思惑通りに行くのかどうか、及川さんの言うように「すべてはこれから」である。

第Ⅴ章　被災地メディアとしての臨時災害放送局

7　臨時災害放送局のこれから

(1)　それでもコミュニティ放送局を目指す？

　コミュニティ放送に移行した4局（高萩市、大船渡市、大崎市、宮古市）を除き、2013年10月現在、臨時災害放送局の活動を継続しているのは、既存のコミュニティ放送局が移行した2局（石巻、岩沼）と新設局12自治体13局。このうち、石巻、岩沼の2局は2014年3月で、通常のコミュニティ放送局に復帰する予定だ。

　一方、新設の12自治体13局だが、ここには宮古市の田老局がカウントされている。だが、この局は宮古ハーバーラジオの開局に伴って間もなく同局の中継所となる。

　残る11自治体の各局がこれからどのような道を選択するかだが、これらの局のうち、現段階で「恒久的なコミュニティ放送局の設立を目指す」としているのは、宮城県名取市、同・亘理町の2局。ほかの9自治体は、「コミュニティ放送局設立をなお慎重に検討する」「設立を目指したいが、現実的には無理」あるいは、「臨時災害放送局としての活動が今後も認められるなら継続したい」など、対応はさまざまである。

　名取市の場合、運営主体としてのNPO法人「エフエムなとり」が2012年8月に立ち上がっている。名取市役所近くに新しいスタジオも完成した。理事長の中澤勝巳さんは、「市の広報番組制作委託費を来年度は2,500万円確保する予定だ。それが5年程度で次第に減っていくとしても、その間に財政基盤を確立する」と話す。中澤さんらは2014年4月のコミュニティ放送局開局を目指している。しかし、それまでに、免許取得に必要な5年間の経営計画や放送計画をどこまでまとめられるか。計画の具体性や確実性を詰める作業には、なお多くの課題が残っており、中澤さんらは、「間に合わない場合は、しばらくの間、臨時災害放送局の免許の延長をお願いする」と話している。

(219)

一方、亘理町では、2012年7月に、NPO法人「エフエムあおぞら」が設立され、コミュニティ放送局移行への準備を進めている。ここでも問題は財源である。NPOでは、市の広報番組制作委託費を年間1,500万円程度確保できるとしている。それ以外の収入としてはNPOの会費、市内の建設業者の団体からの協賛金、それに広告費を見込んでいるが、いちごやリンゴの生産以外主だった産業がない亘理町では、自力の営業活動で経営を成り立たせるのは相当困難である。町の担当者は、「状況が整わないのなら、とりあえず臨時災害放送の免許延長を申請し、来年度に計画の詰めを行いたい」としている。

　名取市の場合も亘理町にしても、拙速に立ち上げて、あとで資金繰りに行き詰るのなら、ゆっくりと時間をかけ、慎重な検討を行なった方が賢明であろう。

(2)　町おこしの方が優先課題だ

　一方、コミュニティ放送局の設立を検討したものの断念したのが、福島県南相馬市のケースである。前述したように、南相馬市の「ひばりエフエム」は、市民に「聞かれる放送」を目指して様々な工夫をしてきた。その延長線で今野聡さんらスタッフは、「恒久的なコミュニティ放送局を立ち上げたい」と、市当局および運営主体である「栄町商店会振興組合」と話し合いを続けてきた。栄町商店会振興組合はJR原町駅前の商店街の組合。以前、町おこしイベントでミニFMを立ち上げたことがあり、その経験を買われて、市からひばりエフエムの運営を委託された。

　南相馬市の計画は、ひばりエフエムの放送は2014年3月まで。その後は、栄町商店会振興組合を中心にNPOを作り、そのNPOがコミュニティ放送局を設立するというものであった。コミュニティ放送局が設立されれば、市としても広報番組制作委託費として、一定の金額を支払う予定だった。

　栄町商店会振興組合の理事長は老舗のお茶屋さんを経営する片山高明さんである。片山さんは商店会の仲間と話し合い、商店会としてどの程度の運営費負

担ができるのか、FM 局の収益につながるような事業はありうるのか、そして市はどの程度、番組の委託費を支払ってくれるのか等を検討した。しかし、原町駅前の商店街のにぎわいは以前からそうかんばしいものではなかった。震災後はさらにシャッターを閉めた商店が増えた。

「そんな現状で、商店会がコミュニティ放送局を維持してゆくのは不可能」というのが片山さんら商店会のメンバーが出した結論だった。片山さんたちはコミュニティ放送のためのNPOではなく、「まず商店街のにぎわいを作りだそう」とNPO法人「コミュニティ再生・復興南相馬」を設立し、原町駅前の町おこし拠点整備に力を注ぐことに決めた。コミュニティ放送局設立は、NPOの「将来の検討課題」と位置づけられた。

同様に、コミュニティ放送局設立に向けて検討を続けていた宮城県気仙沼市の場合も、具体的な動きは鈍い。市がコミュニティ放送局のために、以前、河北新報社が気仙沼支社を置いていたビルに放送所用の部屋は用意したのだが、肝心の運営主体作りや運営計画の練り上げは今のところ進展していない。今年から担当となった産業商工課の斉藤一寿さんは「以前に比べれば、臨時災害放送局を聞いている市民も減っている」と述べ、市民のニーズを慎重に見極める構えだ。

岩手県大槌町、釜石市、陸前高田市、宮城県女川町、福島県富岡町等は今のところ2014年4月以降にどういうビジョンを描いているのか、明確に示していない。多くの自治体は、「コミュニティ放送設立のハードルは高い。したがって、臨時災害放送局の免許延長が来年度も認められるなら現在の放送を継続したい。ただ、緊急雇用創出事業の適用など国の支援が来年度も適用されるのでなければ、継続も難しい」と本音を語っている。震災で大きなダメージを受けた各自治体に、自力でコミュニティ放送を立ち上げるだけの底力は残念ながら残っていない。福島県相馬市は免許期限の2014年3月で臨時災害放送局を終了する見込みだ。

(3) みんなのために何とか続けたい

　2013年10月、東京国際フォーラムで、「東日本から問いかけるコミュニティの再生とラジオの役割」と題するシンポジウムが「災害とコミュニティラジオ研究会」[21]の主催で開催された。臨時災害放送局からは、福島県南相馬市のひばりエフエムから今野聡さん、富岡町のおだがいさまエフエムから吉田恵子さん、岩手県陸前高田災害エフエムから阿部裕美さんの3人が出席し、それぞれに臨時災害放送局にかける思いを語った。

　3局はいずれも自力でコミュニティ放送を立ち上げるのは難しい局である。臨時災害放送局の継続も財政的な支援がなければ困難となるだろう。しかし、この間、臨時災害放送を「被災者のために」続けてきたスタッフの気持ちは切実である。

　ひばりエフエムの今野さんは、「コミュニティ放送への移行については残念ながら市や商店会の理解が得られなかった。しかし、いま、ひばりエフエムは確実に市民の心を支えている。どんな形であれ、人々を支える放送を一日でも長く続けたい」と、次年度以降の放送継続を強く要望した。

　おだがいさまエフエムの吉田さんは、「町のアンケートによれば、全町避難から2年半たって、富岡町に帰りたいという人はわずか12%になってしまった」と話した。1万5千人が避難した富岡町。2013年になって町は「帰還困難地区」「居住制限地区」「避難指示解除準備地区」に3分された。「帰還困難地区」に住居を持つ町民が30%、「居住制限地区」の町民が61%、住民の9割以上が「帰る見通しを持てない」状況にある。そんな現実の中で帰還をあきらめる町民は増えている。

　「それでも…」と吉田さんは言う。「それでも故郷富岡町への思いは忘れてほしくない。続けられる間は、富岡の方言でラジオを流し続け、散り散りになったみんなの思いをつないでいきたい」

　参加者の胸が思わず詰まったのは、陸前高田の阿部さんの話だった。津波でご両親を亡くした阿部さんは、涙をこらえながらこう語った。

第Ⅴ章　被災地メディアとしての臨時災害放送局

「あの日、5分足らずで1,700人以上の市民の命が失われた。私たちのお店があった小さな通りでも、10軒のうち8軒で家族全員が亡くなった。そんな被災地で暮らしている人間の苦しみを想像していただきたい」「そんな人たちが今も53の仮設住宅でばらばらに暮らしている。ラジオがそうした人々の心を結ぶメディアとして少しでも役に立つのなら、必要とされる間は何としてでも放送を続けたい」

「陸前高田では、地盤のかさ上げや公営住宅の建設もまだまだ進んでいない。本当は、この被災地が被災地でなくなるまで放送を続けたい。それは無理かもしれないが、少なくとも人々が仮設住宅にいる間は続けさせてほしい。被災したみんなの思いをつないでいくことは、まだまだ必要だと思う」

⑷　**臨時災害放送局の役目は6、7割終わった**

　そうした中で、「コミュニティ放送への移行はしない」と明言するのは、宮城県山元町の「りんごラジオ」代表、高橋厚さんである。

　高橋さんは「臨時災害放送局の役割は、最初の1～2年で6、7割終わった」と言う。高橋さんによれば、震災直後の時期、山元町の情報、人々の安否、復興計画など町民が知りたい情報は山ほどあった。この期間、臨時災害放送局に求められるものは多かった。インフラの状況にしても、物資や支援の情報にしても、人々は生活に必要な情報をラジオに求めた。しかし、一定時間が経過し復興期に入ると、人々の情報に関するニーズは大幅に減り、癒しや日常の暮らしに役立つ情報など間接的なものに関心が移っていった。それはそれでラジオの大事な役割であろう。しかし、現在は3年目。これまで大いに役に立ってきた放送も、「そろそろ役目を終えていいのではないか」と高橋さんは話す。

　「臨時災害放送局の役割も残すところ1～2割になったと思う。公営住宅の情報や交通インフラの復旧状況など、まだ町民に必要な情報はある。しかし、あと2年もあればその状況も落ち着くだろう。現在建設中の3つの新市街地が

完成し、町外避難者が安心して戻ってこられる状況が生まれれば、臨時災害放送局の役目も終わる。それでいいのではないか」

りんごラジオは、臨時災害放送局の中では最も地域に密着し、情報的にも内容が濃く、さまざまな取材で「山元町の声」を伝えてきた。町民の評価もきわめて高かった。行政との連携も順調だった。そうした状況を受けて、齋藤俊夫町長は早い段階から「りんごラジオを、将来、コミュニティ放送局に移行させる」と町議会で明言していた。町議の間にもそれを支持する意見が広がっていた。

しかし、高橋さんは「あと2年、放送を続ければ、臨時災害放送局としての役割は果たし終わったと言える」「山元町の現状では、コミュニティ放送局になっても、営業活動で自立した経営を維持するのは困難。そうすると永続的に町の財源に頼らざるを得ない。それが本当に正しいことなのか」と言う。

「山元町は津波で大きな被害を受けた。イチゴ栽培等も壊滅的な打撃を受け、今も、町の人口は減り続けている。そんな中で、山元町が行政としてやらなければならない仕事はいくらでもある。貴重な税金はそうした優先順位の高い施策に使われるべきではないか」「りんごラジオの活動を評価してくれるのはありがたいが、そのために貴重な税金を使い続けるのは、町民に申し訳ない」というのが高橋さんの思いだ。

流石は伝統のあるテレビ局の幹部として、放送とは何か、放送局の経営とは何かを経験してきた人物ならではの見識である。

高橋さんはこうした考えを受けて、山元町は2013年9月、「りんごラジオは、免許期限を迎える来年3月以降、1年ごとに再免許を申請し、2016年3月まで続ける」と発表、コミュニティ放送局移行の方針を事実上撤回した。東北総合通信局もこうした山元町の判断を尊重する姿勢を示しており、2年間の再免許を認める方向だ。りんごラジオの臨時災害放送局としての活動はあと2年。5年間で活動を終えることになる。

第Ⅴ章　被災地メディアとしての臨時災害放送局

まとめ：臨時災害放送局とは何か

　さて、筆者に与えられた紙面はすでに尽きているので、まとめに入りたいと思う。この２年８か月余り、東日本大震災で生まれた臨時災害放送局30局の動向を追ってきて、改めて感じるのは「臨時災害放送局とは何か」という基本的な問いである。

　もともと「非常災害時における〝臨機の措置〟」として、緊急時の情報伝達を目的として生まれた臨時災害放送局であるが、今回の展開は、総務省担当者が話すように、「災害が想定を大きく超える事態となった結果、異例のものとなった」。災害の深刻さ、被害の広がり、復旧、復興までの道のりの遠さを考えると当然とも言える。

　その中で、震災直後の情報不足の時期、臨時災害放送局が「わが町の情報」を伝え続けたことの意味は大きかった。被災住民が「いま自分たちに必要な情報」を真に求めているときに、それが十分なものであったかどうかはともかく、臨時災害放送局が生活に役立つ情報を伝えたことは大いに評価される。しかも、それらは「この状態を何とかしなければ」という被災住民自らや多くのボランティアの情熱によって支えられた。その努力には最大の敬意を払いたいと思う。

　しかし、混乱期が過ぎて復興期に向かうにしたがって、臨時災害放送局の在りようは自治体の取り組み姿勢の如何によってさまざまに分かれた。「ラジオは壊れた防災無線の代わり」とする自治体では、防災無線の復旧が進むとともに臨時災害放送局の存在意義が薄れていった。緊急雇用創出事業制度や復興交付金、つまり国のお金を利用して臨時職員はおいているものの、情報協力などサポートがほとんどなくなった局、あるいは一日に数回、一人のパート職員が「自治体の広報誌」を読み上げるだけの局も存在した。

　それでも臨時災害放送局スタッフの多くは、「被災した人々の心のつながり

(225)

を守るためにも放送を継続する」と努力を続けた。スタッフのそうした思いは放送が長期に継続し、リスナーとの交流が深まるにしたがって強くなっているのだが、必ずしもその思いは免許人である自治体の総意とはなっていない。

　また、多くの局で「〝わが町の放送〟が災害時に大きな力を発揮することは証明された。普段からコミュニティ放送局が住民に親しまれていれば、防災上大きな安心になる」という話を聞いた。だから、コミュニティ放送局への移行を目指すのだという。そしてすでに4局がコミュニティ放送局に移行した。

　しかし、多くの支援や助成を受けて運営してきた臨時災害放送局と通常のコミュニティ放送局の〝経営〟とは全く違う。「次なる災害に備えて」と言うが、次なる災害までの長い平常時の期間、放送局を自立して維持していくための財政的な裏付けがどこまであるか。そして〝聞かれる放送〟を継続する戦略と覚悟がどこまであるか。

　「放送局を始めた。しかし、すぐ破たんした、では、制度としての〝放送の継続性と安定性〟はどうなるのか」「無理にコミュニティ放送局を作らなくても、今回の経験とノウハウを十分に継承していけば、いつでも臨時災害放送局は設立できる。それまでの間はインターネットやミニコミなど多くの手法があるではないか」と筆者は思うのだが、宮城県大崎市で新聞記者をしている古くからの友人は、「たとえコミュニティ放送局がうまくいかなくても、短期間でも、人々の役に立つことをやろうというのはいいことではないか」と反論する。また、京都の友人は、「どんな形であれ、市民が発信できるメディアを持つことには大きな意味がある。経営が成り立たないというのであれば、支援や助成の制度を求めていくべきだ」と語る。そうかもしれない。

　しかし、この2年8か月余りの間に、臨時災害放送局が次第に〝復興エフエム〟となり、それが〝次なる災害に備えて〟のコミュニティ放送局に転化するという流れの中で、臨時災害放送局の概念、定義は大いに拡散した。そろそろそれらを整理する時期に来ているのではないか。

　すべてを法や規則で規定することがよいとは思わないが、一連の経緯で浮上

第Ⅴ章　被災地メディアとしての臨時災害放送局

してきた多くの問題、課題を、放送制度としてどう整理していけばよいのか。その議論を始めなければならないだろう。そのためには、今回、臨時災害放送局やコミュニティ放送局に関わった人々、研究者、放送関係者、法律家など多くの人々が、それぞれの提案あるいは要望を提示し、開かれた場で知恵を出し合わなければならないと思う。

注　記

1）旧・郵政省の放送行政局長が各地方電気通信監理局に出した通達。大臣の命（指示）により本省局長が地方機関に発出する通達を依命通達という。
2）1995年の兵庫県臨時災害放送局（エフエム796フェニックス）に続き、2000年3月の有珠山噴火の際には虻田町臨時災害放送局（FMレイクトピア）が活動、2004年10月の中越地震では既存コミュニティ放送局のFMながおか（長岡市）が小千谷市に、FMゆきぐに（南魚沼市）が十日町市に臨時災害放送局を開設した。2007年7月の中越沖地震では既存局のFMピッカラ（柏崎市）が臨時の中継局を設置、2011年1月の秋田豪雪では横手市が臨時災害放送局を開設、同時期に起った宮崎県新燃岳の噴火では高原町が高原災害エフエムを開局した。
3）自治体数と開局数が異なるのは、岩手県宮古市が市中心部の本局のほかに市内田老地区に別免許を受けた中継局を開局。同様に宮城県気仙沼市が市内本吉地区に別免許の中継局を設けたためである。
4）東北総合通信局放送課・吉田晋さんからの聞き取り
5）コミュニティ放送局の送信機材を扱い、技術サポートを行う社は数多くは存在しない。MTSはテレビユー福島の関連会社。今回の震災にあたっては、MTSがたまたまイタリアから借りていた6台の機材が返却前であったため大量の開局に対応できた。
6）臨時に開局できるコミュニティFM局としては、災害時に開局される「臨時災害放送局」と、イベント等特定の行事の期間中に開局される「臨時FM局」の2種類がある。
7）「メディアが震えた」（2013年・東京大学出版）の中で、松山秀明氏（東京大学大学院）が震災報道の地域偏在について論じている。同氏の分析によると、2011年3月から2012年3月までの1年間にテレビ報道が取り上げた被災市町村は、仙台市が3,587回、続いて石巻市が3,539回、南三陸町が2,729回。一方、山元町がテレビ報道に出現したのは277回であった。
8）りんごラジオのスタッフは最初の半年間は完全無給。2011年9月から4カ月間は日本財

団の援助を受けた。また2012年4月からは復興交付金を財源とした補助を受けているが、もちろん十分な額ではない。
9）1995年2月10日の総務省依命通達「非常災害時における放送局に関する〝臨機の措置〟について」で臨時災害放送局が制度として誕生した。
10）FMながおかの脇屋雄介氏は「中越地震の際、臨時災害放送局を開局した期間はCMを流すことができなかった。このため既存のコミュニティ放送局は長期に活動を継続できなかった。そのことは問題点として総務省にも申し上げた」と話している。
11）2011年6月14日に総務省地域放送推進室が行った説明会の資料「コミュニティ放送局に関するQ&A（Ver2）」P13
12）停電は東北電力管内だけでのべ486万1,200世帯にのぼり、復旧には最大3カ月を要した。（東北電力ホームページ、2011年6月8日「東北地方太平洋地震に伴う停電について（最終版）」ほか。
13）総務省「平成23年度情報通信白書」の「通信等の状況」によると、通信系の被害は固定電話（FTTHを含む）の場合、NTT、KDDI、ソフトバンクテレコムあわせて約190万世帯の回線が途絶（3月13日時点）。携帯電話・PHSの基地局もドコモ、au、ソフトバンク、イーモバイル、ウィルコムあわせて2万9,000局が停波した（3月12日時点）
14）2011年8月に日本民間放送連盟研究所が宮城県仙台市、名取市、気仙沼市、岩手県陸前高田市の被災4市の仮設住宅で500人に聞いた調査では、「（被災状況の情報源、安否情報、生活情報等で）総合的に役に立った」のは、震災当日についてはラジオ43.2％、テレビ10.2％、翌日から翌々日についてはラジオ53.2％、新聞14.4％、テレビ13.6％。3日後から1週間後についてはラジオ58.6％、新聞34.0％、テレビ26.6％と、どの段階でもラジオが高く評価されている。また非営利団体「情報支援プロボノ・プラットフォーム」が7月に岩手、宮城、福島の183市町村の住民2,815人から回答を得たインターネット調査でも、震災当日に利用できた情報ツールとしてラジオが67.5％、1週間後についてもラジオが75.0％でトップであった。（「東日本大震災・情報行動調査報告書」）
15）2011年12月から12年3月に3局が開局した背景として、日本財団の支援が「2011年12月までに申請」「2012年3月までに開局」を最終的な期限としたことがあげられる。
16）1966年に新産業都市建設促進法によって14市町村が合併し広域のいわき市が誕生。以来、2003年までいわき市は全国一面積の広い市であった。しかし、広域の静岡市誕生に続く2011年までの「平成の大合併」の結果、広域の市町村が次々に生まれ、現在もっとも面積が広いのは岐阜県高山市。いわき市は市町村としては全国15番目、市としては12番目となった。
17）総務省の資料では須賀川災害エフエムは2011年4月7日開局、8月7日廃止となっているが、実際に臨時災害放送局として活動したのは2カ月間のみ。総務省への廃止届が遅れ

第Ⅴ章　被災地メディアとしての臨時災害放送局

た。
18) この中には宮古市の宮古田老局を含んでいる。宮古市では臨時災害放送局の終了後コミュニティ放送局が開設されており、自治体数は二重カウントとなる。
19) 大地震、津波をはじめとする大規模災害や、武力攻撃等の緊急事態が発生した際に、総務省が必要な情報を通信衛星経由で、瞬時に地方公共団体に伝達すると共に、ネットワークに接続された防災行政無線や有線放送電話を自動起動させ、緊急情報を伝達するシステム。各報道機関と結ぶことで、放送等を通じた情報伝達にも役立つとされている。
20) みやこ臨時災害放送局の運営の中心となっていた佐藤省次さんは、臨時災害放送局の閉局とともに退職、「みやこハーバーラジオ」には参加していない。
21) 情報科学芸術大学院大学教授の金山智子さんや龍谷大学政策学部教授の松浦さと子さんらが東日本大震災後に立ち上げた研究会。被災地の復興と臨時災害放送局やコミュニティ放送局の活動を研究テーマとしている。

第Ⅵ章　地域社会の情報化と新しいメディア利用に関する研究
―スマートフォン向け地域観光アプリケーションと「セカンドオフライン」―

富 田 英 典

はじめに
1　インターネット利用の展開
2　スマートフォンを利用した新しいサービス
3　スマートフォンを利用した地域活性化政策：スマート革命
4　モバイルメディアに関する社会学研究
5　スマートフォン向け地域観光アプリケーション
6　『恋するフォーチュンクッキー』と地域活性化
おわりに

はじめに

　近年「拡張現実感」（Augmented Reality）は急速に発達し、バーチャルなリアル空間が可能となりつつある。「バーチャルリアリティ」（Virtual Reality）技術がリアルなバーチャル空間を作り出すのに対して、「拡張現実感」は現実空間をバーチャルにする。さらに「拡張現実感」技術はモバイル機器と融合することにより新しい場所感覚を生み出している。それは、オンライン情報が日常生活に適宜表示されるオフラインの場所感覚である。ここでは、このような空間を「セカンドオフライン」（富田 2013）と呼びたい。本章では、まず

「セカンドオフライン」に関連する新しいサービス、地域活性化政策を紹介する。次に、これまでのモバイルメディアに関する社会学研究の流れを概観し、現在注目を集めている「ハイブリッド・リアリティ」「ネット・ローカリティ」などの概念を紹介しながら「セカンドオフライン」の特性を明らかにする。そして、次にそれに関連する地域観光アプリケーションの現状について取り上げる。最後に、それらの問題と可能性について考察したい。

1　インターネット利用の展開

　インターネットの普及により地域社会の情報化に大きな変化が生まれている。インターネット利用が一般に開放され、今日に至るまでの過程には3つの段階があった。まず第一段階では、インターネットは、オフィスや自宅に置かれたパソコンからアクセスして利用されていた。自宅のパソコンが世界中につながっていることに人々は驚いた。その場合にパソコンが設置されている場所はどこでもよかった。自宅のリビングからインターネットを利用していても、会社のオフィスから利用していても同じ環境が保証されていた。かつて、アルビン・トフラー（Toffler, Alvinm, 1970＝1970, 1975＝1976, 1980＝1980）が在宅勤務やエレクトロニクス・コテージなどに注目した情報環境はインターネットの普及によって現実のものとなったのである。それがこの段階のインターネット利用の特長である。第二段階になると、携帯電話でのインターネット利用が可能となる。当初はメール利用が中心であったが、次第にその他のインターネット利用も増え、スマートフォンの登場によりモバイル・インターネットが拡大する。ここでは、オフィスや自宅だけでなく、屋外や移動中でもインターネットを利用することが可能となった。この段階での特長は、いま自分がいる場所で必要な情報をインターネットを利用して入手できる点にある。つまり、第一段階では、自宅でもオフィスと同じ環境で世界につながることに注目が集まっていたが、第二段階では、どこからアクセスするかが重要になる。い

ま、ここで必要な情報をインターネットを利用して入手できること、喫茶店や電車の中などある特定の場所から世界の情報につながっていることが特長であった。そして、第三段階になると、今度は、特定の場所から特定の情報にアクセスする利用方法が注目を集めるようになる。特定の場所へ移動し、その場所にいかなければ得られない情報をスマートフォンで入手する方法である。近年、関心を集めているのがこの第三段階である。本章では、地域社会における新しい情報化をこのようなインターネット利用から考察したい。

2 スマートフォンを利用した新しいサービス

2011年1年間におけるスマートフォンの世界出荷台数は4億8,770万台となり、パソコンとタブレット端末を合わせた出荷台数を初めて上回った。英国の市場調査会社 Canalys によると、2011年におけるスマートフォン出荷台数は、2010年の2億9,970万台から62.7%増えて4億8,770万台となり、パソコンとタブレット端末を合わせた出荷台数は、同14.8%増の4億1,460万台となり、ス

表Ⅵ-1 スマートフォンとタブレット PC などの出荷台数
Worldwide smart phone and client PC shipments shipments and growth rates by category, Q 4 2011 and full year 2011

Category	Q 4 2011 shipments (millions)	Growth Q 4 '11/ 4 '10	Full year 2011 shipments (millions)	Growth 2011/2010
Smart phones	158.5	56.6%	487.7	62.7%
Total client PCs	120.2	16.3%	414.6	14.8%
-Pads	26.5	186.2%	63.2	274.2%
-Netbooks	6.7	-32.4%	29.4	-25.3%
-Notebooks	57.9	7.3%	209.6	7.5%
-Desktops	29.1	-3.6%	112.4	2.3%

出典) Canalys, 3February2012, Press release2012／021.

写真Ⅵ-1　Homeplus Virtual Subway Store in South Korea
出所・写真提供）聯合ニュース2011／08／25「韓国で世界初の『バーチャルストア』オープン」

マートフォンが始めて上回った。[1]（表Ⅵ-1）

　このようなスマートフォンを利用したサービスが次々に登場している。その中で特に取り上げたいサービスが「ホームプラス」（Homeplus）の地下鉄駅バーチャルストアである。2011年8月に韓国第2位の大型スーパー「ホームプラス」が、ソウル市江南区の地下鉄宣陵駅に世界で初めてバーチャルストアをオープンした。[2]　駅舎内に設置されたバーチャルストアでは、壁に貼られた写真を見て、商品を選びQRコードをスマートフォンのカメラで読み取ることによって商品を購入することができる。購入した商品は自宅まで配達される。このサービスが興味深いのは、「ホームプラス」のネット通販サイトで販売されている3万5,000点余りの商品の画像情報が地下鉄駅の空間に重ねられている点である。それは、まるで地下鉄のホームが突然コンビニになったようだ。見た目は違うがコンビニと同じ機能を果たしているのである。この方法を利用すれば、どこにでもコンビニをオープンすることができる。（写真Ⅵ-1）

　カンヌ国際広告祭2011では、「Homeplus Subway Virtual Store」のコマーシャルがメディア部門グランプリを獲得している。また、類似したサービスは、すでに中国の上海と北京でも始まっている。[3]

第Ⅵ章　地域社会の情報化と新しいメディア利用に関する研究

写真Ⅵ-2　パイオニア　ヘッドアップディスプレイ
(写真提供：パイオニア)

　次に注目したいサービスがパイオニアから発売されているカーナビ「ヘッドアップディスプレイ」である。パイオニアは、2012年7月に世界で初めて自動車のフロントガラス越しに画像を表示する「ヘッドアップディスプレー」を使ったカーナビゲーションシステムを商品化し、2013年6月には第2世代機を発売している。このカーナビでは、運転席上部のサンバイザー付近に設置した透明なディスプレーを利用して3メートルほど先に交通情報や経路の指示を映しだし、ドライバーは正面を向いたままカーナビ情報を見ることができる。[4]　JVCケンウッドもルームミラーに取り付けるタイプの「ヘッドアップディスプレイ」を標準装備する「彩速ナビ」を2013年5月に市場投入している。[5]これらは、拡張現実感（Augmented Reality：以下ARと略記）機能を搭載したカーナビである。（写真Ⅵ-2）

　そして、現在最も注目される機器が富士通の次世代ユーザーインターフェースFingerLinkである。FingerLinkでは、指の動きでテーブル上の紙の文書などを瞬時にデジタル化することができる。しかも、そのデジタル情報を同じテーブルの上に表示して操作することができる。従来のARはリアル空間に物体などのデジタル映像や動画を表示させることができるが、FingerLinkでは逆にリアル空間の情報を瞬時にデジタル化してくれるのである。[6]この技術の特徴は、パソコンなどのディスプレイではなくプロジェクターを利用しているところにある。「初音ミク」[7]のARライブ[8]を可能にしているのもプロジェクターである。また、近年人気の3Dプロジェクションマッピングでもプロジェ

(235)

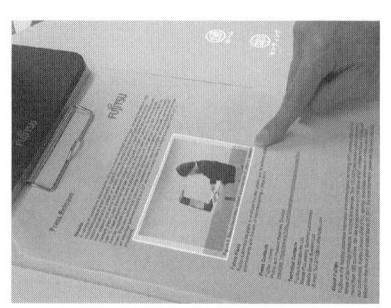

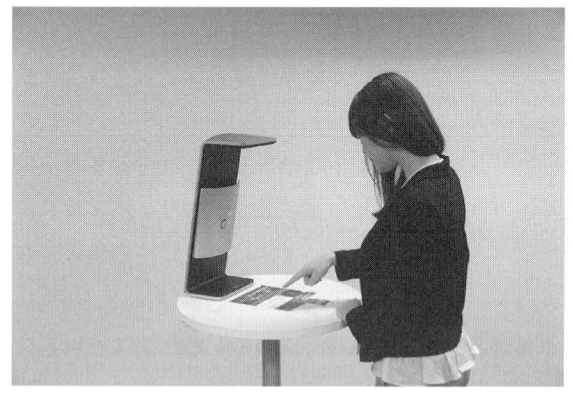

写真Ⅵ‐3　次世代ユーザーインターフェース FingerLink（写真提供：富士通）

クターが使用されている。このようなプロジェクター利用の利点は、複数のユーザーが同時に閲覧することができるところにある。FingerLink の技術は AR と同じくらい画期的である。それは、まさにアナログとデジタルが融合した新しい感覚の技術である。（写真Ⅵ‐3）

3　スマートフォンを利用した地域活性化政策：スマート革命

このような新しいメディア利用や情報機器が生まれている一方で、スマートフォンを利用した地域活性化政策が進行している。ただ、その範囲はかなり限定的である。国土交通省は、訪日外国人旅行者への案内情報の提供にスマート

(236)

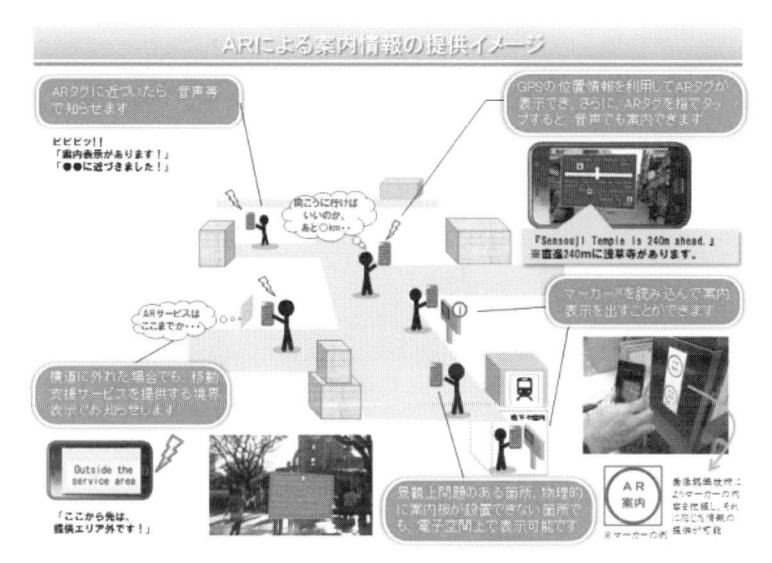

第Ⅵ章　地域社会の情報化と新しいメディア利用に関する研究

図Ⅵ-1　訪日外国人旅行者への案内情報の提供
出所）国土交通省ホームページ「地域づくり」9）

フォンのAR技術を利用した案内情報の提供方法を提案している。サービス提供エリア内では、移動ルート、迷いやすい分岐点、案内標識がない場所などにARマーカーが配置される。そのARマーカーにスマートフォンをかざすと必要な情報が得られる。（図Ⅵ-1）

　平成22年版情報通信白書は、地域社会におけるICTの利活用を促進することによる地域の活性化、ICTの「つながり力」を通じた地域社会の再生、ICTによる社会参加を通じた地域住民の生活の質の向上について検証している。それによると、地域の「医療・介護」「福祉」「防災」「防犯」「教育」「就労」「交通」「地域コミュニティ」「観光」「地域産業」の10分野のうち先進ICTシステム利活用事業の実施率が最も高かったのは「防災」分野であり28.3％だった。その他の分野はおおむね10％以下であった。[10] このように、地域社会におけるICTの利活用はまだ限定的な範囲にとどまっていることがわかる。（図Ⅵ-2）

(237)

防災分野の実施率は28.3%となっており、その他の分野はおおむね10%以下

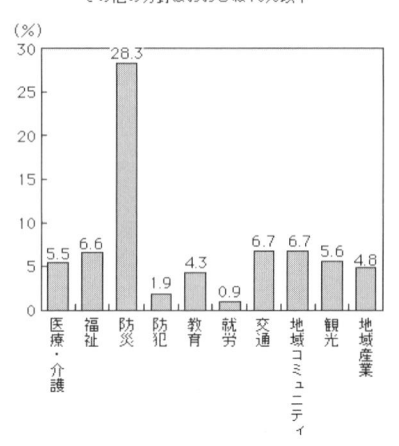

図Ⅵ-2 全国自治体のICT利活用状況

出所）総務省「地域におけるICT利活用に関する調査研究」（平成22年）[11]

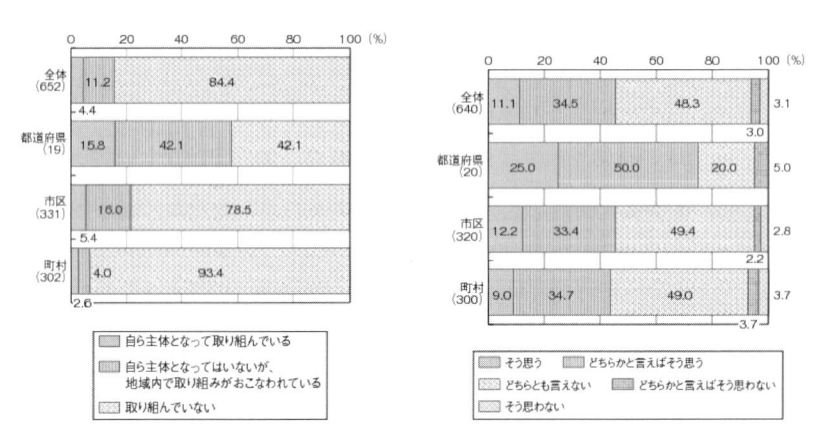

図Ⅵ-3 地場産業のICT利活用への取組状況

図Ⅵ-4 今後、地場産業のICT利活用促進に取り組もうと思うか

出所）総務省「地域におけるICT利活用の現状及び経済効果に関する調査研究」（平成24年）[12]

第Ⅵ章　地域社会の情報化と新しいメディア利用に関する研究

●最近のスマートフォン等の普及、M2M通信の可能性、ビッグデータの活用への新潮流が、「ユビキタス」と「スマート」の融合を加速し、「スマート革命」へ

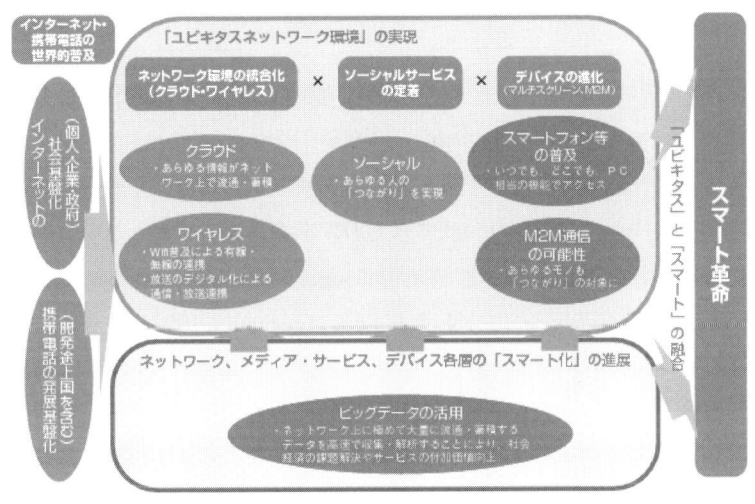

図Ⅵ-5　「スマート革命」のイメージ
出所）平成24年版情報通信白書（総務省）340頁

　平成24年版情報通信白書によると、地場産業（企業、商業者、農林水産業者等）のICT利活用の促進に取り組んでいる自治体は、都道府県では57.9％であるが、市区では21.4％、町村では6.6％にとどまっている。今後取り組むとしたのは、都道府県では75.0％、市区では45.6％、町村では43.7％だった。前述したように、ICT利活用の分野はまだ限定的ではあるものの、都道府県では活用したい意向が強いことが分かる。ただ、市町村ではまだかなり遅れている。（図Ⅵ-3）（図Ⅵ-4）

　ICTを活用した地域活性化の可能性を検討することは重要である。平成24年版情報通信白書は、近年のICTのパラダイム転換を「スマート革命」と呼び、その全体像を図Ⅵ　5のようにまとめている。そこでは、u-Japan戦略以降の目標でもあったユビキタスネットワーク社会の構築が整い、「いつでも」「どこでも」「誰でも」ネットワークを簡単に利用できる環境整備が整い、クラ

ウド、ソーシャル、高機能端末（スマートフォン、タブレット端末）の普及が新しい情報通信革命を引き起こしていることが指摘されている。[13]

4 モバイルメディアに関する社会学研究

　このように、近年特に関心を集めているモバイルメディアであるが、これまでどのような社会学研究が行われてきたのかを振り返っておきたい。携帯電話利用に関する初期の研究は、米国（McGough 1989、Rakow and Navarro 1993＝2002、Davis 1993など）やフィンランド（Kangasluoma 1976、Roos 1993、Nurmela 1997、Kopomaa 2000＝2004、Mäenpää 2000など）、ドイツ（Lange 1992など）やフランス（Gourney 1994など）を始めとする国々で登場した。

　日本でも1997年に移動体通信に関する研究成果である富田英典ほか著『ポケベル・ケータイ主義！』が刊行され、2000年以降になると川浦康至・松田美佐編著（2001）『現代のエスプリ：携帯電話と社会生活』、岡田朋之・松田美佐編（2002）『ケータイ学入門』が相次いで刊行された。そして、2002年には、世界の携帯電話文化を紹介したカッツとオークス編『絶え間なき交信の時代（*Perpetual Contact*）』（2002＝2003）が刊行された。同時期には、ハイデガーやハバーマスの思想と対比しながら、携帯電話の宣伝文などに描かれるコミュニケーションのモデルが他者に対する理解からいかにかけ離れているかを批判するマイアソン（Myerson 2001＝2004）の研究、それとは対照的にインターネット、ウェラブルコンピュータ、ARなどの情報技術や通信技術の発展の中で携帯電話技術がいかに重要な位置を占めているかを取り上げているラインゴールド（Rheingold 2002）の研究も登場した。そして、その後、携帯電話文化に関する優れた研究が数多く登場するようになる。

　この時期までの携帯電話に関する社会学研究は、それぞれの国に固有の携帯電話文化についての研究、歴史や文化が異なるにもかかわらず携帯電話が何故急速に世界中に普及したのか、どのように利用されているのか、どのような分

野で利用されているのかなどが中心であった。しかし、2007年のiPhoneの登場を契機にフィーチャーフォン（従来の携帯電話）からスマートフォンへの移行が始まり、その機能は多様化した。さらに、位置認識サービスやAR技術との融合により、スマートフォンの普及が社会に与える影響は急速に拡大した。その結果、新しいモバイルメディア研究が登場している。日本ではこの分野に関する研究はまだ少ないが、海外では増えつつある。その研究者たちは、シルバ（Silva 2003）、ステープルトン（Stapleton 2002）、ヒョース（Hjorth 2008, 2011）、ゴギン（Goggin 2012）といったモバイルメディア研究の第二世代に属する研究者たちである。この世代の研究の特徴の一つは、位置認識サービスやAR技術などを使用したスマートフォンのアプリケーションがリアルとバーチャルが融合する空間を作り出すことに注目しているところにある。

(1) **拡張現実感（Augmented Reality）**

　では、ARとはどのような技術なのだろうか。バーチャルリアリティ技術は急速に発達し、リアルなバーチャル空間が可能になった。それに対して、近年注目を集めているのが現実空間をバーチャルにする技術である。ARはポール・ミルグラム（Milgram, Paul 1994）らが提起した概念である。これまでリアルな物質的空間とバーチャルな空間は分離されたふたつの空間であった。ところがARを可能にする技術が登場しリアルとバーチャルは一直線上に並ぶことになった。その結果、バーチャルかリアルかという二分法ではなく両者は「よりリアル」か「よりバーチャル」かという程度の違いになるとミルグラムはいう。そして、従来のバーチャルリアリティの技術によって生まれる現実感を「拡張仮想感」（Augmented Virtuality）と呼び、「拡張現実感（AR）」と「拡張仮想感（AV）」を総称する概念として「複合現実感」（Mixed Reality；以下MRと略記）という概念を提起したのである。そして、現在注目を集めているのがスマートフォンを利用したモバイルAR技術である。前述した国土交通省の「訪日外国人旅行者への案内情報の提供」で使用されるのがこのAR

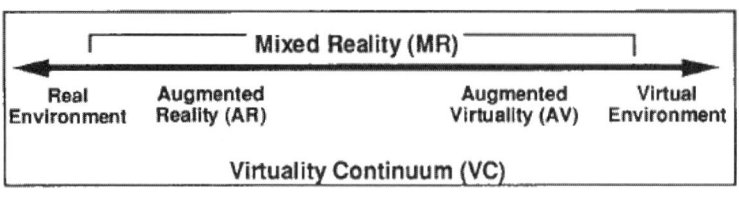

図Ⅵ-6 複合現実感（Mixed Reality）
出所）Milgram and Fumio, 1994, P. 1321

技術である。（図Ⅵ-6）

本章でもこのモバイル AR 技術に注目し、AR を利用したスマートフォン向け観光アプリケーションについて取り上げたい。

(2) ハイブリッド・リアリティとネット・ローカリティ

シルバ（Silva2006）もモバイル AR 技術に注目している研究者の一人である。彼女はミルグラムらが提起した MR を修正し「ハイブリッド・リアリティ」（Hybrid Reality：以下 HR と略記）という概念を提起している。AR はリアルにバーチャルを重畳する技術であるが、実際にはコンピュータを使用してフィジカルな空間や物体にデジタル情報を重畳している。また、近年ではモバイル機器を利用して、屋外で使用することが多い。シルバは、パソコンでリアルにバーチャルを重畳する AR に対して、モバイル機器を利用してフィジカル空間にデジタル情報を重畳することを HR と呼ぶ。（図Ⅵ-7）さらに、シルバは携帯電話の重要な特徴は位置確認とナビゲーションであり、携帯電話のこれらの機能は利用者の空間経験を変化させ、空間の再定義を引き起こすと指摘しているのである。モバイルメディアの社会学研究では、このようなシルバらの研究は通話やメールの利用方法などの研究が主流であった初期の研究に対して、近年の新しい研究傾向を最もよく表わしている。

さらに、シルバらは、その後、スマートフォンの位置認識サービスに注目し、ローカルがネットワーク化された状態が登場しているとして「ネット・

第Ⅵ章　地域社会の情報化と新しいメディア利用に関する研究

ローカリティ」という概念を提起している（Gordon and Silva 2011）。彼女らは、Google Earth、Google Maps、Street Views を例にあげながら、「ネット・ローカリティ」概念を説明している。そして、フォースクウェア（Foursquare）[14]という位置情報を利用したアプリケーションに注目している。また、ゴギン（Goggin 2012）も「場所のエンコーディング」（Encoding Place）という概念で、位置認識サービスの利用がモバイル技術によって新たな場所を構築していることに注目している。

　彼らが注目する Google Earth、Google Maps、Street Views、シルバらが取り上げる LBMG（Location based mobile games）である Botfighters の事例（Silva 2009）、Foursquare と Loopt の事例（Gordon and Silva 2012）は非常に興味深い。ただ、残念ながら日本ではそれらのすべてが地方都市で十分に利用されているというわけではない。Google Earth で自分の住んでいる場所が見えたり、Street Views で自宅が見えたりするのは楽しい。これから旅行に行く場所の様子が見えるのも楽しい。しかし、それぞれの場所には固有の文化や伝統がある。Google Maps にそれを位置づけることはできない。むしろ、外部の視点でそれぞれの場所に意味を与えるとき、それぞれの場所が持っている意

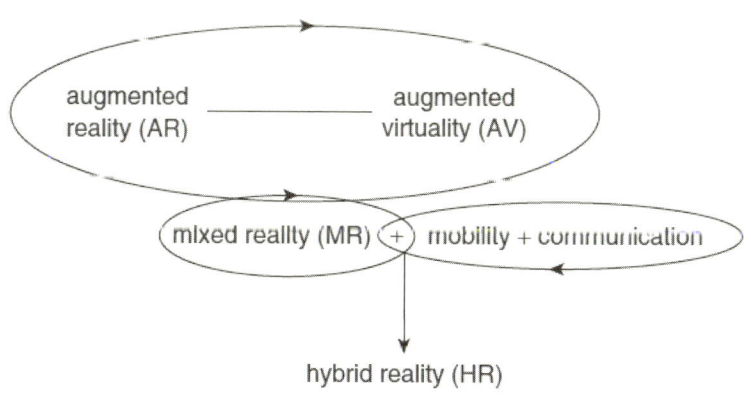

図Ⅵ-7　ハイブリッド・リアリティ（Hybrid Reality）
出所）Silva, 2006, P. 266[16]

味が書き換えられ消えてしまう可能性もある。

　フィジカルな空間に重ねられるデジタル情報は何でもいいというわけではない。ここでは、もう一度、バーチャルという用語に戻ってみたい。それは「仮想」という意味ではなく、形は違うが本質的にそのものを表わしているものを意味している。[15] ARを考えるときは、フィジカル空間に重ねられるデジタル情報がその空間の本質的な何か、まさにバーチャルな部分を示すものでなければならない。ただ、何がバーチャルかを判断することは難しい。

(3)　セカンドオフライン

　シルバ（Silva 2011）らとファーマン（Farman 2012）は、モバイルメディアとの関連でリアルとバーチャルの二元論を問題視している。シルバは、これまで「ふたつのVirtuality」が議論されてきたとする。ひとつめは、据え置きのコンピュータによって情報処理が行われていた時代での「シミュレーションとしてのバーチャリティ（the Virtual a Simulation of the Real）」である。そこでは、リアルとバーチャルの二元論が主流だった。社会学でも、オリジナルとコピーの二元論が登場し、ボードリヤール（Baudrillard 1984＝1994）のシミュラークル概念が注目された。ふたつめは、モバイルインターネットが普及した時代の「潜在力としてのバーチャリティ（the Virtual as Possibility and Potentiality）」である。シルバは、ドゥルーズ（Deleuze 1994）らのバーチャル概念を手掛かりにしながら、Virtualの対概念はActualであり、the Potentialからthe Actualへの運動という観点からバーチャルを考えることが重要であるとする。そして、シルバは、位置情報アプリケーションこそがバーチャルな情報を発見することができ、それはスマートフォンによってアクチュアル化しフィジカルな空間に重畳されると考えた。しかし、「ネット・ローカリティ」という概念は、これまで特に注目されなかった場所がネットワーク化されることにより新たな意味が外部から付与され定義しなおされるという部分だけが強調される可能性がある。したがって、シルバらの「潜在力としてのバーチャリ

ティ」という観点をより明確にするには、地域社会が自らの情報を発信するような事例に注目する必要がある。

本章では、AR 的な世界が広がった状態を「セカンドオフライン」と呼ぶ。それは常時オンラインに接続されたオフラインを意味している。シルバらの「ネット・ローカリティ」概念と同様にインターネットに常時接続された状態を想定しているが、フィジカル空間に重ねられる情報内容に焦点を当てている点が異なる。「セカンドオフライン」は、従来のユビキタスとも異なる。それは幽霊に例えると理解しやすい。幽霊には肉体がない。物理的な存在ではない。魂や怨念なども同様である。これらは物理的な制約から解放された存在であり、いつでも、どこにでも、現れることが可能であるはずだ。しかし、実際には、幽霊は特定の場所に、特定の時間に現れることが多い。「セカンドオフライン」は幽霊と同じである。ユビキタスネットワークとは、いつでも、どこからでも、あらゆる情報にアクセスできるネットワーク環境を意味している。ケータイも「いつでも」「どこでも」「誰とでも」利用できるメディアとして注目を集めた。それに対して、本章で提起している「セカンドオフライン」は、「いま」「ここで」「特定の情報」にアクセスできる状態を意味している。それを可能にするものが、地域情報を自らの地域に重畳して発信しようとするスマートフォン向け観光アプリケーションである。

では、次に地域観光アプリケーションの現状を取り上げたい。

5 スマートフォン向け地域観光アプリケーション

現在、我が国では多数のスマートフォン向け AR アプリケーションが制作されている。その中で今回注目したいのは、地方自治体が制作しているアプリケーションである。それらは、地域に根差したスマートフォン向けアプリケーションである。

全国各地に優れた観光アプリケーションがいくつも登場しているが、ここで

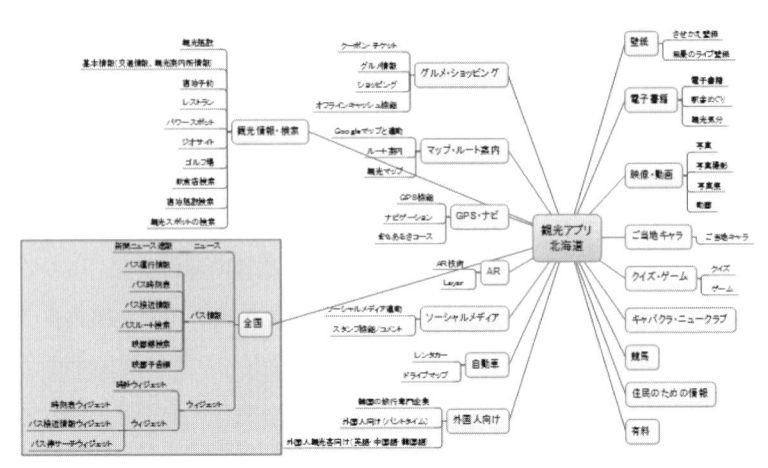

図表Ⅵ-8　スマートフォン北海道観光アプリケーション（アンドロイド版)[17]

は、まず観光地として人気のある北海道についての観光アプリケーションを概観してみたい。北海道の観光アプリケーションをタイプ別に分類してみると図Ⅵ-8のようになる。一つ目は、観光施設、観光案内、宿泊予約、レストラン情報などを提供してくれる「観光情報・検索」である。観光地で観光客が一番ほしい情報を提供してくれるアプリケーションである。その他には、クーポンやチケット、グルメ情報、ショッピング情報などを提供してくれる「グルメ・ショッピング」、観光ルート案内や観光マップを提供してくれる「マップ・ルート案内」、ナビゲーションをしてくれる「GPS・ナビゲーション」など多数の種類のアプリケーションがあることがわかる。

　では、次に全国のアプリケーションから特に優れたものをいくつか取り上げてみよう。

　全国のアンドロイド版の観光アプリケーションを検索し分類してみると、①観光情報提供型（名所旧跡・宿泊・食事など）　②オンライン予約型　③マップ・ルート検索型　④観光雑誌のデジタル型　⑤GPS・ナビゲーション型　⑥AR型（セカイカメラ、AR写真など）　⑦ARナビゲーション型　⑧クイズ・ゲーム型　⑨映像・動画提供型　⑩その他の10タイプが認められた。[18]そ

(246)

第Ⅵ章　地域社会の情報化と新しいメディア利用に関する研究

の中で今回注目したのが、①観光情報提供型と③マップ・ルート検索型と⑤GPS・ナビゲーション型と⑥AR型と⑦ARナビゲーション型である。

　観光情報提供型のアプリケーションは全国に多数認められる。例えば、石川県の『まるごとナビ』は、「味わう」・「遊ぶ」・「見る」・「温泉」・「泊まる」・「買う」・「祭り」の7つのカテゴリーに分けて整理され、シーン別で必要な情報だけを検索することが出来る。マップ・ルート検索型も多数認められる。山形県南陽市の観光ガイドアプリ『なんよう街歩きナビ』の場合は、「泊まる・温泉」「食べる・お土産」などのジャンルからチェックしたいものを選び、検索条件設定画面に移り、「しぼりこみ」でより詳細なスポットを設定し、場所を指定し検索を開始すると、設定条件に該当するスポットがリストで表示される。検索結果から行ってみたいスポットを選ぶと、その場所の写真と紹介テキスト、所在地・営業時間など詳細な情報を確認することができる。さらに、画面下の「地図」ボタンで地図・ルートが確認できる。GPS・ナビゲーション型としては、奈良県の『なら平城京歴史ぶらり』アプリがあげられる。1300年前の平城宮の絵地図とGPSを使い、利用者がどこにいるのかが、平城宮の地図上に表示されることで、平城宮を地図上で歩くことができる。また、地図の要所で歴史上の人物が当時の情景をわかりやすく解説してくれる。前述した石川県の『まるごとナビ』でも、スポットの詳細画面で地図を表示し、スポット名をタップするとGPSを利用したルート検索ができる。

　AR型は現在増加しつつある新しいタイプである。例えば、愛知県知多郡南知多町の南知多町観光アプリ『ふらっと南知多』は、南知多を紹介する観光アプリケーションであるが、AR機能で観光スポットを紹介してくれる。スマートフォンの画面に映し出される景色に観光スポットのタグが浮かび上がり、タグをタッチするとそのスポットの詳細情報が確認できる。長野県小諸市の『ほっとこもろ』もAR技術を組み合わせた地域情報案内サービスである。街並みにスマートフォンをかざすと画面上に駅の場所や観光名所などの情報が浮かび上がる。観光地情報の中にはオリジナルアニメ『あの夏で待ってる』の舞

(247)

台になった場所の説明をみることもできる。[19)]長野県大町市の『まちナビおおまち』は、長野県大町市が提供するまち歩きナビゲーションアプリであり、歴史遺産やおいしい水に触れる場所など地域の特産、ご当地グルメ情報などを案内する。AR機能によりスマートフォンの画面に映し出される街並みに8種類の名所・店舗などの情報タグが浮き上がり、タグをタッチすると更なる詳細情報や画像を見ることができる。さらに、GPS機能により現在地を表示できる。長野県諏訪市の諏訪姫スマホアプリ『諏訪市まち歩きナビすわなび』の場合は（写真Ⅵ-4）、市内の飲食店や宿泊施設、観光施設や史跡・伝説などの情報、医療機関の情報や、諏訪湖祭湖上花火大会の駐車場情報、券売所情報、入場ゲート情報などが掲載されており、GPS機能を使った地図情報モードとAR機能を使ったカメラモードの2つの機能がある。まち歩きを楽しみながら気軽に周辺の観光情報を得ることができる。また、そのコンテンツに関連するホームページや音声、動画があれば表示・再生することができる。[20)]岐阜県の『iPhoneおさんぽコース』も、ARサービスである「セカイカメラ」[21)]を利用し商店街や観光の振興を目的に観光情報などを提供している。[22)]

ARナビゲーション型も少しずつ増えている。例えば、沖縄県南風原町の『南風原町観光なび』は、スマートフォンをかざした方向にある観光スポットの情報を画面上のエアタグに表示する「おさんぽAR」、史跡や名所に設置されたARマーカーを読み込むことで説明が表示される「AR撮影」、ARマーカーの読み込みによって観光スポットごとのスタンプデータを収集できる「スタンプラリー」、ご当地キャラなどをあしらったフォトフレームを合成して写真撮影ができる「記念写真」の4つの機能がある。[24)]

そのほかにも、多数のアプリケーションが登場している。近年では、市町村レベルでの公式アプリケーションの制作が進んでおり、ほぼすべての都道府県に拡大している。これらはそれぞれの地域を訪れてスマートフォンのアプリケーションを起動させることによって初めて情報を得ることができる。自宅にいながらでも観光地の情報を得ることはできる。しかし、今回取り上げたアプ

第Ⅵ章　地域社会の情報化と新しいメディア利用に関する研究

写真Ⅵ-4　『諏訪市まち歩きナビすわなび』ARカメラモード画面
（写真提供：長野県諏訪市[23]、TIS株式会社）

リケーションは、それぞれの観光地を訪れなければ機能しない。そこに人々を観光地に引き付ける秘密がある。

6　『恋するフォーチュンクッキー』と地域活性化

　このように多数の地域情報を発信する観光アプリケーションが登場している。これらは、地域社会が観光客に向けて地域情報をスマートフォンによって提供するサービスである。そこでは、地域社会の上に観光情報を重畳させている。ただ、これらのアプリケーションに足りないものがある。それは、これらの情報に吹き込む「いのち」である。ちょうどアニメのキャラクターに声優が声で命を与えるように、観光アプリケーションが提供する地域の観光情報に「いのち」を与えるものは「人」である。いわゆる「なかの人」の存在である。フィジカルな地域空間に重畳されるデジタル情報がバーチャルであるためには、そこに命を吹き込む存在である「なかの人」が必要である。地域活性化と「なかの人」との重要な関係を示す現象が登場している。それは、スマートフォンさえあればどこでも簡単に閲覧することができる近年の動画投稿サイト

(249)

人気である。

(1) 「恋するフォーチュンクッキー」投稿動画人気

　スマートフォンを取り出し、神奈川県で検索すると「恋するフォーチュンクッキー　神奈川県 Ver./AKB48［公式］」という動画が表示される。再生時間は3分52秒、投稿日は2013年10月16日、再生回数は261万回（2013年11月17日10：53）に達している。地方自治体の動画としては驚異的な数字である。動画の内容は、AKB48のヒット曲『恋するフォーチュンクッキー』に合わせて踊りながら神奈川県庁の職員が職場を紹介する動画である。

　『恋するフォーチュンクッキー』（作詞：秋元康作曲：伊藤心太郎）は、2013年8月21日にキングレコードから発売されたAKB48の32枚目のシングルである。オリコン初登場でデイリーランキング1位を獲得し、発売初週に133万枚を売り上げた。オリコンによると、同グループのシングルの発売初週売り上げとしては「さよならクロール」（176万枚）や「真夏の Sounds good！」（161万枚）などに次ぐ歴代5位を記録したという。[25] 実は、AKB48のスタッフが躍る「恋するフォーチュンクッキー STAFF Ver./AKB48［公式］」が2013年7月19日に公開されており、公開日からわずか1.5ヶ月で再生回数は500万回を突破している[26]。

　2006年から2007年にかけて、アニメ『涼宮ハルヒの憂鬱』[27]のエンディングのダンスが動画サイトで大流行したことがあった。『涼宮ハルヒの憂鬱』（著者：谷川流、イラスト：いとうのいぢ）は、若者向けのイラスト付き小説ジャンル「ライトノベル」の代表作であり、2003年に角川書店より発売され第8回「スニーカー大賞」を受賞したSF的な新しいタイプの学園コメディーである。[28] その後、テレビアニメ化されDVDも発売されている。そのアニメのエンディングテーマ「ハレ晴レユカイ」のダンスが人気を集め、同じダンスを踊る動画が動画投稿サイトに多数投稿されたのである。実は、同じ時期に海外ではシカゴ出身の4人組バンド「オーケー・ゴー（OK Go）」のコミカルなプロ

第Ⅵ章　地域社会の情報化と新しいメディア利用に関する研究

モーションビデオが人気を集め、同じダンスをする動画が多数動画投稿サイトに投稿され話題となった。さらに、同じ時期には米国の17歳の少年ソウルジャ・ボーイの踊りがネットで人気となった。日本ではアニメのダンスが人気になり、海外ではミュージシャンのプロモーションビデオのダンスが人気を集めるという違いはあったが、動画サイトに複数で躍るダンスを投稿する動きはすでに人気になっていた。

　今回の『恋するフォーチュンクッキー』の投稿動画の特徴は、企業や地方自治体が積極的に動画を投稿している点、ファンだけでなく裏方のスタッフが登場している点である。

　「恋するフォーチュンクッキーサマンサタバサグループSTAFF Ver./ AKB48［公式］」の場合は、バッグ・小物・ジュエリー、ゴルフウェアなどの企画・製造・販売をおこなっている株式会社サマンサタバサジャパンリミテッドが、北海道から九州まで、そして世界各国のショップスタッフと本社スタッフが、「恋するフォーチュンクッキー」に合わせて踊る投稿動画である。動画は2013年8月15日に公開され、2013年11月17日の時点で再生回数は439万回に達している。「恋するフォーチュンクッキーサイバーエージェントグループSTAFF Ver./ AKB48［公式］」の場合は、Ameba（アメーバブログ）で有名なインターネット広告代理店事業を展開する企業であるサイバーエイジェントの各部局のスタッフが踊る動画である。2013年9月17日に公開され、2013年11月17日の時点で再生回数は316万回に達している。「恋するフォーチュンクッキージャパネットたかたSTAFF Ver./ AKB48［公式］」の場合は2013年10月15日に公開され、2013年11月17日の時点で再生回数は179万回に達している。地方自治体としては前述の神奈川県のほかに、佐賀県庁も「恋するフォーチュンクッキー佐賀県庁Ver./AKB48［公式］」の動画を2013年9月8日に公開している。2013年11月17日の時点で再生回数は174万回に達しており、動画の最後にはご当地キャラも登場する。大分市の「恋するフォーチュンクッキー大分市Ver./AKB48［公式］」は、2013年10月25日に公開され2013年11月17日の時

表Ⅵ-2 「恋するフォーチュンクッキー」の企業・地方公共団体制作の投稿動画数（AKB48［公式］のみ）
(投稿動画サイト：Youtube　作成日時：2013年11月17日18：12)

企業など	再生回数
サマンサタバサグループ	4,398,352
サイバーエージェントグループ	3,168,083
ジャパネットたかた	1,794,278
日本交通	1,277,215
GMOインターネットグループ	1,095,031
テイクアンドギヴ・ニーズグループ	723,850
KBC九州朝日放送	415,525
ひかりTV	397,347
西日本新聞・西日本スポーツ	141,320
自治体	再生回数
神奈川県	2,600,265
佐賀県	1,743,207
大分市	793,573
猪名川町（※）	356,676
国立市	224,609
大分県大島・大入島（※）	63,884
築地江戸一	41,286

(※：県庁などが制作した動画ではなく市民が制作した動画。)

点で再生回数は79万回である。（表Ⅵ-2）

　なぜここまで再生回数が伸びるのだろうか。画面も70前後のシーンで構成されており演出も効果的である。ただ、それ以上に他の動画と異なる魅力がこれらの動画にはある。そこに地域情報化と新しいメディア利用を考える上で重要な手がかりがあると考えられる。

おそらく、これらの投稿動画が人気を集めている理由は次の4点にまとめることができるだろう。①普段は見られない職場、社員の姿が見えること。②組織の中の人が見えること。③笑顔で躍っていること。④社内の楽しい雰囲気が伝わること。

これらは企業や地方自治体という組織の業務を支えるバーチャルな部分を表現している。そのバーチャルな部分とは組織を支える人々の存在である。現在、全国的に拡大しつつある観光アプリケーションには、残念ながら地域の人々の姿が見えてこない。「恋するフォーチュンクッキー」に登場する人々の笑顔が見えないのである。確かに、観光アプリケーションは便利であるし有効なメディアコンテンツである。ただ、神奈川県庁や佐賀県庁が制作した「恋するフォーチュンクッキー」の動画には観光アプリケーションにはない人を引き付ける魅力がある。このような要素を組み込んだアプリケーションが今後の地域社会を活性化させる観光アプリケーションのひとつの姿になるだろう。

(2) 現在のモバイルARアプリケーションの問題点と可能性

最後に、現在のモバイルARアプリケーションの問題と今後の可能性を考察しておきたい。現在のモバイルARアプリケーションの問題点は、地域の本質にあたるバーチャルな部分を十分に伝えていない点である。本章で提案しているセカンドオフラインという観点に立てば、オフラインに重ねられるオンライン情報はその場所のバーチャルな情報でなければならない。それは、その地域の観光地や豊かな自然やグルメなどの情報ではない。それを成り立たせている「いのち」にあたるものである。それを一番よくつたえるものがそこに住む「人々」である。現在の観光アプリケーションはまだそれを十分に生かせていない。

地域住民がGoogle Earth、Google Maps、Street Viewsで自分の街を見て楽しむ点に着目し、それをシルバらが「ローカリティがネットワーク化される現象」と位置付けることはよく理解できる。しかし、いま日本で起こっている

「恋するフォーチュンクッキー」現象では、逆にネットワークがローカル化している。位置認識サービスがこのように利用されるとき地域情報化を促進する新しいメディア利用の姿が登場することになるはずである。

おわりに

　本章で提案している「セカンドオフライン」においてフィジカルな空間に重ねられる情報はデジタルである必要はない。ただ、スマートフォンなどを利用する場合が多くなると当然、重畳される情報はデジタル情報となる。ここで問題にしているのは、重畳される情報は何でもいいわけではないという点である。重畳される情報は、その地域の本質的な部分を示すという意味でのバーチャル情報である必要がある。

　「恋するフォーチュンクッキー　神奈川県 Ver./AKB48［公式］」などに登場する職員や地域の人々は「なかの人」なのである。アニメの主人公に声で「いのち」を与える声優と同じように、彼らは地域社会に「いのち」を与えている。だから、見ていて楽しいのである。地域社会を活性化させる新しいメディア利用は、「なかの人」が登場するモバイル AR アプリケーションなのである。

※なお、本論文は平成25年度電気普及財団助成研究「移動体通信の普及と場所感覚の変容に関する社会学的研究」（研究代表者：富田英典）の研究成果の一部である。

注　記

1 ）Canalys, 3February2012, Press release2012／021, "Smart phones overtake client PCs in 2011", 2013年11月24日取得, http：／／www.canalys.com／static／press_release／2012／canalys-press-release‒030212‒smart-phones-overtake-client-pcs‒2011__0. pdf
2 ）聯合ニュース「韓国で世界初の『バーチャルストア』オープン」2013年11月22日取得 http：／／japanese.yonhapnews.co.kr／itscience／2011／08／25／0600000000AJP201108250028008

第Ⅵ章　地域社会の情報化と新しいメディア利用に関する研究

82．HTML
3）「韓国で世界初の「地下鉄バーチャルストア」誕生→速攻で中国に模倣サービス登場」KIN-BRICKS NOW、2013年11月27日取得 http：//kinbricksnow.com/archives／51738689．html（2013年11月22日）
4）「カーナビ、視線落とさず、フロントガラスに画像、種類豊富に。」（日本経済新聞朝刊2013年10月8日）
5）ルームミラーに取り付けるタイプのHUDを標準装備する「彩速ナビ」。
6）「富士通研究所──次世代インターフェース、指で紙の文書スキャン（テクノフォーカス）」（日経産業新聞）4頁2013年4月17日
7）CRYPTON、製品情報、HATSUNE MIKU（初音ミク）より。「ポップでキュートなバーチャル・アイドル歌手。VOCALOID？『初音ミク』とは？　バーチャル・シンガー『初音ミク』は、声優「藤田咲」さんが演じるポップでキュートなキャラクター・ボイスを元に作り上げられた、ボーカル・アンドロイド＝VOCALOID（ボーカロイド）です」2013年11月30日取得。http：//www.crypton.co.jp/mp/do/prod?id＝29880
8）ミクの日感謝祭として2010年3月9日に初音ミク主演のコンサートライブが開催された。応募が殺到したため昼の部も追加され、それ以後、海外も含め毎年何度もライブが開催されている。SEGAfeat.HATSUNE MIKU Project 公式サイト。2013年11月30日取得。http：//miku.sega.jp／。「セガが運営するコンサート「ミクの日感謝祭」は、初音ミクのCG動画を使い、プロのミュージシャンが楽曲を生演奏する。これもボカロPとの交流から生まれた。10年以降、毎年恒例のイベントに育ち、昨年は米国で6000人収容のホールを満員にした。」（セガCSマーケティング部内海洋氏──初音ミクで3Dゲーム（異才の横顔）」日経産業新聞2012年3月8日）
9）国土交通省ホームページ、地域づくり、ARによる訪日外国人旅行者への案内情報の提供に向けて2013年11月25日取得
http：//www.mlit.go.jp/sogoseisaku/region/sogoseisaku_region_tk_000008.html
10）平成22年版情報通信白書、第1章ICTによる地域の活性化と絆の再生。
11）総務省、平成22年版情報通信白書、2013年11月25日取得、
http：//www.soumu.go.jp/johotsusintokei/whitepaper/ja/h22／html/md111200.html
12）総務省　平成24年版情報通信白書、2013年11月25日取得、
http：//www.soumu.go.jp/johotsusintokei/whitepaper/ja/h24／html/nc115230.html
13）総務省　平成24年版情報通信白書、第2章第1節「スマート革命」─ICTのパラダイム転換─http：//www.soumu.go.jp/johotsusintokei/whitepaper/ja/h24/html/nc121130.html
14）Foursquare, https：//ja.foursquare.com/
15）日本バーチャルリアリティ学会ホームページ「バーチャルリアリティとは」http：//ww

w.vrsj.org/about/virtualreality/
16）http：//sac.sagepub.com/content/9/3/261.full.pdf+html
17）平成25年3月時点でGoogle Playサイトで入手可能であった観光アプリケーションを検索した。調査時点では、iPhoneの観光アプリケーション数はアンドロイドの半分以下であったため、今回はアンドロイド用観光アプリケーションだけを集計した。アプリケーション数は日々少しずつ変化している。ただ、種類について変化は少ない。
18）平成25年3月時点でGoogle Playサイトで入手可能であった観光アプリケーションを検索した。
19）なつまちおもてなしプロジェクト　小諸市公式のブログ、2013年11月26日取得、http：/ameblo.jp/komoro-nop/entry-11448647193.html。小諸市、スマホで街案内　風景にかざすと情報表示2012／12／422：53情報元　日本経済新聞　電子版、2013年11月26日取得、http：//www.nikkei.com/article/DGXNZO49172650U 2 A201C 1 L31000／
20）長野県諏訪市公式ホームページ　http：//www.city.suwa.lg.jp/www/info/detail.jsp?id=4514
21）制作：頓智ドット株式会社
22）岐阜県mobilecore, http：//mobilecore.net/iphonejuku/take-a-walk-in-takayama/
23）長野県諏訪市ホームページ http：//www.city.suwa.lg.jp/www/info/detail.jsp?id=4514
24）南風原町観光サイト　http：//www.town.haebaru.lg.jp/kankou/kankounavi/
25）「CDシングル―最多タイの連続ミリオン（今週のホットイシュー）」日経MJ（流通新聞）2013年8月30日
26）AKB48公式HP http：//www.akb48.co.jp/news/
27）京都アニメーション「涼宮ハルヒの憂鬱」2013年11月30日取得、http：//www.kyotoanimation.co.jp/haruhi/
28）「角川書店のアニメ、コスト抑えヒット連発――脚本・音楽に話題性（エンタビジネス）」日経産業新聞2006年8月28日

参考文献

Baudrillard, Jean, 1981, *Simulacres et Simulation*, Paris：Editions Galilee（=1984、竹原あき子訳『シミュラークルとシミュレーション』法政大学出版局）

Deleuze, Gilles, 1968, *Différence et repetition*, Presses universitaires de France.（=1992、財津理訳『差異と反復』河出書房）

Deleuze, Gilles and Guattari, Félix, 1980, *Mille plateaux : capitalisme et schizophrénie*.（=

第Ⅵ章 地域社会の情報化と新しいメディア利用に関する研究

1994、宇野邦一ほか訳『千のプラトー』河出書房新社)

Farman, Jason, 2012, *Mobile Interface Theory : Embodied Space and Locative Media*、Routledge.

Gordon, Eric and Silva, Adriana de Souza, 2011, *Net Locality : Why Location Matters in a Networked World*, Wiley-Blackwell.

Goggin, Gerard, 2012, Encoding Place, Rowan Wilken, Gerard Goggin, ed., *Mobile technology and place*, Routledge, 198-212.

Gordon, Eric and Silva, Adriana de Souza, 2012, The Urban Dynamics of Net Localities, Rowan Wilken, Gerard Goggin, ed., *Mobile technology and place*, Routledge, 2012, 89-103.

Cournay, Chantal de, 1994, En attendant les nomades. Téléphonie mobile et mode de vie, *Réseaux*65. 9-25.

廣瀬道孝, 1993、『バーチャル・リアリティ』産業図書(株)

Hjorth, Larissa, 2008, *Mobile Media in the Asia-Pacific : Gender and The Art of Being Mobile*, Routledge.

——, 2011, *Games and Gaming : An Introduction to New Media*, Bloomsbury Academic.

Kangasluoma, Matti, 1976, A Study of the Attitudes and Needs of Present and Potential Land Mobile Telephone Users. *Telecommunication Journal*43：39-44.

Katz, James Everett and Aakhus, Mark (ed), 2002, *Perpetual Contact : Mobile Communication, Private Talk, Public Performance*, Cambridge University Press. (=2003、『絶え間なき交信の時代』立川敬二監修、富田英典監訳、NTT出版)

川浦康至・松田美佐編著2001『現代のエスプリ：携帯電話と社会生活』至文堂

Kopomaa, Timo, 2000, *City in your pocket. Birth of the Mobile Information Society*, Gaudeamus. (=2004、川浦康至・山田隆・溝渕佐知・森祐治訳『ケータイは世の中を変える──携帯電話先進国フィンランドのモバイル文化』北大路書房)

Lange, Klaus, 1993, Some Concerns about the Future of Mobile Communications in Residential Markets. *Telecommunications : Limits to Deregulation*, ed. Mads Christoffersen and Anders Henten, 197-210. Amsterdam : IOS Press ; Amsterdam.

Ling, Rich, 2004, *The Mobile Connection : The Cell Phone's Impact on Society*, Morgan Kaufmann Publishers.

—— and Pedersen, P. E. (eds.), 2005, *Mobile Communications : Re-negotiation of the Social Sphere*, Springer.

Mäenpää, Pasi, 2000, "Digitaalisen arjen ituja. Kännykkä ja urbaani elämäntapa." T. Hoikkala and J. P. Roos (eds.), *2000-luvun elämä*, Helsinki : Gaudeamus.

McGough, Maurice Q. ，1989, "Cellular Mobile Telephones in Police Patrol Cars," *The Police Chief*（June）：50-54.

Milgram, Paul and Kishino,Fumio, 1994, A TAXONOMY OF MIXED REALITY VISUAL DISPLAYS,*IEICE Transactions on Information Systems*, Vol E77-D, No. 12December, 2013年11月29日http://ci.nii.ac.jp/els/110003209335.pdf. Milgram, Paul and Colquhoun, Herman W. Jr. , 1999a, A FRAMEWORK FOR RELATING HEAD-MOUNTED DISPLAYS TO MIXED REALITY DISPLAYS, *PROCEEDINGS of the HUMAN FACTORS AND ERGONOMICS SOCIETY*43rd ANNUAL MEETING, 1177-1181.

Milgram, Pauland Colquhoun, Herman W. Jr. ，1999b. Taxonomy of Real and Virtual World Display Integration, *Part of Symposium proposal on Helmet Mounted Displays for the*43rd Annual Meeting of Human Factors&Ergonomics Society, Houston, TX, 2012年12月23日 取得。
http://etclab.mie.utoronto.ca/publication/1999/Milgram_Colquhoun_ISMR1999.pdf

Myerson, George, 2001, *Heidegger, Habermas and the Mobile Phone*（*Postmodern Encounters*）．Totem Books（＝2004、武田ちあき訳『ハイデガーとハバーマスと携帯電話』岩波書店）

Nurmela, Juha, 1997, *The Finns and Modern Information Technology*, Reviews1997／12. Helsinki：Statistics Finland.

岡田朋之・松田美佐編、2002、『ケータイ学入門』有斐閣。

Rakow, Lana F. and Navarro, Vija, 1993, "Remote Mothering and the Parallel Shift：Woman Meet the Cellular Telephone," *Critical Studies in Mass Communication*, 10, 114-157.（＝2001、松田美佐訳「リモコンママの携帯電話」川浦康至・松田美佐編『現代のエスプリ：携帯電話と社会生活』至文堂106-125）

Rheingold, Howard, 2002, *Smart Mobs：The Next Social Revolution*, Basic Books（＝2003、公文俊平／会津泉監訳『スマートモブズ：＜群がる＞モバイル族の挑戦』NTT 出版）

Roos, Jeja P ekka, 1993, " 300,000Yuppies? Mobile phones in Finland," *Telecommunications policy*, 17（6）, 446-458

Silva, Adriana de Souza, 2003, From simulations to hybrid space：How nomadic technologies change the real. *Technoetic Arts*, **1**（3）, 209-221.

Silva, Adriana de Souza, 2004, From multiuser environments as（virtual）spaces to（hybrid）spaces as multiuser environments：Nomadic technology devices and hybrid communication places. Unpublished doctoral dissertation, Universidade Federal do Rio de Janeiro, Brazil, 2012年12月23日 取 得 http://www.souzaesilva.com/research/phd/Souzae-

第Ⅵ章 地域社会の情報化と新しいメディア利用に関する研究

Silva_Dissertation. 0510. pdf)

Silva, Adriana de Souza, 2006, From cyber to hybrid : Mobile technologies as interfaces of hybrid spaces. *Space and Culture*, 9（3）, 261-278.

Silva, Adriana de Souza and Sutko, Daniel, M.（eds.）, 2009, *Digital cityscapes : merging digital and urban playspaces*, New York : Peter Lang

Silva, Adriana de Souza & Frith, Jordan, 2010, Locative mobile social networks : Mapping communication and location in urban spaces. *Mobilities*, 5（4）, 484-506.

Silva, Adriana de Souza and Sutko, Daniel, M., 2011, Theorizing Locative Technologies ThroughPhilosophies of the Virtual, *Communication Theory*（2011）21：23-42.

Stapleton C. B., Hughes C. E., Moshell M., 2002, Mixed Reality and the interactive imagination, *Swedish American Simulation Conference*, 2002.

舘暲, 1992,『人工現実感』日刊工業新聞社

────, 2002,『バーチャルリアリティ入門』ちくま新書

────・廣瀬道孝監修, 1992,『バーチャル・テック・ラボ』工業調査会

Toffler, Alvinm, 1970, *Future Shock*, Bantam Books.（=1970、徳山二郎訳『未来の衝撃：激変する社会にどう対応するか』実業之日本社。

────, 1975, *The Eco-Spasm Report*, Bantam Books.（=1976、福島正光訳『痙攣経済白書』河出書房新社。

────, 1980, *The Third Wave*, Bantam Books.（=1980、鈴木健次ほか訳『第三の波』日本放送出版協会）

富田英典・藤本憲一・岡田朋之・松田美佐・高広伯彦, 1997、『ポケベル・ケータイ主義！』ジャストシステム。

富田英典, 2013、「モバイルARとセカンドオフライン」関西大学経済政治研究所『セミナー年報2012』25-35頁。

(259)

事例研究Ⅰ　地域文化と「スロー放送」を考える
―東京のまなざしとローカルのまなざし―[1]

黒　田　　勇

スロー放送という考え方
スローフードとスロー放送のはざまで
ローカルの「まなざし」と「自転車飯」
スロー放送、作り手の立場から

スロー放送という考え方

　いま世界中に広がるファストフードに対し、1986年、イタリア北部ピエモンテ州のブラで始まった「スローフード」運動が世界的に広がりつつある。1989年パリで開かれた国際スローフード協会設立大会でのスローフード宣言を経て、国際運動となっている。
　1996年のスローフード規程には以下の指針が示されている。
　「伝統的な食材や料理、質のよい食品、ワイン（酒）を守る」「子供たちを含め、消費者に食育を進める」「質のよい素材を提供する小生産者を守る」
　こうして、伝統の食事、地域の生産者の保護による健康にいい安心のできる食材などの推奨に向かうことで、21世紀に入り世界中の注目を惹くようになってきた。
　このスローフード運動は、マクドナルドやコカコーラに代表されるようなファストフードに対し、「匿名」ではなく産地を特定した原料で、さらになるべく地元のものは地元で調理し、料理して楽しむ、ただ食べるだけではなく、

人間の健康、環境、そして地域の文化を総合したものとして食文化を捉えなおしていこうという運動である。もちろん、もともとイタリアの農産物食品業界にとっては、アメリカを始めとして低コストの農産物・食品の流入に対する政治的抵抗でもあるのだが、いまや文化的なアイデンティティの問題とも重なり文化運動ともなってきている[2]。

　この考え方を地域の放送メディアに当てはめて考えようとしたものが「スロー放送」である。メディアのグローバル化の中で、世界中の膨大な情報が瞬時にして人々のところにやってくる。しかし、その情報の発信者がどのような状況で、どのような意図をもって発信したかが曖昧なままのものも多い。受け手にとって、それが信頼できるものなのか、そうした情報環境の下で、地域内のメディアが日常的な信頼関係を築きつつ、責任をもって地域内の情報を地域内の人々に提供する。こうした放送の在り方を「スローフード運動」になぞらえて「スロー放送」と名付けた。地域内のメディアが地域の人々の立場に立って、責任を持った情報環境を作る、そうした考え方に立つ概念である。関西大学経済・政治研究所公開セミナーは、スローフード運動の実践者が放送とどうかかわったのか、そしてスロー放送という考え方が現実的なのかどうかその可能性を考える機会となった。

スローフードとスロー放送のはざまで

　竹下敦子氏は、夫の竹下千代丸氏とともに長崎県雲仙市橘湾で漁業を営んでいる[3]。天洋丸は中型まき網漁業の許可を長崎県から受け、橘湾内で7隻の船団を構成して操業している。竹下氏は、地域の伝統的な食文化を育成し、現代的な視点から再提案していく活動を橘湾の南串山地区を中心に進めている。それは、いわば、長崎のスローフード運動の一翼を担っているともいえるのだが、この間ローカルテレビや全国テレビからの取材を受けた。彼女の経験の中に、スローフードの試みと東京（全国）の放送にとってのローカル、そして

事例研究Ⅰ　地域文化と『スロー放送』を考える　東京のまなざしとローカルのまなざし

ローカルメディアの可能性を読み解くヒントがあると思われる。

まず、日本テレビ系「ザ!鉄腕!DASH!![4]」の番組制作に協力することになった経過を竹下氏は下記のように説明した。

　エタリの塩辛の汁を使って何か料理ができないものか？新しく何かを考えてみよう。地域レベルのものではなく家庭レベルのものでいいのでと言われて、島原半島に六兵衛を思いついた。六兵衛とはさつまいもの粉を練って六兵衛すりで麺状にしたもの。そのさつまいもの麺にエタリの塩辛の汁を少し垂らすとおいしい。きっと誰かがやっていたに違いない。やっていたなら番組で紹介していいだろう。ということで地元の六兵衛作りの名人のおばちゃんやキムチづくりの名人やエタリの塩辛作りの名人をそろえた。ただ塩辛をつけるイワシがあるのか？撮影の都合で5月1日にしか撮れない。カタクチイワシの収穫時期は5月中旬である。そこで撮影班は市場で売っているカタクチイワシを大量に買い、経費はだすからとわずかの可能性にかけて漁にでた。結局カタクチイワシは1匹しか獲れなかった。

　オンエアされた番組（鉄腕DASH！）の漁船の網にはたくさんのイワシが獲れているようになっていたがほとんどは買ってきたものであった。エタリの塩辛の汁をさつまいもに垂らして食べていたが、六兵衛の部分は全てカットされていた。オンエアされた漁の部分は経費でまかなえたが、カットされた六兵衛の部分は赤字となった。あれだけの人や時間を使って撮影されたものをカットするのはどうだろうか。放送後、エタリの塩辛の売り上げにつながったわけではなく、そもそもエタリの塩辛の汁は商品化されていないのだ。結果、鉄腕DASHは、食文化としてのエタリの塩辛を広めるにはいたらなかった。

　それからというものテレビの取材を受けるのは塩辛の素材そのままのものを紹介したり、料理を紹介するものだけにした。それ以外の漁や船中心の取材は断るようにした。最近は塩辛自体に新鮮味が無くなったせいかテレビの

取材は減ってきた。雑誌の取材が増えてきており、雑誌では自給自足のテーマとして扱われる場合が多い。

　竹下氏は、決して全国ネットのテレビを否定しているわけではない。彼女もビジネスとして、「エタリ」の普及と販売促進を狙ったが、日本テレビの「エタリ」へのまなざしは、彼女と同様のものでなかったにすぎないと考えている。この番組が長崎の「エタリ」に注目したのは、もともとマンガ「美味しんぼ」に「エタリ」が取り上げられたことによる。番組の関心の中心は、「美味しんぼ」の取り上げ方のような「エタリ」の汁をすすることは珍しく、地元での食べ方とは違ってもグルメ的であると判断したためであったようだ。したがって、「美味しんぼ」の追体験こそが番組の狙いであり、それと地域の食文化の実態は考慮されなかったようである。
　もともと番組のコンセプトが地域の珍しいものを発見し、全国に紹介しようというものではない。この番組自体、アイドルグループのTOKIOをメインとしたいわゆる「情報バラエティ」である。全国各地を太陽電池自動車でめぐり、地域を紹介する、さらに様々な農林水産に関わる地域の実践を彼ら自体が参加して実践するというもので、教育番組的な雰囲気も漂うと評価されている。しかし、報道番組でもなければ、教育番組でもない。バラエティ番組というジャンルの中で番組制作の意図を制作者と地域の協力者が共有するしかないだろう。さらにそうした共有を視聴者にも拡大していく必要があるだろう。ただ、こうしたテレビ文化の中で50年以上暮らしてきた視聴者は、かなりの「テレビ・リテラシー」を身につけているともいえる。
　こうした状況で、竹下氏は地域とともに番組制作に協力したが、それは地域振興にはつながらなかった。番組に対し、放送の素材を提供したにすぎない。東京のテレビ局は、地域の現実を紹介することには関心がなく、彼らの制作論理、あるいは「まなざし」によって、ローカルと、ローカルの対象が選定され、そして加工され放送されたにすぎないのである。このことを竹下氏自身は

事例研究Ⅰ　地域文化と『スロー放送』を考える　東京のまなざしとローカルのまなざし

十分に認識した上で協力し、そして失望したとしている。

　ここでは、全国テレビの「まなざし」という用語でこの現象をまとめたが、前述のように東京一極集中のネットワークによるテレビ文化の成熟は、「テレビ言説」として、東京（中央）対地方という対立項を自明のこととして構築してきた。そして、それは逆に、視聴者の一部が常に「私たち＝東京」から排除された状況下での視聴を強いられることも意味している。そのことを竹下氏は身をもって体験したものの、テレビのすべてに失望せずに、さらに有効なメディア利用を考えている。その契機となったのは以下の取材であった。

ローカルの「まなざし」と「自転車飯」

　竹下氏は、さらに地域で新たな取り組みをしている。彼女が考案した「自転車飯」について、先の全国番組とは全く違うまなざしを持って県域テレビは取り上げた。

　この「自転車飯」は、2010年10月長崎放送（NCC）の「スーパーJチャンネル」のローカルニュースで紹介されたもので、もともとの由来を1927年に行われた「自転車レース」に探り、その際に食べられた「おにぎり」に由来することやその後その優勝者が長崎市内で自転車屋を開業し現在もバイク販売店として続いていることなど、地元の歴史と産業を取り混ぜて紹介したものである。

　この映像については、取材を受けた竹下氏も満足しているとする。「この番組で初めて知ったことが多いし発見にもなり、自分の為になった。さらに宣伝効果もあったし、私たちの商売も大変助かった。ディレクターが自転車飯の由来に詳しい人に相談したところ、その人が知り合いを呼んで手伝っていた。そうしたこともあってか、番組の反響も大変良かった。やはり、詳しい人と一緒にしっかりと考えた方が良いのではと思った。ディレクターの気持ちが一方的に入り過ぎると良い番組は作れないのではないか」と述べ、視聴者、素材提供

(265)

者と送り手の距離の近さが活かされたと評価している。

　この報道の仕方について、セミナーで同席の宮崎放送の橋口義春氏も、「非常にリサーチが上手くいっている。この一つの素材で物語が出来ている。」と評価した。

　この作品の特徴は、長崎という地域社会の食べ物にまつわる歴史であり、なじみのある地域社会での「未知の」物語の発掘であり、まさに地域の放送資源の発掘と生成により、地域社会を活性化させようと試みた典型例といえるかもしれない。

　これらの経験を踏まえ、竹下氏は「色々あったが、経験として貴重だった。これから自転車飯なり煮干しなりで儲けられるように、様々なメディアを使い情報を発信していく」と感想を述べ、放送メディアに失望し、あるいは全国メディアを一方的に批判しているわけではないことを改めて強調した。

スロー放送、作り手の立場から

　こうした地域資源の取材について、地域局の特徴を評価しつつも、地域局でさえ、地域の現場との距離の広がりを懸念する声もある。宮崎放送の橋口氏は次のように苦言を呈している。

　　インターネットが発達しメディアが変わってきている。ローカルテレビ局でさえ制作側がパソコンを使いネットで得た情報を頼ってしまっている。現場で情報を得ること、新たな発見をすることが少なくなってきている。さらに、自転車飯の報道にしても、営業サイドからみると自転車飯をどう売り込もうとか考えてしまう。地域社会の何のために報道するのか、そしてそのためにどのように報道するのか、その伝え方によって変わってくる。伝える側は日々勉強であり、もっともっと勉強しないといけないのではないか。インターネットで簡単に調べられてしまう現状は、放送自体をむしばむ問題でも

事例研究Ⅰ　地域文化と『スロー放送』を考える　東京のまなざしとローカルのまなざし

ある。

　橋口氏の発言を敷衍すれば、スロー放送には、送り手と受け手の継続的な関係が必要であり、常にその関係の中で情報を得、また学習していく必要があるということであろう。さらに、地域メディアが、地域住民の経済活動、文化活動を彼らの立場からのみ報道することがすべてではない。地域メディアが、地域の環境監視という規範的な役割を持つという前提に立てば、メディア自身が、場合によっては批判的なまなざしを地域の活動に向けることもあるはずだ。あるいはそうした活動を支援しつつも、その発展のためには厳しい眼もまた必要になることもあろう。

注　記

1 ）本事例は関西大学経済・政治研究所第 5 回公開セミナー（2011年 2 月15日開催）における報告と議論を中心としている。
2 ）http : //www.slowfood.it/welcome.lasso
3 ）http : //tenyo-maru.com
4 ）http : //www.ntv.co.jp/dash/1998年月放送開始

事例研究Ⅱ　宮崎と新婚旅行ブーム

森　津　千　尋

はじめに
1　大衆化する「新婚旅行」
2　島津夫妻の新婚旅行
3　皇太子夫妻の宮崎訪問
おわりに

はじめに

　日本において、新婚旅行が大衆化したのは戦後復興の進んだ1950年頃からと言われているが、当初、新婚旅行先といえば、関東なら伊豆箱根、関西であれば南紀白浜など、近場の温泉地が主流であった。しかし1960年代後半以降、南九州、特に宮崎が新婚旅行先として人気を集めるようになり、ピークの1974年には、その年結婚した100万455組のうち37万184組、つまり新婚カップルの約3分の1が宮崎を訪れた。この宮崎新婚旅行ブームのきっかけとなったのは、当時マスコミでとりあげられることの多かった皇室カップル島津夫妻（1960年）、皇太子夫妻（1962年）の宮崎訪問だといわれている（白幡, 1996：177, 181）。

　本稿では、メディアの「新婚旅行」をめぐる言説を通し、当時の夫婦／家族の在り方、また新婚旅行がどのような意味を持っていたかについて考察する。

1　大衆化する「新婚旅行」

　日本で最初の新婚旅行といえば、坂本竜馬とお竜による南九州の温泉逗留が有名だが、その後、明治・大正期にも、いくつか新婚旅行の事例は見られる。しかし当時の新婚旅行は、ごく一部の上流階級の間で行われるものであり、またそれにしても肯定的ではなく西洋起源の新奇なものとして、違和感をもって受けとめられていた（白幡, 1996：157-158）。

　新婚旅行に対する抵抗感が払拭され、一般的にも受け入れられるようになるのは戦後に入ってからだが、その背景には急激な経済成長による消費の拡大があった。神武、岩戸景気（1958-1961）で一人あたりのGNPが戦前水準を超え、さらに国民所得が増加していくなか、人々の「消費内容は高級化」し、「戦後の新しい生活環境に対応する新しい生活様式への変化」が起こった（経済企画庁, 1956）。また一方では復員などの影響により婚姻件数が増加したことで、戦後の新しい生活様式を求める消費の主体が、個人から夫婦や家族単位へと広がっていった（グラフ1・2）。これらの要因により、上流階級のものであった新婚旅行は、一般的な「結婚風俗」として人々の間で浸透していき、当時日本交通公社から発行されていた雑誌『旅』においても、1950年代末から定期的に「新婚旅行特集」が掲載されるようになる。

　『旅』における最初の新婚旅行特集（1959年4月号）は、「ミッチー・ブームに乗った新婚旅行熱」という見出しであった。記事では「皇太子のご成婚にあやかりたい」と、その年は結婚式・新婚旅行が増加しており、そうしたなかでも「式披露宴の費用を節約して新婚旅行にお金をかけるカップルが多く」、その理由は「見合い結婚より恋愛結婚のケースが多くなったため、互いに気疲れすることなく、気楽に長い旅へとでかけられるから」だと説明している。さらに1967年3月の新婚旅行特集「南九州ハネムーン地帯を行く」では、ライターの兄が新婚旅行に行く際に「俺はサラリーマンだ。もう一生こんな大きな旅行

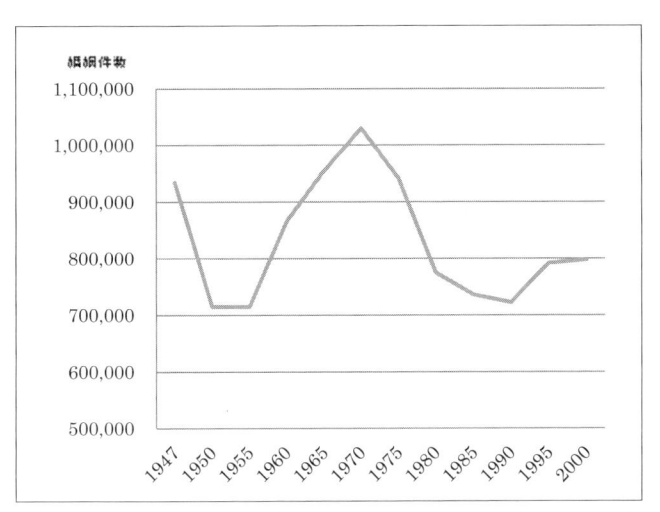

事例研究Ⅱ　宮崎と新婚旅行ブーム

グラフ1　婚姻件数の増減（厚生労働省「人口動態調査」より作成）

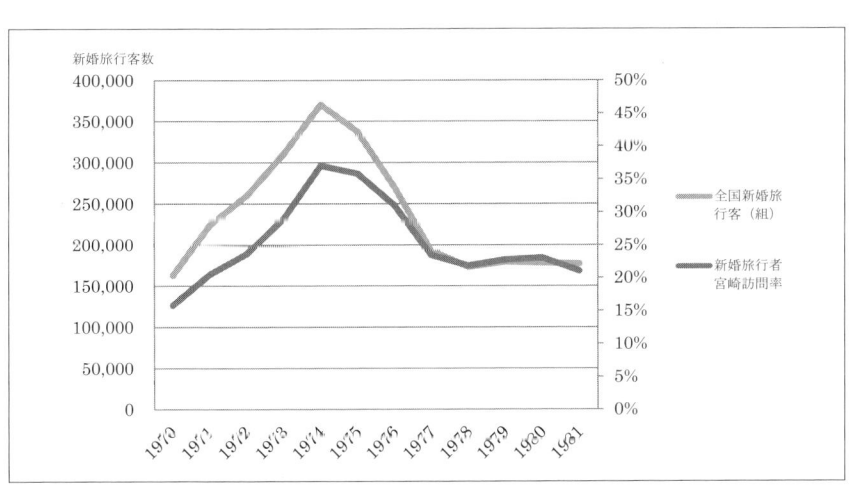

グラフ2　全国新婚旅行客数とそのうちの宮崎市に宿泊した新婚旅行客の割合
（宮崎市観光課資料より作成）

はできないかも知れないんだ。たとえあとは毎日ラーメンを食っても新婚旅行は九州行って一人五千円のホテルに泊まるんだ」と、贅沢な新婚旅行を反対する母親に対し、涙をながさんばかりに説得したエピソードが掲載された。

また女性週刊誌でも、1960年代から徐々に新婚旅行をテーマとした記事が登場してくる。『旅』に比べるとより具体的な内容で、予算・目的別の「おススメの新婚旅行コース」や宿の紹介、また新婚旅行のマナーや旅館でよいサービスをうけるコツ等が紹介されている（『女性自身』1965.9.27号、『女性自身』1967.5.22号、『女性自身』1966.3.7号）。これらの記事から、新婚旅行は依然として費用のかかる贅沢な旅ではあるものの、当時の若いカップルの間では「憧れの旅」として定着しつつあったことがわかる。

さらに先に紹介した雑誌『旅』では、一般人だけではなく女優の八千草薫の「始めてのぼる雪山―私の新婚旅行」（『旅』1958年3月号）や、タレントの中村メイコの「空からゆく北海道への新婚旅行」（『旅』1959年11月号）など、有名人の新婚旅行体験記も掲載した。そのなかで作家の平岩弓枝は、阪神―別府の瀬戸内航路について、以前仕事で乗船した際に「ハネムーン族に散々みせつけられたので、結婚して九州方面へ旅行するとしたらぜひ乗りたい」と思ったという。そして実際に自分が新婚旅行でその船に乗ってみたところ「水の上のロマンティックな風情になんともいえない心細さは、新婚旅行に欠かせない風情」であったと語っている（『旅』1961年9月号）。

このように新婚旅行は、女優や作家から皇室まで、新婚カップルなら「誰もが行く／行きたい旅」であり、結婚式や披露宴と同じく重要な「結婚の儀式」として旅雑誌や週刊誌に紹介された。そして、若い夫婦にとっては一生一度、少し贅沢であっても「新しい時代を象徴する旅」として受け入れられるようになり、1950年代末から新婚旅行は大衆化していく。また一方では、大量の新婚旅行客の誕生により新婚旅行が画一化していき、新婚旅行コースのパターン化も進んでいく（山本2011：71）。

2　島津夫妻の新婚旅行

「おスタちゃん」の愛称で親しまれていた昭和天皇の第五皇女である清宮（貴子）が、旧佐土原藩主家系の島津久永氏と結婚したのは1960年3月であった。島津夫妻の結婚は「見合い結婚」であったが、清宮は自分の意志で相手を選び、婚約会見で「私の選んだ人を見てください」と堂々と自信を持って紹介した。記者会見の時のこの清宮の言葉と態度は、両親の決めた相手と結婚する人が多かったこの時代、若い人々に強い印象を与えた（白幡1997：181）。

このように明るく気さくな人柄で知られていた清宮は、美智子妃と並ぶ「新しい皇室」のスターとして、結婚前からマスコミに取り上げられることが多かったが、それは結婚後も続いていた（石田, 2006：226-229）。また夫の島津氏は、いつも「銀行マンスタイル」で、「旧華族といはいえ、それほど裕福な暮らしぶりでもなく、大学時代はアルバイト、卒業後は勤勉な銀行員」の「平民」として報じられていた（『朝日新聞』1960.5.1）。

その島津夫妻が、夫・久永氏の祖先の墓参りを兼ねた新婚旅行として宮崎を訪れたのは1960年5月3日であった。くれない丸での神戸—別府航路では神津善行・中村メイコ夫妻とともに読売テレビの番組に出演し、女性週刊誌記者も同行したマスコミに囲まれての新婚旅行であった。島津夫妻の新婚旅行ルートは、船で別府に到着後、列車で宮崎に移動、佐土原の墓参りや青島見物をした後、えびの高原を経由して桜島に到着し、鹿児島から5月9日飛行機にて帰京というものであった。この青島—霧島（えびの）—桜島ルートは「島津ライン」の愛称でよばれ、新婚旅行の定番ルートとなる。

女性週刊誌は、こぞって二人の新婚旅行特集をくみ、『女性自身』の巻頭では、船上で「潮風が貴子さんのネッカチーフをなぶってすぎた。久永さんがそれを直す。甘きシーン」（1960.5.18号）の写真を掲載した。さらに続く号でも、霧島高原で「霧の中でしっかり久永さんの腕にすがる」（1960.5.25号）貴

(273)

表1　島津夫妻新婚旅行関連記事（週刊誌）

「島津夫妻の新婚旅行というので　東京→鹿児島間のこんな話あんな騒動」	『女性自身』1960.5.11号
「島津夫妻のハネムーン速報　永様のよか嫁女」	『女性自身』1960.5.18号
「島津夫妻のデザインする南九州」	『女性自身』1960.5.25号
「ようやく愛情がわかってきました。島津家の語らい─ハネムーンの旅から帰って」	『女性自身』1960.5.25号
「お疲れさま！ご夫妻」	『女性自身』1960.5.25号
「組み合わせで活かすハネムーンモード」	『女性自身』1960.6.1号
「おスタちゃんの新婚旅行　」	『週刊女性』1960.5.22号
「ハネムーンは船にまかせて　島津夫妻のお国入り」	『週刊女性』1960.5.22号
「おスタちゃんの新婚旅行」「島津夫妻の新婚旅行随記」	『平凡』1960.5.18号
「南のそよ風　島津夫妻のハネムーンアルバムより」	『平凡』1960.5.22号
「島津夫妻新婚旅行号」	『毎日グラフ』1960.5.15
「あるハネムーン」	『アサヒグラフ』1960.5.22号

子夫人の姿、青島にて「南国のムードがふたりをつつむ」（1960.5.25号）写真が掲載された。また『週刊女性』では、「豪華船くれない丸で夫君の故郷へお国入り。5月の空と海の奏でる伴奏はあたかもお二人を祝福しているようだ。本誌記者の見たナマの仲むつまじさはどんなものか」（1960.5.22号）という見出し、『週刊明星』も「島津夫妻は5月1日、サラリーマンらしく飛び石連休を利用されて念願の夫君の故郷、砂土原（原分ママ）へ旅立たれた。お二人は幸せそのものといった表情」と伝えた。このようにどの週刊誌の写真記事も、一貫して「若いサラリーマン夫婦」（1960.5.10号）の「仲むつまじいハネムーンぶり」を伝えた（表1）。

さらに貴子夫人の「新婚旅行ファッション」も注目され、『女性自身』では、「組み合わせで活かすハネムーンモード」（1960.6.1号）というタイトルで、新婚旅行で貴子夫人が持参した「3着のツーピース」の着回しを紹介している。記事では「ふたりの荷物をスーツケース三つにまとめた今度の旅行」では、貴

子夫人は「少ない点数の服を組み合わせでいろいろな着かた」を工夫しており、この貴子夫人の着回しは、読者である「若い女性の旅行着のモデルケース」だとまとめた。このように、読者にとって、貴子夫人は「内親王の肩書を捨てて」(『女性自身』1960.3.23)「平民」へと嫁いだ、身近な「隣のお嫁さん」(『女性自身』1960.3.30)であり、「家計簿もつける」「しっかりした生活感覚の持ち主」「市民の主婦」(『女性自身』1960.3.16)として描かれていた。

3　皇太子夫妻の宮崎訪問

　島津夫妻の新婚旅行から二年後の1962年5月2日、今度は皇太子夫妻が宮崎を訪問する。1959年の皇太子と美智子妃の結婚は、旧皇族や元華族とは全く関係のない「平民」の女性と皇太子との「恋愛結婚」として世間の人々を驚かせた。若い人々を中心に、古い習慣を打ち破った二人の結婚は歓迎され、美智子妃は「ミッチー」の愛称で親しまれていた。

　皇太子夫妻は、1961年に開通したばかりの大阪―宮崎間の航空便にて宮崎に到着したが、夫妻の宮崎入りには島津夫妻を上回るマスコミが殺到した。皇太子夫妻は、宮崎市の日南海岸や延岡市の旭化成工場などを巡った後、島津夫妻と同じルートで霧島を経由し鹿児島から帰京した。

　また島津夫妻の時同様、皇太子夫妻の様子を伝える週刊誌の記事は、青島やえびの高原での「ふたりだけ」の散歩の姿(『女性自身』1962.5.21号、『週刊女性』1962.5.23号)など、夫妻の仲睦まじい様子が中心であった(表2)。このような夫妻そろっての写真は、当時右派から「妻との個人的な関係に夢中になっている将来の天皇のいちゃいちゃしたイメージ」として批判される場合もあったが、二人の姿は「マイホーム的なライフスタイルを実現」し、「多くの若い日本人にとって理想のカップル」として捉えられていた(Ruoff2001：364－365)。

　また美智子妃は、妻としてだけではなく母としての姿も伝えられた。九州名

(275)

表2　皇太子夫妻宮崎訪問関連記事（週刊誌）

「薫風の五月の訪れ」	『女性自身』1962.5.14号
「九州路の皇太子ご夫妻　また来てね徳ちゃんのママ」	『女性自身』1962.5.21号
「皇太子夫妻にはなしたこと、話せなかったこと　宮崎県の若い代表11人が膝をつきあわせての2時間」	『女性自身』1962.5.21号
「さよなら南国の人たち」	『女性自身』1962.5.28号
「よろこびの日に」	『週刊女性』1962.5.16号
「皇太子ご夫妻の九州旅行　五月晴れの南国へ」	『週刊女性』1962.5.23号
「皇太子ご夫妻九州旅行第二報　わらべ子とともに」	『週刊女性』1962.5.30号
「こどもの国建設地をご視察の皇太子夫妻」	『平凡』1962.5.18号
「南国の旅　宮崎県青島の皇太子夫妻」	『平凡』1962.5.25号
「カメラがとらえた3年間（増刊号）」	『平凡』1962.5.31号
「歓迎　九州の皇太子ご夫妻」	『アサヒグラフ』1962.5.25号

物のおもちゃを「浩宮へのおみやげ」として受け取ったり（『女性自身』1962.5.14号）、「浩宮さまと同じ年頃の恵まれない子供たちに目をうるませ」る姿が報道された（『女性自身』1962.5.21号）。さらに子どもの国では、皇太子夫妻が景色やその近くで遊ぶ子ども達を撮影するが、その様子は「パパの16ミリ、ママの写真も、浩宮さまへのおみやげ」という見出しで紹介された。皇太子夫妻は、仲睦まじい夫婦としてだけではなく、「徳ちゃん（浩宮）」のよいパパ・ママであり、戦後核家族のモデルとしても描かれていた（『女性自身』1962.5.21号）。

　松下は「大衆天皇制論」において、新憲法下の大衆社会状況に適合させ、マスコミが皇太子の結婚を「平民」との「恋愛」として方向づけたことで「皇太子妃ブーム」は起こり、また美智子妃という「シンデレラ」の出現によってはじめて皇室は大衆の「楽しい話題」となったと指摘する（松下1994：76）。「平民」から皇室に嫁いだ美智子妃、また逆に皇室から「平民」へ嫁いだ貴子夫人は、大衆にとって身近な存在として受け入れられ、そしてマスコミも、この二

組の結婚は「男女平等」や「婚姻の自由」の象徴、理想的な夫婦のモデルとして描いた。さらに結婚後も、「台所にてエプロンをつけた美智子妃」「軽井沢で浩宮の乳母車をおす皇太子夫妻」「ひばりが丘団地で主婦と話す美智子妃」「自宅居間でくつろぐ島津夫妻」等、穏やかで「幸福な家庭」を築いていく様子がマスコミを通し伝えられる。ここでいう「幸福な家庭」イメージは、夫唱婦随の家長型家族ではなく、新しい生活様式を取り入れた夫婦同権型の「ホーム」としての家庭であり、二組は「恋愛結婚の結果としての幸福な家庭」という戦後家族モデルの象徴となっていく（清宮, 2008：71, 77, 112.）（主婦の友社編2009：77）（松下1994：68, 90）。

おわりに

　宮崎新婚旅行ブームは、1950年代末から1970年代前半にかけての高度経済成長期におこったものである。この時期には国民所得が倍増し、家庭電化製品ブームやマイカーブーム、また郊外型のニュータウンがうまれ、大量生産・大量消費が進んだ。また夫婦／家族の在り方も変化し「見合い結婚」よりも「恋愛結婚」の比率が高くなり、「専業主婦」が増え、皇室カップルを理想とした「愛情」と「思いやり」が基盤となる「戦後家族モデル」がつくられていく（山田, 1994：164－165）（湯沢、宮本2008：93）。冷蔵庫や洗濯機など家庭で購入される電化製品は、家庭生活に快適さをもたらすものであると同時に、「豊かな経済生活」の象徴としての意味をもっていたが、それは新婚旅行も同じであった。若いカップルにとって、新婚旅行にでかけることは「経済生活の向上」を示し、「豊かな結婚生活」のはじまりを意味していた。そしてその理想的モデルとされた皇室カップルが宮崎を訪れたことを契機に、その後10年間、宮崎は「新婚旅行のメッカ」となっていく。

　ただし宮崎新婚旅行ブームには、皇室カップルの訪問以外にもいくつかの要因がある。まずは、現地での「南国宮崎」づくりである。古くから温泉地が新

婚旅行先として選ばれていたことからもわかるように、人生の至福の時として心うきたたせている新婚カップルにとって、「南─すなわち南国・温暖・明るさ」は新婚旅行に欠かせないイメージであった（白幡, 1996：183）。宮崎では宮崎交通が中心となり、フェニックスの植樹等「南国情趣」が味わえるよう街を整備し、ツアー企画や観光バスなどで疑似的な南国体験を用意した。さらに、映画（「百万人の娘達」松竹1963公開）、ドラマ（「たまゆら」NHK1965－1966放送）、歌謡曲（「フェニックスハネムーン」1967発売）等、複数のメディアによる継続的な「南国」イメージの再生産もブームを支えた。

　このように、1960年代から1970年代にかけて、皇室カップルの訪問、現地での新婚旅行客向け企画、メディアによる宣伝を繰り返すことで、宮崎は「新婚旅行のメッカ」として人気を維持した。しかしその後、新婚旅行は「豊かさの象徴」としてますます規模が拡大・高級化していき、「新婚旅行のメッカ」は宮崎からグアム、そしてハワイへと、より遠くの南の地へと移っていくのであった。

参考文献

石田あゆう（2006）『ミッチーブーム』文藝春秋
河西秀哉（2010）『「象徴天皇」の戦後史』講談社
経済企画庁（1956）『昭和三十一年度年次経済報告』282-283
清宮由美子（2008）『美智子妃誕生と昭和の記憶』講談社
松下圭一（1994）「大衆天皇制論」『戦後政治の歴史と思想』筑摩書房
森正人（2010）『昭和旅行誌　雑誌『旅』を読む』中央公論新社
白幡洋三郎（1996）『旅行ノススメ』中央公論社
主婦の友社編（2009）『主婦の友が見たあの日の美智子さま』主婦の友
Kenneth J. Ruoff (2001) *THE PEOPLE'S EMPEROR : Democracy and the Japanese Monarchy*, 1945-1996 The Harvard University Asia Center（『国民の天皇─戦後日本の民主主義と天皇制』高橋紘監修、木村剛久、福島睦男訳岩波書店）
山田昌弘（1994）『近代家族のゆくえ─家族と愛情のパラドックス』新曜社
山田昌弘（2005）『迷走する家族─戦後家族モデルの形成と解体』有斐閣

山本志乃（2011）「新婚旅行とアンノン族―戦後における若い女性の旅をめぐって」『旅の文化研究所研究報告』20, pp61 - 73, 旅の文化研究所

事例研究Ⅲ　長野県の信州・市民新聞グループの特異性と普遍性

深　井　麗　雄

1　はじめに
2　なぜ信州・市民新聞なのか
3　信州・市民新聞の概要
4　信州・市民新聞と近隣地区の地方紙、地域紙
5　信州・市民新聞の紙面内容
6　紙面の特異点
7　読者へのアンケート調査結果
8　広告主以外の情報発信者による信州・市民新聞への認識や評価

1　はじめに

　長野県岡谷市に本拠を置く地域紙「信州・市民新聞グループ」（部数約4万7千部、以下、信州・市民新聞）は一見、地元のミニ情報だけを網羅的に掲載しただけの地味な印象の紙面だが、全国紙や地方紙さえ十分に実現できていない「メディアの可能性」がのぞいている。その「可能性」とは、地域固有の文化や伝統、資産などを背景に、住民が自律的に新たなサービスや商品を生み出し、経済的自立と持続可能な生活を目指すための高品質の地域情報を従来以上にこまめに発信することだ。

2　なぜ信州・市民新聞なのか

　事例研究の対象として同新聞を選択したのは、主に以下の理由である。
①テレビ番組欄以外は「全国ニュース」が1行も載らない、という紙面特性から、全国紙や地方紙ではわからない「地域ニュース」の持つ意味が浮かび上がるかもしれない。
②全国に多くの地域紙が存在するが、少なくとも半世紀程度の歴史をもち住民に親しまれている有料日刊紙は限られ、信州・市民新聞はその一つである。
③同社の普及率は極めて高い（同社ホームページによると「90％を超し‥」とある）ことが研究者の間ではよく知られている。
④地域住民の多くが熱狂的に参加する諏訪大社の御柱祭に特化した紙面づくりを意識的に行い、読者の共感を獲得している。

3　信州・市民新聞の概要

　1948年11月、薩摩建社長の祖父、光三が岡谷市で創刊した。発行主体は「(株)岡谷市民新聞社」（本社・長野県岡谷市本町）。配布地域は長野県の諏訪地域で岡谷市、諏訪市、茅野市、下諏訪町、辰野町、箕輪町、南箕輪村の3市3町3村。配布地域に合わせて一面の題字を「岡谷市民新聞」「下諏訪市民新聞」「諏訪市民新聞」「茅野市民新聞」「たつの市民新聞」「みのわ市民新聞」「南みのわ市民新聞」と切り替えている。タブロイド版の朝刊20ページ前後を印刷、時折り中に特集ページなどを挟みこむ。部数はバブル期のころは5万部台に乗せていたが、2013年1月時点では4万7千部前後という。ちなみに配布対象地域3市3町1村の世帯数は直近の国勢調査によると約5万8千世帯。定価は一部60円、一ヶ月1,690円である。配達は全国紙や地方紙の各班売店に委託するなどしている。

社員約70人のうち30人が記者で、本社と各支局で取材を担当。編集・整理・制作の各作業は岡谷市の本社で行っている。

4　信州・市民新聞と近隣地区の地方紙、地域紙

　長野県で最大の部数の地方紙は言うまでもなく信濃毎日新聞である。同紙の紙面建ては多くの地方紙がそうであるように、全国紙と比べ圧倒的に緻密で多くの地元ニュースを多面展開しつつも、1面から最終面まで国際政治、国内政治はもとより内外の経済・スポーツ・文化ニュース、番組欄など全国紙と同様のニュースをまんべんなく収容している。朝刊はブランケット版30－40ページで一部110円、1か月3,007円。
　一方、信州・市民新聞と競合する地域紙は諏訪市に本社をおく長野日報である。同社は信州・市民新聞と違ってブランケット版で20ページ前後。一部100円、1か月の料金は2,600円。地域ニュースに力を入れるが、国際ニュースや全国ニュースも2ページ前後で、手際よく掲載している。紙面内容からしても、価格帯からしても信濃毎日と信州・市民新聞の中間に位置するような存在である。

5　信州・市民新聞の紙面内容

　信州・市民新聞の紙面は全国的にも珍しい紙面構成である。国内外の政治・経済・文化・スポーツ・事件など多岐にわたる分野のニュースはほとんど掲載しない。その代わり「地元で昨日起きた出来事や今日以降の予定行事はほとんど載る」というほど、地元ニュースに徹している。掲載される「全国ニュース」はテレビ番組欄だけだ。
　例えば2012年9月23日付け朝刊（岡谷市民新聞の場合）の紙面建ては以下である。この日は20ページ建て。

▽1面　　　　岡谷市での戦没者追悼式や岡谷市内のバスの路線やダイヤの一部改正と諏訪市での催事。
▽2面－7面　　地元のニュースや情報
▽8面－14面　テレビ番組欄と番組情報
▽15－17面　　地元のニュース
▽18－19面　　読者の俳句や短歌などの投稿欄
▽20面　　　　岡谷のニュースと「今日の行事と会合」

毎日の紙面の中で特に「今日の行事と会合」はキメ細かい。連日掲載されるが、市民の葬儀のほか「ご詠歌教室」「座禅会」「剣道協会の練習」「男の料理同好会」「ボウリング同好会」「俳句会」「気の健康サークル」「家庭介護相談会」「小学校でのスケート教室」と、連日50－100件の意念と情報が網羅される。1万9千世帯、人口5万3千人の岡谷市で開かれる会合やイベントなどのほとんどがこのコーナーで予告されている。第1面と4面、5面と20面を開けば岡谷市での昨日の出来事と今日の予定がほぼわかる仕組みだ。

6　紙面の特異点

①まず特徴的なのは、3面に掲載されている死亡記事である。死亡広告は全国各地の新聞同様、遺族が有料で家族の死去に伴う葬儀予定などを知らせる広告であり、死亡記事は新聞社が独自に取材して直近に亡くなった市民の葬儀の日取りなどをお知らせする編集記事で、無料である。信州・市民新聞の死亡記事は全国紙や地方紙のそれと大きく異なる。全国紙などの記事は死者が有名人であったり、業績を積み重ねた人、肩書きの目立つ人などが限定的に取り上げられ、しかもスペースの関係で最低限の情報しか記載されない。故人の写真などはめったに載らない。それに比べ信州・市民新聞のそれは（イ）遺族の了解がある限り、無名の市民すべてが取材・掲載の対象（ロ）故人の人生がうかがえるようなくだりがあり、係累や経歴の一部も掲載――など

事例研究Ⅲ　長野県の信州・市民新聞グループの特異性と普遍性

の特徴がある。

　興味深いエピソードがある。10年ほど前、当時の薩摩正社長から聞いた話だが、毎年、盆や正月の長期休暇の季節になると、読者からファックスなどで、自分の旅行の予定が新聞社に流れてくるという。スケジュールはもちろん宿泊先のホテルや旅館の連絡先を明示してくる、というのだ。それは死亡記事だけを旅先まで毎日送ってほしいからだ。なぜか。地縁血縁の強い地域で、たとえ旅行中とはいえ、知人の死を知らず葬儀・告別式に弔電を打てなかったりすると義理を欠く。それを避けるために市民新聞社にわざわざ旅のスケジュールを知らせるわけだ。

②もう一つ特異だったのは2008年ごろまで月一回のペースで掲載されていた道路工事の地図だ。見開き2ページを使った大型企画だが、実は一行の記事もなく、一枚の写真もなかった。全面に地図が掲載され、中に様々な記号がプロットされていた。一見しただけでは「？」だが、実は読者の居住地域で向こう1ヶ月に予定されている道路工事の地点や時期、交通規制の内容を一覧できるものだった。なぜこの地図が必要なのか。

　どの地方も国道、県道など種別を問わず工事が頻繁に実施されるが、大都市と比べ幹線道路が少ないので、交通規制の情報は車の運転に欠かせない。ところで国道の工事予定と交通規制は建設省（当時）の出先機関が、県道のそれは県の土木事務所が、市道は市役所がそれぞれ別々に発表する。しかし所詮はお役所仕事だから、それらの情報を一本化した地図は誰も作成しない。それでは地元の新聞社でやろう、と企画したという。

　従っておよそ車を使う仕事の市民はほとんどがこの企画を歓迎した。宅急便などの運送業はもちろん牛乳販売店、警察、消防署から皮肉にも信州・市民新聞を扱う他紙の販売店までもが店の壁にこの地図を張り出していたのである。「報道の記事は文字や写真に限定されない。読者の需要を満たすためなら、どんな表現形態も許される」（薩摩正）とうわけだ。しかしこの企画は5年ほど

前に自然消滅した。小泉改革などで地域の道路工事が激減したからだ、という。
③さらに特異でこの新聞の原点の一つであろうというキャンペーン素材が、全国的に有名な諏訪大社の御柱祭に関するニュースである。

　御柱祭とは「みはしらさい」あるいは「おんばしらまつり」と読み、諏訪地方に1200年以上前から伝わる7年ごとの祭で、その規模や勇壮さ、地元の住民が祭りにかける労力や熱意などは全国的に見ても極めて珍しい。
　祭りは諏訪大社の社殿の造営工事と御柱の曳き建て行事に分かれる。特に御柱を曳き建てる行事には昔から、諏訪地方の住民約20万人がこぞって参加することで知られる。上社と下社を合わせた曳き子と観光客の人出は約200万人（岡谷市などの調査）を数える。
　信州・市民新聞に御柱祭についてたびたび寄稿している考古学者、宮坂光昭氏は自著「諏訪大社の御柱と年中行事」で「地方の時代」との関連についてこう述べている。「地域住民が主体性をもって地域の生活文化圏をつくることこそ、地方の時代へ近づけることだと思う」（同書251P）。氏は地域の生活文化圏をつくる際に、諏訪地方では御柱祭が大きな役割を果たすと考えている。その要因の一つとして氏はこの祭りの「水平構造」を指摘する。「国家とか藩主に強制的干渉を受け、支配・被支配の形を持つ垂直構造の祭とは全く異なる」というわけだ。「御柱祭の在り方を分析してみると、本社の御柱祭で地域住民全体の団結力とエネルギーを、外部や為政者に示した。そして御柱祭は順次小グループ化してゆき、地縁集団から順に血の濃い血縁集団にと、一年を通す祭りとなって終わるのである」（同書252P）という。さらに「地域住民の御柱祭に見せる太い連帯感が、国家的支配の介入を許さなかったのだろう」ともいう。
　この分析は同じ郷土史家の宮坂徹氏のそれとも概ね一致する。かつて故薩摩社長は御柱祭に固執する理由について「単純な懐古趣味などではありません。私はこの祭りを通じて、この地区の民主主義に貢献したいのです」と語った

が、この素朴でシンプルな論理は読者からの一定の理解は得られるだろう。

7　読者へのアンケート調査結果

　調査は2012年9月10日から7日間、任意に選んだ信州・市民新聞の読者130人（男女ほぼ同数）を対象に、深井と同社記者が聞き取り方式で実施した。
調査の目的は
① 信州・市民新聞の読者は他紙を併読している人が多いという点や購読理由などの確認。
② 読者の求めている地域情報の内容
③ 後述する御柱祭に関する読者の意識
④ 読者とネット情報との関係
———の4点だった。
調査の結果は以下の3点である。
・　他紙との併読が圧倒的に多かった

　　　　固定読者が圧倒的に多いことは第1問で確認できた。87％の読者が「10年以上前から読んでいる」と回答したからである。また96％の読者が他紙を併読していた。銘柄別では信濃毎日が58％、長野日報が28％、続いて朝日、毎日など全国紙が10％前後で続く。こうした他紙を購読する一方で、かくも長きにわたり市民新聞を購読する理由は「多くの地域情報を求めて」が67％、「昔から家族で購読しているから」が37％だった。

　　　　一方、読者の求める地域情報の内容をさらに細かく分析すると、最も高率だったのは「慶弔ごと」で75％が「知りたい」と答えた。また「文化教室や屋内イベント」（52％）、「小学校、中学、高校の催し」（36％）、「スポーツなど屋外イベント情報」（33％）、「御柱祭などの地域のお祭り情報」（32％）——は想定の範囲内だった。

御柱祭との関係やネット情報との関わりもほぼ予想通りの結果だった。
- 地元経済情報の重要性

　読者の求める地域情報のうち、「商店街や地元企業に関する情報」は57％。設問中2位だったのに対し、「同窓会や老人会などの情報」がわずか10％だった

　これについて信州・市民新聞の薩摩社長は「、経済が落ち込む中、経済情報をもっと出してほしい、という読者の切実な気持ちの表れだろう」と分析する。また同窓会や老人会については、「自分に関係ある集会については、別の連絡が徹底されているなど、あえて新聞にその種情報は求めないからではないか」と推測する。
- 読者はやはり祭好きだった

　読者の祭好きは予想通り、相当なものだった。85％の読者が「祭りがとても好き」「少しは好き」と答え、「祭りに関するニュースをよく読む」「時々読む」読者の割合ががほぼ同じ数字だった。市民新聞がこの祭り報道に力を入れる理由が明らかになった格好だ。

8　広告主以外の情報発信者による信州・市民新聞への認識や評価

　新聞に掲載される情報は、記者が主体的に取材して執筆するのが基本だが、広告は、広告主が掲載料として料金を払い、自分にとって有用な情報（宣伝広告）を新聞社の紙面を通じて発信する。しかしこれ以外にも新聞社から情報を発信しようとする者が多く存在する。自治体や企業の広報部門、公立機関の広報係、市民団体や運動組織の広報担当者などだ。広告と異なり、掲載料を新聞社に払うことはないが、その代わり新聞社側が「発信された情報がニュースかどうか」「市民にとって必要な情報か」「公序良俗に反しないか」と検討するなど、掲載に向けてのハードルは高い。以下二人の発信者に信州・市民新聞への

評価などを聴いた。発信者が複数の媒体を使い分け、信州・市民新聞に関しては地域紙として位置づけ、利用していることがわかる。

1　博物館などの情報発信について
(1)　媒体別の情報発信

　諏訪地方には美術館や博物館などの施設が、諏訪湖を取り巻くように20か所に点在する。その中の中心的な施設の一つ、下諏訪町立諏訪湖博物館・赤彦記念館館長の宮坂徹氏によると、この博物館では各種展示会の情報のほとんどは地元の信州・市民新聞と長野日報に発信する。また内容によっては信濃毎日にも発信する。地元の放送局LCV[1]（諏訪市に本社をおくケーブルテレビ、FMも5年前から始めた）にも案内する。さらに特別展覧会のような大型企画の時は、NHK長野放送局や信越放送にも発信する。通常の情報発信後、取材に来るのは市民新聞、日報が圧倒的に多い。しかし媒体の規模により、取材後の効果はかなり異なる（後述）。

　一方ネット上での発信は、まずホームページ（以下、HP）だ。HPは年間の事業計画に基づき、トピックス的に更新している。このほか「諏訪郡博物館等連絡協議会」という組織がある。諏訪郡内の博物館等関連23館の組織で公式ブログをだしており、これにも年間10回ほど情報発信する。

　こうした一連の情報発信作業は正規職員2人を含む計6人の職員のうち、長年の勤務で業務に通じている宮坂館長が担当する。ただし実際にHPなどを更新するのは博物館友の会という支援組織の担当者だ。市のHPから友の会のHPに飛ぶことができる。

(2)　媒体別の情報発信効果

　諏訪湖博物館の2012年度の事業一覧によると、①特別展は「古代ローマの遺跡を描く―田中令子木版画展」（夏休み）、「赤彦を支えた妻不二子」（秋）など4回。

②体験教室は、子供向けの「鎧を着てみよう」（5月）、大人向けの「マイガレージクラブ」（4月）など9回。
③講座「歴史と文学に触れる」（7月）、「日本刀の基礎知識」（11月）などのほか、通年の出前講座などがある。

　このほか「島木赤彦文学賞」「赤彦忌」から「まちじゅう音楽祭」まで大小100件以上のイベントが開かれている。

　前項で述べた各媒体への情報発信で、こうした事業での作品や参加者の募集などを行うわけだが、宮坂氏によると、HPで来る人はほとんどない感触だという。信州・市民新聞と長野日報に出る記事を読んでくる人が圧倒的に多い。役所の広報紙の効果よりも2紙のほうが大きい。2紙とも募集記事をこまめに丁寧に書くからだ。

　ただし頻度は低いが、信濃毎日に書かれたときのほうが反応があるのも事実。NHK長野放送局も同様だ。影響は2紙より大きい。LCVは2紙より落ちるが、最近視聴者が来るようになった。FMも流しており、これに5分—10分の告知を流してくれるという。

2　NPOの情報発信について

(1)　諏訪地方にもここ10年で従来の市民運動体に加え各分野でのNPOも増えている。その中で比較的歴史が古く、長野県の交付金も得ているNPO法人の担当者に取材した。応じたのは「有限会社ジェネシステクノロジー」代表　中島秀明氏。自身で企業を経営しながら、NPO法人「維新塾」が運営する「あきん堂ネットショップ」を担当する。

　　　塾は諏訪地方の活性化を目指して10年前設立された。　塾の登録メンバーは38人（うち女性は3人）。26歳—57歳の年齢層だが平均は37,8歳。商店主や企業経営者が多い。地域密着型のショッピングモールを始めたり、地域検索サイトの構築、各種調査研究やイベント、政策提言などを目

指すが、「あきん堂ネットショップ」はその中心的事業だ。Yahooショッピング内で2年前から、諏訪地方の商品や企業の生産品を全国に紹介し販売している。現在会員企業を中心に20店の日用雑貨、食料品、菓子、ミソ、家庭電化製品など120品目を扱っている。こうした実績が認められて2012年7月、長野県による「地域発元気づくり支援金」186万円の交付が決まった。

「あきん堂」の特徴は①出店料と販売手数料が2013年3月まで無料②Yahooショッピングの管理費用が無料③商品の写真撮影、あきん堂ネットショップへの掲載が無料—などの特典がある。

(2) 「維新塾」の広報

発信したい情報はHPのほか信州・市民新聞、長野日報、信濃毎日に提供する。ただし新聞の折り込みチラシは使わない。会員登録している岡谷市の商工会議所のチラシのシステムが利用できるからだ。月1回の便で会員らに1,800枚配布できる。新聞チラシはほかのちらしの山に埋もれてしまうという欠点があり、使わないという。

有効なのは提供情報が記事化されるばあいだ。前述の「あきん堂ネットショップが出店者募集」は、支援金交付決定のニュースに合わせ、信州・市民新聞で紙面の3分の1くらいのスペースで記事掲載された。

このニュースは長野日報にも掲載され、両紙合わせて翌日5件の問い合わせをはじめ多くの反響があった。もっとも、同じ趣旨の広告を8月中旬に両紙に出したが、お盆休みのせいもあって、効果はなかった。

中島氏は「広告より一般記事の方が、媒体効果はおおきい」といい、これはすべてのメディアに通じるコンセプトだ。さらに「あきん堂ネットショップ」のチラシには右肩に両紙に掲載された記事2本を折り重なるように転載している。これで本事業の信頼性を高める狙いだった、という。閲読率の高い地域では、地域新聞への読者の信頼度が相当高い、ことがうかがえる。

事例研究Ⅳ　沖縄県宮古島市の地元紙や
テレビ局の独自性と地域社会での役割

深　井　麗　雄

1　はじめに
2　宮古毎日新聞の概要
3　宮古毎日新聞の紙面内容
4　紙面の特異点―論説機能について
5　宮古毎日のミニニュースについて
6　宮古テレビについて
7　制作体制や自主番組について
8　地域の新聞やテレビ局の今後について

1　はじめに

　沖縄県那覇市から南西300キロの宮古島は、全国でも珍しい「新聞環境」にある。人口55,055人（2011年1月現在）の島には独立した日刊紙が2紙ある。宮古毎日新聞と宮古新報で、前者が1万6千部、後者が1万4千部、それぞれが独自の取材陣（両社とも記者は約10人）、販売網、印刷工場を有し、相当の競争を展開している。独特の紙面づくりで全国紙の5紙や沖縄本島の琉球新報や沖縄タイムスの追随を許さない。全国紙や那覇の2紙は空輸に頼らざるを得ない、という事情があるにせよ、なぜ読者の支持を得ているのには、それなりの要因がある。

2 宮古毎日新聞の概要

・沿革

「宮古毎日新聞五十年史」(同社発行)や同社幹部らの話によると、戦後の宮古島に純然たる民間紙として登場したのは1945年12月創刊の「みやこ新報」である。 翌1946年5月、戦後2番目の新聞「宮古タイムス」が創刊され、みやこ新報と同様に格調の高い「言論の自由」が一面トップで論じられた。

　こうして敗戦から約5年間で十近い新聞が宮古島で生まれた。しかしいずれも小資本で部数も少なかった上、激しい政治的潮流に左右された一面もあり、1年から3年で姿を消した。1955年9月に宮古毎日新聞が創刊された。この頃存続していた新聞は「みやこあさひ新聞」と「南海タイムス」の2紙だったがいずれも50年代で姿を消した。

宮古毎日新聞が現状に近くなったのは、沖縄が本土復帰し10年余りたった1980年代後半である。

・紙面について

　ブランケット版の朝刊ではほぼ10ページ。購読料は1か月、消費税込で1785円、一部売りは65円だ。カラー紙面は通常1面と終面の2ページ。原則月曜付は休刊している。各面の内容は次のとおりである。事例として以下に2011年12月1日付紙面の内容を示した。宮古島市周辺のニュースを拾いながら、那覇支社による那覇など沖縄本島の動きを伝える一方で、時事電による全国ニュースと提携先の毎日新聞の記事を引用しながら紙面構成している。

3 宮古毎日新聞の紙面内容

▽1面　　地元のニュース
　　　　　・トップ記事は「漁業再生で意見交換―下地市長と若い漁業者」

宮古島市水産課主催事業で、宮古島市長と青年漁業者の意見交換会のやりとり。
- 2番手は「首相の陳謝の知事が厳重抗議」
不適切発言をした防衛相局長の更迭を受け陳謝した野田首相の発言に対し、沖縄県知事が那覇市内で厳重抗議した。
- このほか宮古島市内のニュースを2本（クリスマスものとイベント）収容。平良市長ら地元市村長の動静と「行雲流水」というタイトルのエッセイを掲載している。

▽2面　　沖縄県外の国内ニュース
- トップ記事は「総務省発表による「2010年の政治資金収支報告書」企業献金は過去最低更新などを表付きで紹介。
- 2番手は「党首討論」野田首相と谷垣自民総裁の攻防を掲載。
（注）紙面の下半分は「喪中につき年末年始のごあいさつを遠慮させていただきます」との「欠礼広告」を個人名で19本掲載している。

▽3面　　同上
- トップは「福井女子中学生殺害事件で前川さんの再審開始決定」
- 毎日新聞1面のコラム「余禄」を転載。

▽4、5面　国内外のスポーツニュースで主に時事電。4面の下部にはBSデジタル放送の番組欄をコンパクトに収容している。
この日、4面トップは「稀勢の里、悲願の大関昇進」で、5面トップは「新人王に沢村」

▽6面　　曜日によって異なるが、地元ニュースや国際ニュースと地元住民の投稿。
投稿は地元の識者だけでなく、幅広い分野の市民が世代を問わ

　　　　　　　ず登場する。
　　　　　　　この日は琉球大学の医師が「排尿ケア」に関する地元での公開講座を紹介している。
　▽7面　　　「ひろば」と題したミニニュース紙面。
　　　　　　　トップは「きょうの催し」で毎日10本前後。ｋの日は公開講座や無料法律相談、「いきいき教室」など。このほか各地の予定を知らせる短行記事を網羅するほか、「募集」や「差し上げます」、「きょうの運勢」、離島航路や空の便のダイヤを掲載している。
　▽8、9面　いわゆる社会面で島内の出来事を網羅。ただし小さな島なので事件はさほどなく、ほとんどが「町だね」や行事、地元スポーツの結果などである。

　締め切りは1版制で、通常20時30分。ナイターで遅くなることもある。編集体制は後述するが、原稿は自前原稿のほか、時事配信に加えラテ番組（週刊テレビガイドも含め）は日刊編集センターから受けている。また前述のごとく、10年以上前から毎日新聞と提携し、論説的な原稿や1面コラム「余録」などを転載している。ちなみに競争紙の宮古新報は読売新聞と提携している。

宮古毎日の主催事業
　絵画展やスポーツイベントなど新聞社主催の各種事業は収益目的はもちろんだが、社会貢献や読者獲得など様々な役割を担う重要な分野である。宮古毎日の場合、平良社長によると、最盛期は14,5件あった。今も13件ある。書道展は1500点の作品が集まる。囲碁は全宮古本因坊戦で50,60人は来場する。7月はサマー囲碁フェティバルも行う。全宮古ゴルフ大会は同社で最大の事業。地域の活性化にもつながるという。少年サッカーは350人ほど。父兄も1,000人くらい観戦にくる。こういうイベント情報はほとんど、新聞で流す。平良社長によ

ると宮古島ではネット情報で人が集まるケースは極めて少ない。この点については あとで詳述したい。

4　紙面の特異点―論説機能について

　長野県の信州・市民新聞と同様、宮古毎日には社説がない。少ない陣容で毎日社説を掲載するのは至難だ。しかし市民新聞とやや異なるのは「行雲流水」というコラムである。これが論説機能を補完している。ベテラン記者が交代で執筆。10人ほどの記者で日々の紙面づくりをしているのでコラムを毎日掲載するわけにはいかないが、2010年でみると、年間66本掲載している。その一部は執筆者の個人的な思いなどが綴られているが、大半は全国紙や県紙でいう社説に近い主張が盛り込まれた文章だ。

　例えば同年3月13日付紙面のこのコラムのタイトルは「在日米軍の駐留経費」だ。コラム子はまず「連日大々的に報道される米国海兵隊の普天間飛行場移設問題に耳目を惹かれてか在日米軍駐留経費負担のいわゆる思いやり予算に対する県民の関心や反応は薄くなっているようだ」と嘆く。さらに「法的根拠のない経費負担に毎年日本国民の莫大な税金が費やされているというのである」と述べる。その上米国の市民がどれほど実態を知っているかについて県紙のワシントン通信員がレポートした中身を紹介している。それによると「米国の主婦らに在日米軍の光熱費から建設費などまで年間およそ6000億円を日本は負担しているというと"まさか！"と絶句した」という。「米兵の県民に対する傍若無人な振る舞いには"俺たちは日本国民のために金を使い命をかけて守ってあげている（いちいち）文句を言うな"的心理が働いているのではと通信員は指摘する。同感である。」と断じている。

　また5月10日のコラムは「米軍基地の県内移設にNOの沖縄」と題し、県内移設反対の立場を明確に述べている。コラム子は最後にこう述べる。「沖縄は400年前の薩摩侵攻、130年前の琉球処分、今次大戦の本土の防波堤、日本独立

の擬制、復帰後も基地の押しつけなどの歴史を負い続けている。(中略) ふたたび屈辱の日にならないことを祈る」と記している。

こうした論説的なコラムは政治的なものに限定されず、地元の文化伝統まで多岐にわたる。

5　宮古毎日のミニニュースについて

紙面の特徴のひとつは明らかに7面の「ひろば」だろう。

平均的な紙面のうち2011年11月19日から1週間の紙面を調べると、ミニニュースの本数は137件、うち主催団体がネットにも流している件数は24件、17パーセントにとどまった。これを同じ時期の毎日新聞（大阪府内版）と比較してみる。ミニニュースは計28本。うちうち主催団体がネットにも流している件数は27件。宮古毎日がいかにネットに頼らず、ミニニュースをまめに拾っているかがわかる。

事の関連で検討したい。

(1)　**教育記事の重要性**
地元2紙と県紙などの取材競争

地元2紙の共存体制だと、「取材上の競争原理が失われてしまうのではないか」との危惧があるが、現実には一定程度の取材競争は行われている。例えば平良部長はここ10年間の宮古毎日の独自ニュース（いわゆる特ダネ）として以下の2件を示した。

(A)　**西原の産廃問題**

2001年11月28日、宮古島市平良字西原の産業廃棄物処分場で火災が起きた。煙が出ているのを見つけたのは宮古毎日の記者だった。他紙の記者はただの火事と判断して本社に引き返したらしいが、宮古毎日の記者は引き続き取材し

た。古タイヤが燃え付近の住民が一時避難する事態になった。不法投棄のごみが3－4日間燃え続けた。宮古毎日は翌朝紙面で1面と社会面を埋め尽くして大きく報じ、避難した住民にも配られて読まれた。他紙には掲載されなかった。

　処分場は県が管理し、市はノータッチだった。当然、関係業者への行政指導にしても、県と市で認識に差があった。この問題はその後、住民闘争に発展し、訴訟にもなった。

　訴訟は地元住民88人が「健康被害などを受けた」として、処理業者と、監督責任をもつ県に対し、約6,000万円の損害賠償を求めた。2007年3月那覇地裁で判決があり、業者に総額2,500万円の損害賠償が命じられた。

　新しい処分場の建設が西原地区で進められているが、地元住民の不満は尾を引いており2011年9月12日、大浦自治会が県知事に対し、建設中止を申し入れている。住民によると「大火災から今年で10年。火災の後半年も煙や悪臭に悩まされ、サトウキビの収穫や日常生活にも大きな被害を受けた。それなのに、火災を起こした処分場の隣で、何の相談もなく新しい処分場建設が始まったのは許しがたい」と反発している。この問題はまだまだ紛糾しそうで、行政担当記者の腕のみせどころだろう。

(B)　宮原地区の圃場整備補助金不正事件

　灌漑や排水整備工事が舞台。工事がまだ終わっていないのに終わったように見せかけ、国から補助金を受けっとったように見せかけたことが2008年に発覚し、市の職員4,5人が懲戒処分を受けた。平良編集部長によると、業者とも癒着しており、工期の遅れにあせって書類をごまかし検査に合格したように見せかけた、という。記者が酒の席で噂を耳にしたのが取材の端緒だったらしく、これが独自報道に結び付いた。典型的な調査報道といえるだろう。

(C)　その他のケース

　前記二つの出来事は平良部長に語ってもらったケースだが、もちろん競争紙の宮古新報が特ダネをはなつケースもあり、現場の複数の記者によると、かなりの緊張感で取材しているのがうかがえる。これは那覇から赴任している琉球新報や沖縄タイムスの記者も同様で、例えば沖縄タイムス社宮古支局の与儀武秀記者によると、2011年3月から7月にかけ他紙の記者に抜かれたニュースは以下の2本という。

［ケースA］2011年3月28日付け宮毎朝刊
　　　　　「葉タバコの手伝いしたい」
［ケースB］2011年4月11日付け宮毎朝刊
　　　　　「震災の被害者、大石さん一家宮古へ」
逆に与儀記者が抜いたのは次の記事だ。
　2011年5月26日付け沖タイ朝刊1面肩「宮古・東平安名崎にリゾートホテル計画」

6　宮古テレビについて

・沿革

　宮古テレビは1978年5月1日に開局した。CATVの1つで開局時の加入者は789所帯加入目標は3,500所帯だったがなかなか達成できなかったうえ、RBCやOTVの放送開始で平成6年ごろから解約者が続出し加入者数は約1,000所帯減った。まさに会社存亡の危機だった。しかしその後の営業努力と自主番組の制作などで加入者はその後伸び平成20年12月現在の加入者は1万1,642所帯、加入率は59％にまで伸びた。さらに光ファイバーを使ったインターネット事業は平成13年4月からスタートしたが、別表のごとくその加入者は平成20年12月で3,438世帯まで伸びた。こうして平成19年度宮古テレビの売上高は約7億9,000万円、系列会社4社を含めると12億9,000万円に上る。ちなみに平成22年

事例研究Ⅳ　沖縄県宮古島市の地元紙やテレビ局の独自性と地域社会での役割

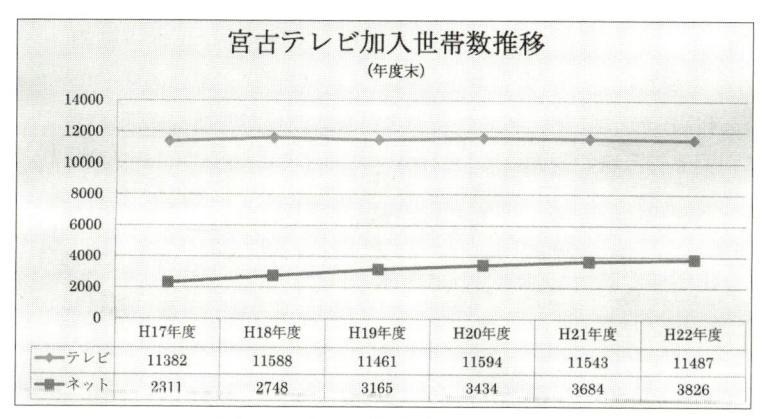

宮古テレビ加入世帯数推移（年度末）

	H17年度	H18年度	H19年度	H20年度	H21年度	H22年度
テレビ	11382	11588	11461	11594	11543	11487
ネット	2311	2748	3165	3434	3684	3826

宮古テレビ加入世帯数（H22／3月末）

度の単体決算は売上8億6,400万円（加入料5億1,200万円、CM料9,600万円、ネット事業1億3,700万円）で経常利益は1億21万円。経常利益率は10％の大台を超え、小さな企業規模ながらも利益率の高い経営が行われている。

7　制作体制や自主番組について

　社員は約60人で報道部のスタッフは約10人。　自主番組は2011年末時点では以下のとおりである。

・ニュースライナー
　　月―金、30分　7時半から8時、朝は」MTVモーニングで30分、ニュースは3分の1、子供の紹介もする。
・土曜　「ニュースウィークリー」30分
・土曜　「サンダル」30分、2010年から開始。軽いノリのどこかを訪ねたりする情報番組。
・土曜　　「アガンシャ」、バラエティ番組
・日曜日　「サンディトピック」、報道特集的な番組。日々のニュースの中から問題点を取り出す。もっとも手間をかけた番組という。

このほか「イチカメスポーツ」や「見てみて見て」（市民劇場であるマティダ劇場での芸能や公演を収録した番組）
・方言ニュース
　　週1回、15分。おばさんが方言で町の話題を語る。5年前から開始。土曜の夜8時に放送し、日曜に再放送する。同じような番組は、沖縄本島のRBCのラジオでもあるが、他の民放で作れない独自の番組を増やしたい、という思いから様々な工夫をこらす。例えばわざと字幕は入れない。子供たちにはわからないが、まわりの大人から教わりながら観る。

8　地域の新聞やテレビ局の今後について

　宮古島ではまだ「新聞やテレビが優位」だが、今後、ネット環境の変化で両者とも一定の影響を受けるだろう。その際、地域共同体の核となりうるような組織（たとえば商店街）や「場」（公民館など）に注目する必要がある。学校現場のように、表向きはパソコン環境が十分であっても要員不足のため、ネットで情報発信できるとは限らないからだ。そういうニーズを掘り下げ、ミニニュースをもう少し加工度の高い原稿に仕上げることも必要になる。そこでネットと差をつけるわけだ。
　2011年9月25日、台湾で開かれた国際新聞編集者協会（IPI）年次総会で宮城県石巻市の日刊新聞、石巻日日新聞が特殊功績賞を受賞した。東日本大震災の直後、輪転機が止まるなど極めて深刻な被害を受けたにもかかわらず、6日間にわたって手書きの壁新聞を発行し続けた、ことが高く評価されたからだった。
　石巻日日新聞の受賞は、ぺらぺらの手作りの壁新聞が、分厚い全国紙を凌駕したことを示す。宮古毎日新聞でみた工夫に加え、日日新聞のようなジャーナリストたちの強い意志がネットとは異なる地平を開く可能性がある。

事例研究Ⅴ 過疎・高齢化地域の地上テレビ放送デジタル化への対応
―福島県昭和村の全戸調査から―

市　村　　　元

　過疎・高齢化が進む村
　減少する新聞購読、ラジオは聞こえない
　テレビと固定電話に頼る生活、デジタル化への不安
　デジタル中継局の建設　共同受信施設のデジタル化
　予想以上に普及したデジタル受信機
　全戸に光ファイバーを引く
　なお残る課題

　2003年から始まった地上テレビ放送のデジタル化に関し、過疎・高齢化に直面する中山間地域がどのように対応したのか。福島県昭和村に見る地域社会とメディアの関係を2回の聞き取り調査から報告する。

過疎・高齢化が進む村

　福島県の奥会津地方。尾瀬の入口や新潟県境に近い中山間地に、昭和村は位置する。周囲を1,000メートル級の山に囲まれ、冬季は2メートルを超す積雪に閉ざされる。地目の80％は山林である。村の面積は210.49平方キロ、ほぼ大阪市、和歌山市に匹敵する。
　現地調査を行ったのは、2004年秋と2010年夏の2回である。2010年の調査当時の村の現住人口は1,447人（「福島県現住人口調査年報平成21年版」）。そのう

昭和村

ち801人が65歳以上の高齢者。老齢人口比率は55.4％に達する。村の主要な産業は、カスミ草の栽培、イラクサ科の植物「からむし（苧麻）」の栽培と「からむし織」への加工などだが、これも村全体をうるおすほどの産業ではない。若者は都市に流出し、村には高齢者の姿ばかりが目立つ。

　さて調査だが、1回目の調査は、2004年9月から11月にかけて、昭和村の現住全世帯を対象にアンケート調査と聞き取り調査を行った。当時の現住世帯数は715世帯。このうち487世帯から回答を得た。うち、65歳以上の高齢者のみで構成される「高齢世帯」は220世帯であった。

　第2回目の調査は2010年8月。全世帯の聞き取りを行った。当時の現住世帯数は651。このうち31世帯は特別養護老人ホームでの居住であり、実質の世帯数は620世帯であった。回答数は414世帯。うち「高齢世帯」は211世帯である。

減少する新聞購読、ラジオは聞こえない

　昭和村で、人々はどのように「新聞」「ラジオ」「テレビ」等のメディアと接触しているのか。＜図表1＞は、その状況について、2004年調査と2010年調査を比較したものである。

事例研究Ⅴ　過疎・高齢化地域の地上テレビ放送デジタル化への対応

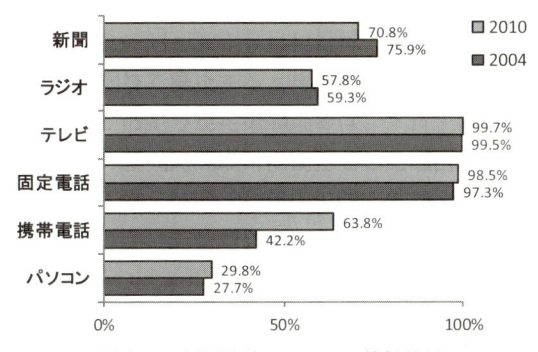

	2010	2004
新聞	70.8%	75.9%
ラジオ	57.8%	59.3%
テレビ	99.7%	99.5%
固定電話	98.5%	97.3%
携帯電話	63.8%	42.2%
パソコン	29.8%	27.7%

図表1　新聞購読・メディア接触状況

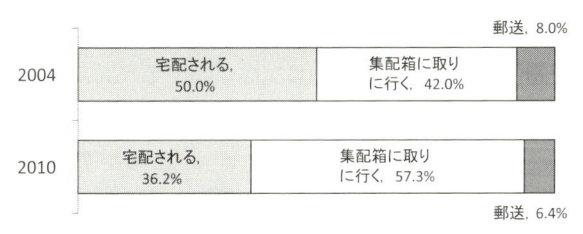

年	宅配される	集配箱に取りに行く	郵送
2004	50.0%	42.0%	8.0%
2010	36.2%	57.3%	6.4%

図表2　新聞を受け取る方法は？

　まず、「新聞」であるが、2004年秋、新聞購読者は、回答478のうち363世帯。購読率は75.9%であった。それが2010年、回答414のうち購読は293世帯。購読率は70.8%に減少した。率にすれば、5%の減少であるが、母数が減っているため、世帯数では70世帯ほどの減少となる。

　新聞購読が70%程度、しかも減少し続けている大きな理由は配達事情にある。昭和村では、＜図表2＞に示すように、2004年、新聞が各戸に「宅配される」のは50.0%。それ以外の家庭は「集落の一角にある集配箱まで毎朝新聞をとりに行く」が42.0%、8.0%は「郵送」で新聞を受け取っていた。それが、2010年、「宅配」は36.2%に減少、「集配箱に取りに行く」57.3%、「郵送」6.8%に変化した。

　宅配が減った原因は、高齢化の進行の中で、「新聞を配達してくれる人が確

(305)

保できない」からである。「集配箱」への配達が中心となったため、高齢者にとっては、毎朝新聞をとりに行くのがつらい。雪の季節はなおさらである。結局、「新聞はやめるしかない」となってしまう。村で唯一の新聞店によると、かつて800部を数えた購読部数は、現在では500部を切るまで減ったという。

次に「ラジオ」であるが、2004年には59.3%、2010年には57.8%が「ラジオを持っている」と答えている。しかし、ラジオを「よく聞いている」のは18.3%に過ぎず、「たまに」が34.2%。47.5%が「聞かない」と答えている（2010年）。何故なら、山に囲まれた昭和村の受信状態が悪いからである。早朝や深夜、あるいは標高の高い所では受信は可能だが、よく聞こえるのはNHK東京第1、第2放送である。地域放送が聞こえないため、「災害情報」としてのラジオの役割も限定的である。

2回の調査で著しい変化を見せたのは、携帯電話の保有であった。2004年秋、携帯電話を持っている世帯は42.2%。それが、2010年には63.8%に伸びた。理由は、携帯電話の通じる地域が大きく広がったためである。

2004年、村の携帯電話中継局は4か所。中心部でしか携帯はつながらなかった。それが2010年には中継局は10か所に増え、どの地区でも携帯がつながるよ

若年・多世代世帯　　　　　　高齢者のみの世帯

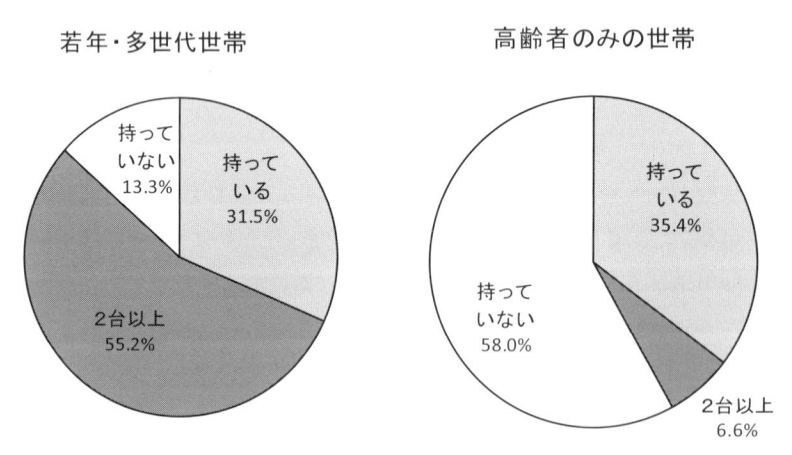

持っていない 13.3%
持っている 31.5%
2台以上 55.2%

持っている 35.4%
持っていない 58.0%
2台以上 6.6%

図表3　携帯電話を持っていますか？

携帯電話の普及は、若い世代にとくに著しい。＜図表３＞は、携帯電話の普及を、65歳以上で構成される「高齢世帯」と、それ以外の世代を含む「若年・多世代世帯」とに分けて見たものである。「若年・多世代世帯」の場合、世帯普及は86.7％。うち55.2％が「２台以上」を所有している。つまり、昭和村においても若い世代には「携帯電話はひとりに１台」が一般化しつつあった。昭和村にも「ケータイ革命」が押し寄せてきたというのが当時の状況だった。

テレビと固定電話に頼る生活、デジタル化への不安

2004年、2010年の昭和村で、全世帯にほぼ100％普及しているメディアは、「テレビ」と「固定電話」であった（＜図表１＞）。「テレビを見る」「電話で、村を離れた子供たちや村の仲間たちと情報を交換する」それが、この村の、とくにお年寄りたちにとって、主要なメディア接触である。とくに「テレビ」は、映画館もカラオケ店もないこの村で、唯一の娯楽であり、情報入手の最も大切な手段となっていた。

人々はテレビをよく見ている。2004年の調査で聞いたテレビ視聴時間は、「５時間以上」が44.4％と最も多く、６時間、８時間という回答もあった。雪に閉ざされる冬季は「１日中テレビを見ている」というお年寄りも多かった。よく見る番組は、ニュース、天気予報、そして、時代劇である。

当時の聞き取りでは、デジタル化への不安が語られていた。「テレビが、デジタル化で面倒なことになるらしい。テレビも高いものに買い替えなければならない」そんな不安が住民の間に広がっていた。当時はデジタルテレビの値段はまだまだ高かった。

＜図表４＞は、デジタル受信機購入等にどの程度の費用をかけられるかを聞いた2004年の結果である。回答者の半数以上が「５万円以下」と答えており、「10万円以下」と合わせると、70％以上を占める。当時デジタルテレビの中心

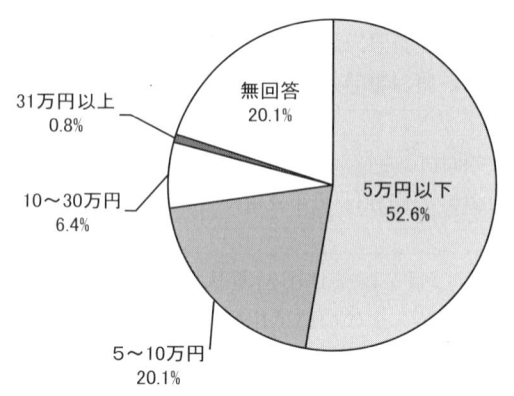

図表4　受信機購入にかけられる費用は？（2004年調査）

の価格帯だった30万円以上を負担できるとした人は4世帯（0.8％）に過ぎなかった。村民の多くが独り暮らしの年金生活者。「年金暮らしでは5万円以上をだすのは無理」「テレビを見られなくなるのは困るが、そんな高いテレビを買うお金はどこにもない」などという感想が数多く聞かれた。

デジタル中継局の建設　共同受信施設のデジタル化

　福島県で、デジタルテレビ放送が始まったのは2005年12月。2010年12月までに、1局あたり約60か所のテレビ中継局が次々に建設された。昭和村には、中継局が2か所。村の北半分をカバーする昭和中継局が2009年12月に、村の南半分をカバーする東昭和中継局が2010年12月に開局した。
　ただし、＜図表5＞に示すように、昭和村には、村の東部にもうひとつ特別な地域が存在する。小野川地区（3集落・55世帯）である。昭和村中心部から峠を越えたこの地区には、昭和中継局の電波も、東昭和中継局の電波も届かない。東側には、昭和村の最高峰である博士山（1,482m）がそびえており、地区は盆地状である。このため、小野川地区では全戸が共同受信組合を作り、博士山の肩に設置した受信施設で会津若松中継局の電波を受信、有線で全戸に配

事例研究Ⅴ　過疎・高齢化地域の地上テレビ放送デジタル化への対応

昭和中継局
（2009年12月開局）

小野川地区
（会津若松局電波を
共同で受信）
共同受信点

東昭和中継局
（2010年12月開局）

図表5

信していた。ところが、2006年に会津若松のデジタル中継局が開局したところ、その電波が受信点で全く受からないのである。典型的な「新たな難視」であった。

　村当局ではあわてて対応策を検討した。会津若松の電波を受信できるところまで受信点を移動する。昭和中継局または東昭和中継局の電波を受信する新たな受信点を設ける等々、様々な案が検討されたが、どの案でも費用は数億円かかる。

　共同受信施設の問題は小野川だけの問題ではない。村には、さまざまな規模の共同受信施設が合わせて8つある。これらの施設では、いずれもデジタル放送を受信するために多くの改修が必要となる。

　例えば、山神平という地区にある小規模の共同受信施設。この施設は、40年前に12戸が共同で自主建設したものだが、現在、この地区に残っているのは5世帯、うち4世帯が高齢者のみの世帯である。この施設をデジタルに改修するにはおよそ200万円が必要である。5世帯で負担すると、1軒あたり40万円。

基礎年金だけが主な収入源というお年寄りにはなかなか負担できない。

予想以上に普及したデジタル受信機

　2004年の調査で課題となったデジタルテレビの普及であるが、2010年の調査では予想以上に普及は進んでいた。この調査時点では、昭和中継局からはデジタル放送が開始されていたが、東昭和中継局はデジタル放送の開始直前。また、小野川地区は、アナログ放送の共同受信という段階であった。

　聞き取り調査の結果は、昭和中継局がカバーする地区では、回答216世帯のうち152世帯、率にして70.4％が1台以上デジタルテレビを保有していた。東昭和中継局を受信する地区でも、回答170世帯のうち、125世帯がデジタルテレビを所有。率にして73.5％であった。第3の小野川地区は、すべての世帯が共同受信施設に頼っていて、デジタル受信に大きなハードルがあるのだが、この地区でも回答28世帯のうち25世帯がデジタルテレビを所有していた。全体のデジタルテレビ所有率は、414世帯中302世帯、72.9％。しかも、どの家も大画面のハイビジョン対応テレビであった。また、2台め、3台めの受像機もデジタル対応としているケースも多かった。2004年の調査から考えると、ここまでの普及は予想外であった。

　考えられる理由の第一は、デジタルテレビの価格が劇的に安くなったこと。2004年当時、30万円程度はしたデジタルテレビだが、2010年には、10万円以下で買える機種がいくつも出てきた。これなら年金暮らしのお年寄り世帯でも何とか手が届く。昭和村での生活にとってテレビは唯一の娯楽であり、欠かせない情報入手の手段。生活必需品である以上、多少の無理をしても、人々はデジタルテレビを購入する。

　もうひとつ、興味深かったのは、ほとんどの世帯が村内の電器屋さんからテレビを購入していたこと。昭和村には電器店が3軒、ほかに電器製品を扱う農器具店が1軒ある。人々がデジタルテレビを購入した動機は、「子供のころか

らよく知っている○○電器の○○ちゃんに勧められたから」「買うのは大変だったけど、農機具屋さんにはいつもお世話になっているから」等であった。村社会ならではの近所づきあいがデジタルテレビ普及に大きな役割を果たしていた。

全戸に光ファイバーを引く

　もう一つの課題、共同受信施設のデジタルへの改修。この問題の解決には相当の紆余曲折があったのだが、結局、村当局が決断したのは、「全651戸に光ファイバーを引く」という劇的な解決策であった。昭和村役場の屋上に昭和中継局の電波を受ける受信施設を整備。これを昭和村の全世帯に引いた光ファイバー網を通じて各戸に送るというものである。

　実は、全戸に光ファイバーを引く計画は、共同受信施設の問題が表面化した当初から検討がされていた。最初は、「平成の大合併」である。近隣の町村が合併し、その結果認められる「合併特例債」で光ファイバー網を一気に整備しようという計画であった。しかし、合併協議は不調に終わり、この計画は宙に浮いた。

　何とか費用を捻出できないか、その後も検討が続けられた。それが大きく動いたのは、政権が民主党に移る過程で「地方への支援」が大きな政治課題となり、いくつかの交付金や補助金の適用が可能となったためである。＜図表6＞は、昭和村当局が苦心に苦心を重ねてひねり出した光ファイバー網の建設費4億2千万円の内訳である。「地域活性化交付金」「公共投資臨時交付金」などの

| 地域活性化交付金 | 公共投資臨時交付金 | ICT整備交付金 | その他臨時交付金 | 過疎債 | 一般財源 |

図表6　光ファイバー網建設の財源（総額4億2千万円）

光ファイバー敷設工事（2010年8月）

費目が並ぶ。決め手となったのは、古くなった防災無線を整備し直すことを前面に押し出したことだ。地域防災の費用として「ICT整備交付金」の使用も可能となった。

　具体的には、全戸に光ファイバーを引きこみ、FM告知（ラジオ）端末を設置する。防災無線に代わって緊急情報はこの告知端末で各戸に届けられる。これがメインルート。ここまでは利用者側の負担はない。その上で、希望する世帯はその回線とテレビとをつなぎ、デジタルテレビ放送の配信を受けることができる。この場合、住民は役場と契約を結び、月額500円を村に支払う。この回線では、光電話や高速インターネットサービスも希望すれば有料で受けることができる。

　調査を行った2010年8月、昭和村では、各所で、光ファイバーを引く工事が行われていた。昭和村役場にはすでにデジタルテレビ放送の受信設備と光ファイバー網に配信する設備が完成しており、サービスは同年11月には本格的に開始された。そして、多くの世帯がデジタルテレビを光ファイバーで受信する契約を結んだ。

事例研究Ⅴ　過疎・高齢化地域の地上テレビ放送デジタル化への対応

なお残る課題

　以上のような経緯で、困難に直面していた昭和村でのデジタル放送移行は、何とか展望を開くことができた。多くの財政的手法を駆使し、光ファイバー建設にこぎつけた村当局の努力は大いに評価される。とはいえ、村の課題はこれで終わったわけではない。

　豪雪地帯の山間をぬって、あるいは峠を越えて、村の全域に引いた光ファイバー網および全戸の端末機器等を、どう維持し、保守管理していくのか。村の一応の試算では、保守費は年間750万円程度とされている。この保守費の財源として見込まれているのは、テレビ配信の利用契約者が支払う月額500円の利用料と、インターネットサービス等を行うNTTが村に支払う回線使用料である。

　初期投資の建設費については、各種の交付金を活用することで、起債等の負担を最小限に抑えた。とはいえ、過疎債5,700万円、村の一般財源からの支出約5千万円。これらが今後の村財政を圧迫する。2010年度の昭和村の財政力指数は0.11．つまり財政の89％は外部財源に頼っている。過去の起債残高も14億円に上っている。

　2013年、昭和村の財政力指数は0.09。自主財源比率はさらに下落した。2010年調査当時の現住人口651世帯1,447人は、2013年11月現在、615世帯1,387人まで減っている。村民所得は約199万円。福島県の最下位である。村の財政をどう切り盛りしていくのか。財政担当者の四苦八苦は今後も続くことになる。

(313)

執筆者紹介　　＊執筆順

黒田　勇（関西大学社会学部教授）
大阪市生まれ。京都大学大学院教育学研究科博士後期課程学修認定退学後、京都大学助手、神戸女子大学、大阪経済大学を経て、1999年から現職。専門は放送文化論。著書に『ラジオ体操の誕生』（青弓社）、『送り手のメディアリテラシー』（編著、世界思想社）『メディアスポーツへの招待』（ミネルヴァ書房）など。

森津千尋（宮崎公立大学人文学部准教授）
兵庫県生まれ。同志社大学大学院文学研究科博士後期課程単位取得退学。博士（社会学）同志社大学嘱託講師等を経て、宮崎公立大学人文学部助教、2012年より現職。専門はメディア文化論、広告研究。論文に「メディアに描かれる「南国宮崎」（『日本の地域社会とメディア』研究双書154関西大学経済・政治研究所2012年）。「植民地下朝鮮におけるスポーツとメディア―『京城日報』の言説分析を中心に―」（『日本スポーツ社会学研究』第19巻第1号2011年）など。

深井麗雄（関西大学政策創造学部教授）
大阪府生まれ。一橋大学商学部会計学科卒。毎日新聞社大阪本社編集局長、同本社副代表などを経て2007年から現職。専門はジャーナリズム論、新聞研究。著書に『破滅　－梅川昭美の三十年－』（共著、晩声社）、『ドキュメント希望新聞－阪神大震災と報道－』（共著、毎日新聞社）など。

吉岡至（関西大学社会学部教授）
鳥取県生まれ。早稲田大学大学院政治学研究科後期博士課程修了後、（財）電気通信政策総合研究所研究員、尚美学園短期大学情報コミュニケーション学科専任講師を経て、関西大学社会学部助教授、2001年から現職。専門はマス・コミュニケーション論、ニュース研究。著書に『テレビはどう見られてきたのか』（共著、せりか書房）、『現代ジャーナリズムを学ぶ人のために』（共著、世界思想社）など。

市村元（関西大学客員教授、「地方の時代」映像祭プロデューサー）
東京大学文学部卒、TBSに入社し、社会部記者、パリ支局長、「筑紫哲也ニュース23」「報道特集」担当プロデューサー、報道局専任局長等を経て、2002年、テレビユー福島常務取締役報道制作局長。2009年から現職。専門はジャーナリズム論、放送研究。著書に『映像が語る「地方の時代」30年』（共著、岩波書店）『メディアが震えた―テレビ・ラジオと東日本大震災―』（共著、東京大学出版会）など。

富田英典（関西大学社会学部教授）
大阪府生まれ。関西大学大学院社会学研究科博士課程単位取得退学。博士（人間科学）甲南女子大学。神戸山手女子短期大学教養学科助教授、佛教大学社会学部教授を経て、2007年から現職。専門は情報メディア論、モバイルメディア研究。著書に『インティメイト・ストレンジャー：「匿名性」と「親密性」をめぐる文化社会学的研究』（関西大学出版）、『ポケベル・ケータイ主義！』（共著、ジャストシステム）、『声のオデッセイ：ダイヤルQ^2の世界・電話文化の社会学』（恒星社厚生閣）など。

関西大学経済・政治研究所研究双書第158冊
地域社会と情報環境の変容
――地域における主体形成と活性化の視点から――

2014（平成26）年3月31日　発行

編 著 者　　吉　岡　　　至

発 行 者　　関西大学経済・政治研究所
　　　　　　〒564-8680　大阪府吹田市山手町3丁目3番35号

発 行 所　　関 西 大 学 出 版 部
　　　　　　〒564-8680　大阪府吹田市山手町3丁目3番35号

印 刷 所　　亜 細 亜 印 刷 株 式 会 社
　　　　　　〒604-8151　京都市中京区蛸薬師通烏丸西入橋弁慶町
　　　　　　228番地 AOIビル303号
　Ⓒ2014　Itaru Yoshioka　　　　　　　　　　Printed in Japan

ISBN978-4-87354-581-3　C3036　落丁・乱丁はお取替えいたします。

Economic & Political Studies Series No.158

Development of Information Environment in Regional Society : Perspectives on the Subject-Formation and Activation of Local Community

CONTENTS

I The Media-Coverage on "Foot and Mouth Disease" and the Cultivation of "Disaster Culture"
....Isamu KURODA

II The Current Situation and Problem of Local Media in Provincial Cities :
A Case Study of Miyazaki City ....Chihiro MORITSU

III Relation of a Community and Media / Business Development and a Local
Contribution in Hokkaido ....Yoshio FUKAI

IV Positionality of Okinawan Journalism and the Role of Local Press
....Itaru YOSHIOKA

V The Current State and Challenges : Temporary Radio Broadcasting Stations
for the Great East Japan Earthquake Disaster ....Hajime ICHIMURA

VI The Informatization in the Regional Society and New Usage of the Media :
A Smartphone Application for Regional Tourism and 'Second Offline'
....Hidenori TOMITA

The Institute of Economic and Political Studies
KANSAI UNIVERSITY